비고츠키 아동학과 글쓰기 교육

초등 1학년을 중심으로

비고츠키 아동학과 글쓰기 교육

초등 1학년을 중심으로

초판 1쇄 인쇄 2022년 12월 26일
초판 1쇄 발행 2022년 12월 31일

지은이 한희정
펴낸이 김승희
펴낸곳 도서출판 살림터

기획 정광일
편집 이희연
북디자인 이순민

인쇄.제본 (주)신화프린팅
종이 (주)명동지류

주소 서울시 양천구 목동동로 293 22층 2215-1호
전화 02) 3141-6553
팩스 02) 3141-6555
출판등록 2008년 3월 18일 제313-1990-12호
이메일 gwang80@hanmail.net
블로그 https://blog.naver.com/dkffk1020

ISBN 979-11-5930-247-3 93370

비고츠키 아동학과 글쓰기 교육

초등 1학년을 중심으로

한희정 지음

살림터

이론과 실천은
같은 것을 보는 다른 방법임을 깨우치며

저는 비고츠키라는 이름을 아동 발달론의 한 장(章)으로 만났을 때 별다른 감흥을 느끼지 못했던, 피아제의 전조작기, 구체적 조작기, 추상적 조작기를 달달 외던 90년대 중반 학번인 초등학교 교사입니다.

비고츠키를 다시 만난 것은 2006년, 수준별 교육과정을 표방했던 7차 교육과정의 근간이 비고츠키의 사회적 구성주의에 있다는 것을 비판적으로 검토하는 자리였습니다. '초등교육과정모임' 선생님들과 양평의 어느 시골 마을에서 밤새도록 세미나를 하던 그날의 잔상이 떠오릅니다. 비고츠키를 비판하고 싶어서 비고츠키를 찾아 읽었는데 비고츠키야말로 전교조 참교육 이론의 핵심이 될 대단한 이론가라는 논의와 함께 비고츠키에 관한 공부가 시작되었습니다. 당시 한국에 소개된 비고츠키 관련 도서를 읽고 영어 논문을 찾아 읽으며 근접발달영역(ZPD)에 따라 나오는 신형성(neoformation)이 도대체 무엇인지, 왜 근접발달영역이 발달의 다음 영역이되는지, 우리에게 너무나 익숙한 비계 설정(scaffolding)은 왜 단 한 번도 언급되지 않는지… 해결하지 못하는 질문이 꼬리에 꼬리를 물고 나오는 시절이었습니다.

2009년 「생각과 말」 초벌 번역을 도우면서 한 문단이 한 문장인 길고 난해한 영문을 읽다 지쳐 문단 번호를 붙이면 좋겠다는 제안드렸던 것이 인연이 되어 2011년부터 우리말 비고츠키 선집 2권 「도구와 기호」 번역에 참여하게 되었습니다. 서울교육대학교 영어교육과 데이비드 켈로그 교수님의 낡은 연구실에 둘러앉아 각자 번역해 온 문단을 대조하며 읽고 이야기하던 기억은 함께 기울이던 와인과 바게트의 풍미처럼 아련합니다.

그렇게 십 년이 넘는 시간이 훌쩍 흘렀습니다. 최근까지도 비고츠키를 읽어가는 것은 눈을 가리고 코끼리를 만지는 것 같은 느낌이었습니다. 이제 조금 알 것 같은데, 하면 다시 새로운 신세계가 펼쳐지는 것 같은 숨바꼭질의 연속이었습니다.

2018년, 학교에서 경험하고 실천했던 것을 논문으로 정리해보자는 마음으로 경희대학교 교육학과 박사과정에 입학했습니다. 그때만 해도 비고츠키로 박사 논문을 쓸 생각을 하지는 못하고 있었습니다. 너무 큰 산맥이라고 생각했기 때문입니다. 지도교수이신 성열관 교수님께서 이런저런 연구 주제를 제안하시다가, 제가 2011년부터 비고츠키 번역 작업을 계속하고 있다고 하니까 '아, 그럼 비고츠키로 쓰셔야죠'라고 하셨던 그날의 대화를 잊지 못합니다..

이 책은 이 모든 과정을 거쳐 2022년 2월 제출된 저의 박사학위논문이자, 비고츠키의 아동학이라는 이론을 토대로 1학년 교실에서 실천했던 현장 연구의 기록물입니다. 20년 넘는 교직 생활과 더불어 멋진 배움의 상호작용을 이어왔던 초등교육과정연구모임의 선생님들, 비고츠키연구회의 동료들, 그리고 경희대학교 교육과정 전공 성열관 교수님과 연구자들, 그리고 오늘의 가르침을 내일의 배움으로 깨닫게 해준 우리 반, 우리 교실의 모든 학생들에게 이 논문은 빛을 지고 있습니다. 비고츠키가 말했듯이 이 책은 저를 둘러싼 모든 사회적, 역사적, 개인적 관계의 산물인 셈입니다.

근접발달영역(ZPD)과 신형성(neoformation)은 비고츠키의 아동학(Pedology)를 통해야만 이해가 가능한 개념입니다. 비고츠키 아동학 시리즈인 『성장과 분화』, 『연령과 위기』, 『의식과 숙달』은 2001년 우드무르트 대학 출판부에서 출판된 비고츠키 강의록과 관련 논문을 편역하여 세계 최초로 출판한 역작입니다. 아동학에 대한 이해가 없었다면 이 논문은 빛을 보지 못했을 것입니다.

1장은 어린이 발달에서 쓰기 학습이 지닌 의미를 이론적으로 탐색합니다. 비고츠키가 말하는 발달이 무엇인지, 초등학교 1학년 어린이들이 맞이하는 7세의 위기는 어떤 새로운 것을 예비하고 있는지 살펴봅니다. 2장은 현행 초등학교 국어과 교육과정과 이에 대한 연구물들을 돌아보며 이 연구의 의미와 목적을 정리합니다. 3장은 그동안의 실천 과정을 '이행적 쓰기 프로그램'으로 구조화하고 2018년부터 2019년까지 2년 동안 교실에서 실행했던 내용을 기록합니다. 4장은 2년간의 실행 과정을 분석하며

'이행적 쓰기 프로그램'의 교육적, 실천적 의미를 탐색합니다. 비고츠키의 저작이 언제나 미완결로 우리에게 남아 있듯이 이행적 쓰기 프로그램 역시 완결된 것이 아닙니다. 교실에서 교사와 학생이 의미 있는 배움을 이어가는 과정과 함께 이 프로그램이 완성되어간다면 그보다 더 좋을 수는 없을 것 같습니다.

스피노자가 물질과 정신은 하나의 현상을 보는 두 가지 다른 방식이라고 했던 것처럼 이론과 실천 역시 그렇습니다. 이 책이 어린이 발달이라는 하나의 현상을 이론적으로 규명하고 실천적으로 조응하는 동일한 과정의 양면이 되길 감히 바랍니다.

황망한 죽음으로 서늘한 2022년을 보내며
한희정

차 례

일러두기

각 활동 제목의 괄호는 가독성을 위해 그 소주제에

처음 나타나는 경우에만 표기.(편집자 주)

1장

어린이와 쓰기,
그리고 발달

초등학교 1학년, 미운 일곱 살

초등학교 1학년 어린이는 '7세의 위기'를 겪으며 학령기에 진입한다. 전통 사회에서는 '미운 일곱 살'이라고 불렸다(유안진, 1990). 비고츠키의 발달 개념에서 '위기'는 위험한 순간이 아니라 단절을 통한 도약과 굴절의 계기이다. 생존이 걸린 신생아의 위기, 잡고, 만지고, 기고, 걷게 되면서 만나는 1세의 위기, 생각 발달과 말 발달의 노선이 만나면서 나타나는 3세의 위기와 비약적인 언어의 발달, 그리고 7세의 위기다. 7세의 위기는 학령기와 연결된다는 면에서 중요한 의미를 지닌다.

1934년 병으로 쓰러져 세상을 떠난 비고츠키가 했던 마지막 강의록 등을 담은 세 권의 '아동학 강의' 번역서는 이 책의 결정적인 동기가 되었다. 아동학 강의는 비고츠키 저작을 한국어 선집으로 번역하고 있는 '비고츠키연구회'가 2001년 우드무르트 대학에서 러시아어로 출판한 비고츠키의 헤르첸 교육대학교 강의 필사본 등을 모아 한국어로 번역한 『성장과 분화』, 『연령과 위기』, 『의식과 숙달』 이 세 권의 편역본이다.[1]

비고츠키에 따르면 '아동학(pedology)'은 어린이에 대한 과학이며 아동학의 연구 대상은 어린이의 발달이다. 그렇다면 발달이란 무엇이고, 어린이 발달에 기여하는 교육활동은 어떻게 구성되어야 하는가? 두 질문은 비고츠키를 공부하기 시작하면서 뇌리를 떠나지 않는 고민이었고 교실에서 학생들을 만날 때마다, 특히 발달의 특이점을 만날 때마다 숙고하게 되는 물음이었다. 이 책은 비고츠키의 강의록과 연구 보고서, 원고 등을 엮은 세 권의 아동학 강의 등을 번역하면서 답을 찾기 위해 실천했던 과정의 한 부분이다.

비고츠키 아동학에서 초등학교 '1학년'은 전(前)학령기에서 학령기로 이행하는 위기 국면으로, '7세의 위기'를 겪는 어린이의 문화적 발달을 위해 마련된 인류의 사회문화적 장치이다. 7세의 위기를 통해 어린이의 외적 인격과 내적 자아가 분화되고 이를 계기로 원시적 자아가 출현하게 된다. 겉으로 드러나는 인격과 속마음 사이에 새로운 인지적 층이 생기면서, 내적 느낌과 외적 행동이 동일하게 드러나던 순진한 일치성, 어린이다운 즉각성이 사라지게 된다는 뜻이다. 이를 통해 어린이는 내가 어떻게 행동하는지 알게 되는 '지성화된 행동', 내가 무슨 말을 하는지 의식하게 되는 '지성화된 말', 내 맥락 속에만 있는 개인적인 경험을 다른 사람에게 이해시키는 '체험의 공동일반화(co-generalization)[2]'와 같은 정신 기능 발달을 이루게 되며 이는 학령기 학습을 위한 토대가 된다.

----

1) 비고츠키의 학생이었던 C. A. 코로타예프(Серапион Алексеевич Коротаев)는 1929년부터 1936년까지 헤르첸 대학교 레닌그라드 분원 아동학과에서 공부했고, 1935년 100부 정도 출판된 강의 필사인쇄본을 소유하고 있었다. 코로타예프 사후에 그의 자녀인 코로타예바(Г. Коротаева) 교수가 아버지의 문서고에서 발견하여 2001년 동료 교수들과 함께 우드무르트 대학 출판부를 통해 출판하였다. 『성장과 분화』, 『연령과 위기』는 2001년 러시아어 출판 이후 외국어로 번역된 최초의 출판물이다(비고츠키연구회, 2015).

2) "오보브셰니야(обобщение)는 두 부분으로 이루어져 있다. '옵(об)'은 '~에 대해서'와 같은 의미이고, '오브셰니야(общение)'는 '공통성', '의사소통'과 같은 의미이다. 따라서 공통성에 대한 의사소통, 즉 메타-일반화이다. 하지만 비고츠키가 말한 것처럼 이 메타-일반화는 실제로는 전적으로 낱말에 의존하는 것이 아니라 엄마, 아빠, 아기 사이의 의사소통에 의존한다. 이것이 이를 '공동일반화'라 부르게 된 이유이다."(Vygotsky, 2017:59)

지성화된 행동, 지성화된 말, 체험의 공동일반화는 시간이 흐른다고 저절로 '발달'하지 않는다고 비고츠키는 말한다. 학교에서의 형식적인 학습을 통해, 즉 읽기, 쓰기, 셈하기와 같은 문화적 매개를 통해 발달한다고 본다. 이것을 비고츠키는 내적 정신 기능 발달을 보여주는 외적 활동이라고 정리했다.

초등학교 1학년은 이런 발달적 맥락에 있어 중요한 시기로, 7세의 위기는 다른 어떤 연령적 발달 시기보다 가장 먼저 연구자들의 주목을 받았다(Vygotsky, 2016). 7세 위기의 부정적인 증상들이 커다란 성취로 이어진다는 당시의 여러 연구 보고[3]에 대해 비고츠키는 "7세의 위기에 어린이의 인격과 외적 실재 및 사회적 환경과 맺는 관계에서 긍정적 의미의 완전한 재구조화가 존재한다는 것을 아는 것은 어렵지 않다"(Vygotsky, 2016:83)라고 언급하기도 했다.[4] '외적 실재 및 사회적 환경과 맺는 관계를 완전히 재구조화'하는 것은 문자 언어의 학습과 관련된 문화적 발달이다. 심리적 도구인 언어 학습과 정신 기능 발달 간의 연관성에 대한 논의는 그의 저작 곳곳에서 확인할 수 있다(Vygotsky, 2011, 2012, 2013 등)[5]. 비고츠키의 저작을 논외로 한다고 하여도 초등학교 1학년 교육과정에서 문자 언어 학습은 매우 중요한 과업이다. 기초학습에 대한 진단평가가 고전적인 3R's로 구성되는 것이 그 반증이기도 하다.

비고츠키는 『생각과 말』(2011)에서 입말 형성을 위해 존재했던 심리적 요인들이 글말학습으로 완전히 변화된다고 말한다. 특히 쓰기는 어린이에게 '이중의 추상화'를 요구하며 이 때문에 정신 기능의 변화가 일어난다고 논한다. 학습을 위한 도구인 글말을 숙달하는 것을 넘어, 정신 기능 발달과 통합된 학습으로서의 글말학습을 강조한다.

초등학교 1학년 교실에서 글말을 숙달한다는 것은 매우 중요한 과업이면서 동시에 학생들 간의 학습격차가 매우 크게 드러나는 과업이다. 초등학교 1학년 학생의 쓰기능력 발달을 단기 종단연구로 밝힌 유승아(2019)는 1학기 중순에 한 문장도 쓰지 못하는 학생의 비율이 24.1%에서 2학기 말에는 1%로 감소하긴 하나 세 문장 이하로 생성한 학생의 비율은 2학기 말이 되어도 11.1%임을 보여주었다. 쓰기 학습 속도가 느린 학생은 여전히 글자 쓰기 단계에 머물러 있다는 것이다. 한 문장도 쓰지 못하는 학생에서 서른 문장 이상을 쓰는 학생까지 학습이 진행될수록 그 편차가 커지고 있음도 밝히고 있다. 이런 선행연구는 여러 해 동안 초등학교 1학년 담임교사로 일했던 필자의 경험과도 일치한다. 글말학습이 느린 학습자가 1학년 교실에서 겪는 소외 현상은 학습 동기 저하로 이어지고 여러 문제 행동으로 연결될 수밖에 없다.

'이중의 추상화'를 요구하는 쓰기 학습이 1학년 교실에서 자연스럽게 펼쳐질 수 있도록 인지적 부담을 덜어주는 객관적인 계기를 만들 수는 없을까? 이것이 이 글을 쓰게 한 첫 질문이었다. 초등학교 1학년 교육과정에서 글말학습과 쓰기능력의 발달은 필수적인 과업이지만 같은 학급에서 학

---

3) 7세의 위기에 관한 여러 연구 보고에 관한 것은 Vygotsky(2016)에 자세히 기술되어 있다.

4) 연령의 문제를 다룬 이 인용문은 비고츠키 사후 가족의 문서고에 보관되어 있던 어린이 발달에 대한 미완성 저작의 일부이며 1972년 러시아학회지인 『심리학의 문제(Вопросы Психологии)』에 요약본으로 출판된 후 러시아판 비고츠키 선집 4권에 '연령의 문제(Проблема возраста)'로 게재된 바 있다. 그러나 2001년 출간된 코로타예프의 문서고에서 나온 자료는 앞서 출간된 것과 다른 자료를 일부 포함하고 있으며 이는 『연령과 위기』로 번역 출간되었다.

5) "어린이가 쓰기의 발견에서 경험하는 핵심적인 계기를 이해하기 위해서는, 어린이의 전체 문화 발달에서 얼마나 거대한 전환점이 글말의 숙달과 읽기 능력을 통해 만들어졌는지, 이에 따라 어린이의 문화 발달이 인류의 천재들이 글말로 창조했던 모든 것을 통해 풍요로워질 것인지 상상하기만 하면 된다."(Vygotsky, 2014:115)

생 간 격차는 크고 한 문장도 쓰지 못하는 학생은 끊임없이 수업 소외를 겪을 수밖에 없는 이 현상을 해결할 수 있는 방법을 찾고 싶었다. 쓰지 못하는 학생은 아무것도 하지 않고 있는 것처럼 보인다. 쓰지 못하는 것을 감추기 위해 옆 친구의 것을 무작정 베껴 쓰려고 하는 양상도 나타난다. 그러면 옆 친구는 "선생님, ○○이 자꾸 따라 해요" 하면서 갈등을 드러내기도 한다. 이런 일반적인 교실의 상황을 바꾸는 것이 1학년 교육과정 재구조화의 출발점이 되어야 한다고 생각했다. 그 방법을 찾는 과정에서 비고츠키의 여러 논의는 이론적 근거가 되었다.

『어린이 자기행동숙달의 역사와 발달』 1권(2013)과 2권(2014)에서 비고츠키는 전(前)학령기 어린이도 쓰기 학습이 가능하다는 것을 여러 선행연구를 거론하면서 논증한다. 그에 따르면 쓰기는 옷 입기와 같은 감각-운동 습관이 아니기 때문에 베껴쓰기나 따라쓰기는 진정한 쓰기가 아니다. 학습자 스스로 의미를 구성하도록 해야 한다는 것이다. 이를 위해 어린이 스스로 쓰기의 필요성을 느끼도록 하고 이를 지원하는 "자연적 쓰기 교수-학습 방법을 확립해야 한다"(Vygotsky, 2014:131)고 주장하였다. 학습자 스스로 쓰기의 필요성을 느끼면서 의미를 구성할 수 있도록 지원하는 것이 전학령기의 '자연적 쓰기 교수-학습 방법'이라면, 초등학교 1학년 교실에서는 자연적 쓰기 교수-학습을 넘어 학령기 학습에 필요한 쓰기 활동과 연결해주는 '이행적 쓰기 교수-학습' 방법을 개발할 필요가 있지 않을까? 이것이 이 책의 구체적 방향을 제시한 두 번째 질문이었다.

7세의 위기를 겪는 초등학교 1학년 어린이에게 요구되는 발달 과업은 지성화, 즉 의미화다. 생각하고 말하고, 생각하고 행동하는 것, 행동하고 생각하고, 말하고 생각하는 활동을 통한 자기 행동에 대한 숙달과 의식적 파악이다. 이 과정에서 이중의 추상화를 요구하는 쓰기 활동은 인지적 부담을 요구한다. 작업기억이 충분히 발달하지 않은 배움이 느린 학습자에게 인지적 부담을 덜어주기 위한 외적 장치들을 고안할 필요가 있다는 것을 깨닫게 되었다.

이 글은 2012년부터 2019년까지 5년에 걸쳐 초등학교 1학년 담임을 맡으면서 지속적으로 연구하고 실천했던 것들을 '이행적 쓰기 프로그램'으로 정리하고, 배움이 느린 어린이들이 그 과정에서 어떻게 쓰기 학습에 참여하는지 살펴본 후, 쓰기 학습 특성을 탐색하여 초등학교 1학년 쓰기 교수-학습을 지원하는 프로그램의 구체적 사례를 제시하는 것을 목적으로 한다.

비고츠키 아동학과 발달: 성장과 분화

비고츠키가 살았던 시대에 아동학은 일반적으로 어린이에 관해 탐구하는 학문 분과로 비고츠키뿐 아니라 당시의 여러 학자들이 함께 연구했던 분야다. 비고츠키의 저작에 자주 언급되는 아랴모프(I.A. Aryamov) 바소프(M. Ya. Basov), 블론스키(P.P. Blonsky), 잘킨트(A.B. Zalkind) 등이 그들이다. 비고츠키는 아동학은 어린이의 발달을 연구하는 과학이라는 점을 제안하며 인간 발달에 천착하였다.

발달, 새로운 것의 출현

어린이의 성장과 발달을 이야기할 때 '알아서 배우고 알아서 클 것'이라는 가정을 종종 접한다. 발달에 대한 이런 인식이나 이해에 관해 비고츠키는 '전성설(자연주의적 접근)'이라고 비판했다. 전성설은 성장에 대한 생물학적 이해로 씨앗이나 배아 속에 발달의 마지막 단계에서 나타나야 할 미래 모습 전체가 축소된 형태로 존재한다고 보는 입장이다. 작은 도토리가 큰 참나무로 변하는 것처럼 인간 역시 이런 배아적 발달을 거쳐서 신생아, 어린이, 어른으로 발달한다는 가정이다(Vygotsky, 2015).

생물학에서 이런 태생학적 설명은 이미 설득력을 잃었지만, 교육 분야에서는 이런 인식에 기초한 설명이 여전히 존재한다. 인간 발달의 모든 토대가 유전적인 싹을 기본으로 존재하며, 어린이 내부에 이미 모든 잠재력이 다 들어 있다는 설명이 그렇다. 모든 경향은 처음부터 내재되어 있고, 인간의 발달 중에 일어나는 것은 이런 경향들이 반복, 발현, 수정, 조합되는 것뿐이라고 본다. 이런 관점은 본질적으로 발달과정을 부정하는 것이라고 비고츠키는 단언한다. 발달을 발달로 만들어주는 것은 '새로움의 출현'이다. 새로운 것이 출현하지 않는다면 이는 발달이라고 할 수 없다는 것이 비고츠키의 입장이다(Vygotsky, 2015).

인간 발달에 또 다른 관점으로 비고츠키는 '기계론적 적응 이론'을 언급한다. 이 이론은 환경에 의해 외적으로 결정되는 과정이 곧 발달이라고 본다. 환경이 어린이에게 미치는 영향이 절대적이기 때문에 어린이의 발달은 환경에 대한 수동적인 산물일 뿐이라는 것이다. 따라서 발달은 어린이가 주변 사람 및 사회적 환경에서 마주치는 어떤 외적 특징들을 흡수하고 획득하며 동화하는 것일 뿐이다. 어린이는 환경이 쓰는 대로 기록되는 백지와 같다는 '빈 서판(tabula rasa)'의 비유가 이 이론에서 등장한다(Vygotsky, 2015). 어린이는 평등하게 태어나지만, 근원적으로 불평등한 사회 환경 때문에 불평등하게 되므로, 평등하며 동등한 기회 환경을 제공해준다면 평등해질 것이라는 가정으로 확대된다.[6]

---

[6] 이런 관점은 어린이는 수동적으로, 스스로의 발달 경로를 결정지을 어떤 계기도 없이 단지 지각하는 기계이며, 경험이라는 내용으로 채워지는 빈 그릇과 같다는 가정을 토대로 다양한 교수-학습 이론을 만들어냈다. 대표적인 이론이 사회적 행동주의다. 비고츠키의 근접발달영역을 사회적 환경의 내재화로 해석한 이론들, 즉 경험주의, 사회적 행동주의, 브루너(J. Bruner)의 비계 모형 등은 이런 가정을 토대로 하고 있다(Vygotsky, 2015; 비고츠키연구회, 2016-a).

비고츠키는 이런 '사회적 행동주의(social behaviorism)'도 비판한다. 먼저, 발달이 어린이 내부에서 어떤 심리적 갈등이나 모순을 야기하고 해결하는지 설명하지 못한다. 그대로 흡수하거나 적응할 뿐이다. 둘째, 어린이를 수동적 존재로 남겨둔다. 어린이 자신의 능동적, 주체적 역할을 설명하지 못한다. 셋째, 인간이 사회적 환경에 적응하는 것을 넘어서 그 사회적 환경을 변형시키는 새로운 행동은 어떻게 나타나는지 설명하지 못한다(Vygotsky, 2015). 사회 현실을 반영할 뿐 아니라 그 현실의 모순을 꿰뚫고 새로운 것을 창조해내는 능동적인 주체의 출현을 어떻게 설명할 수 있을까?

비고츠키는 세 번째 이론을 제시한다. 어린이 발달은 인간됨, 즉 인격이 형성되면서 드러나는 과정이며, 앞선 과정을 통해 준비된 새로운 것들이 지속적으로 출현하는 경로라는 가정을 전제로 한다. 발달은 "새로운 자질의 출현으로 성취되는 인간 형성 과정 즉, 인격 형성 과정이며, 그 새로운 인간 고유의 형성물은 이전의 모든 발달에 의해 준비된 것이지만, 초기 단계에서 완결된 형태로 포함되었던 것이 아니(Vygotsky, 2015:59-60)"다.[7]

비고츠키가 말하는 발달은 두 가지로 정리할 수 있다. 첫째, 발달에는 무언가 새로운 것이 나타난다. 발달은 태어날 때부터 타고난 것이 아니라 앞선 발달 경로를 통해 준비된 것으로 이전 과정과의 관계적 재구조화를 통해 이루어진다. 둘째, 새로운 것이 출현하는 인간의 발달은 고유한 발달의 법칙에 따라 일어난다. 새로운 것의 출현은 이전 단계에 의해 준비되는 것이며, 그런 의미에서 발달은 곧 역사의 의미를 지닌다. 따라서 발달은 앞선 단계에는 없었던 새로운 것이 끊임없이 나타나고 형성되는 과정으로 정의할 수 있다. 앞선 단계에는 없었던 '새로운 것'을 비고츠키는 '신형성'[8]이라고 명명했다(Vygotsky, 2015, 2016).

어린이 발달에서 유전과 환경

어린이 발달에서 유전과 환경은 매우 밀접한 형태로 연결되어 있다. 유전의 영향력이 절대적이냐 환경의 영향력이 절대적이냐, 상대적인 비율의 차이냐에 대해 비고츠키는 '비교-발생적 방법'이라는 아동학적 방법론을 정립하면서 새로운 접근을 제시한다.

아동학은 유전 법칙 자체를 연구하는 것이 아니라, 발달에서 유전이 어떤 역할을 하는지를 연구하는 것이라는 점을 분명히 한다(Vygotsky, 2015).[9] 어린이 발달은 전체적이며, 임상적이고, 시간적이라는 특성에 근거하여 연구방법을 제시한다. 먼저, '요소로 분해하는 식으로 접근하는 것이 아니라 분자와 같이 그 속성을 간직하고 있는 '단위'를 분석하는 방법으로 접근한다. 둘째, 겉으로 드러나는 양상(표현형)이 아니라 그 뒤에 숨어 있는 발달의 원인(발생형)을 연구하는 임상적 방법을 사용한다. 셋째, 다양한 발달의 계기를 비교하면서 발생을 추론하는 비교-발생적 연구 방법을 도입

---

7) 어린이 발달을 내적 잠재성의 발현으로 보는 자연주의적 접근은 개인의 성향과 유전적 특성으로 모든 것을 설명하면서 환경의 영향을 극소화한다면, 환경에의 적응으로 보는 기계론적 접근은 환경의 영향을 절대화하면서 개인의 성향이나 유전적 특성, 어린이의 능동적 주체적 작용은 극소화한다. 이런 두 가지 접근에 대한 변증법적 지양은 발달에 대한 새로운 이해로 연결된다.

8) "연령기의 신형성은 인격과 그 활동을 구성하는 새로운 유형, 그리고 신체적 사회적 변화를 의미한다. 이 변화는 주어진 단계에 처음으로 나타나며, 어린이의 의식과 환경의 관계, 그의 내적, 외적 삶 그리고 주어진 시기의 모든 발달 경로를 가장 크고 기본적으로 규정한다."(Vygotsky, 2016:67)

9) 유전학은 눈동자의 색과 같은 단순하면서도 유전적 조건을 잘 보여주는 특징을 연구한다면, 아동학은 발달에 따라 변화하며 발달 속에서 생겨나는 복잡한 특징을 다룬다. 유전학이 유전에만 의존하는 특징을 연구한다면, 아동학은 환경의 영향을 받지 않는 순수한 유전적 특징이 아니라 환경과의 상호작용을 포함하는 특징을 연구한다. 유전학이 인간 종에 존재하는 차이점을 구분해주는 특징을 연구한다면, 아동학은 인간이 유전적으로 타고난 성향들이 어떻게 모든 어린이를 특정한 발달 유형으로 이끄는지를 연구한다. 유전학이 정적이며 이미 형성된 특징을 연구한다면, 아동학은 역동적이며 변화하는 특징을 연구한다.(Vygotsky, 2015)

한다. 이는 공시적 접근과 통시적 접근을 아우르는 접근이다.

어린이 발달에서 유전이 미치는 영향을 규명하기 위해 일란성 쌍생아와 이란성 쌍생아를 대상으로 비고츠키가 진행했던 비교-발생적 연구는 이런 아동학적 방법을 적용한 대표적인 연구로 언급된다. 이 연구를 통해 비고츠키는 유전에 의존하는 특성과 환경에 의존하는 특성 간에 존재하는 차이를 밝히고, 이를 다음의 네 가지 법칙으로 제시한다.

첫째, 기초적인 기능일수록 유전의 영향이 더 크다. 기능 발달의 경로가 길면 길수록, 즉 늦게 나타나는 고등 기능일수록 유전에 의한 직접적인 영향을 덜 받는다는 것이다. 둘째, 유전에 기반한 기능과 환경(문화)에 기반한 기능 간에는 단절이 존재하며 불연속적이다. 저차적 기능에서는 유전적 경향성이 어느 정도 직접적 원인이 될 수 있지만 고등 기능에서는 필요조건이 될 뿐이다. 생각과 말과 같은 고등 기능은 발달은 성대와 두뇌를 필요로 하지만, 성대와 두뇌가 있다고 해서 모두 생각 기능과 언어 기능이 발달하지는 않는다는 것이다. 따라서 저차적 기능에서 고등 기능으로의 점진적, 누적적 이행은 존재하지 않는다. 질적 변화와 도약이 필요하다. 셋째, 유전의 영향력은 발달과정에서 변화될 수 있다. 3세 어린이와 13세 청소년은 유전적 형질이 전혀 변하지 않지만 유전의 영향력이나 역할은 변하게 된다. 즉, 어린이의 발달과정에서 새로운 것이 발생함에 따라 유전이 지니는 결정력은 시기에 따라 변한다는 것이다. 그렇다고 반대로 환경의 영향력이 일방적으로 증가하는 것은 아니다. 청소년기 성적 발달 시기에는 유전의 영향력이 다시 커질 수 있으며, 주체성과 인격의 발현에 따라 환경의 영향력도 시기에 따라 달라질 수 있다. 넷째, 발달에서 유전의 역할을 고정하는 일반적 법칙은 없다. 유전학에서 다루는 눈동자의 색깔은 유전에 따른 것이지만, 눈의 구조적 기능은 인간의 일반적인 특성이다. 아동학에서 다루는 복잡하고 역동적인 특성들은 전적으로 유전적이거나 전적으로 환경적일 수 없으며, 발달은 항상 유전적인 측면과 환경적인 측면을 모두 지니는 역동적인 과정이다.

아동학에서 유전 자체를 연구하는 것이 아니라 유전이 발달에 미치는 영향과 역할에 대해 연구하듯이, 아동학은 어린이 발달에서 환경의 역할과 의미, 환경의 효과를 연구한다. 해당 연령기에 어린이와 환경 간에 '어떤 관계'가 존재하는지 주목해야 한다고 주장한다. 이는 무수한 환경적 계기는 어린이의 연령에 따라 매우 다르게 작용하기 때문이며, 동일한 환경이라고 해도 발달과정에서 어린이가 발달함으로써 환경과 맺는 관계가 변하기 때문이다.[10]

반면, 외적 환경 조건이 미치는 영향이 연령에 따라 달라지기도 한다. 출생 전 어머니의 자궁에서, 자신과 직접적으로 연결된 세계만 존재하는 신생아기, 걸음마와 더불어 확장되는 공간, 문화화와 더불어 어린이집, 유치원, 학교로 환경이 변하며 이와 관계를 맺는 어린이 자신 역시 변한다. 따라서 환경의 영향을 절대화하기 어렵다는 조건을 충분히 인식하고 어린이 발달에서 환경의 기능과 역할을 살펴야 한다.[11]

....

10) 어린이가 경험하는 외적 언어 환경, 즉 부모가 제공하는 언어는 생후 6개월일 때, 1년 6개월일 때, 3년 6개월일 때 모두 동일할 수 있다. 외적 언어 환경은 어린이가 듣는 낱말의 수, 말의 문화적 특성이나 어휘적, 문법적 특성을 말한다. 그러나 외적 환경 조건은 동일하지만, 어린이가 말을 전혀 이해하지 못할 때와 말을 이해할 때, 말을 막 이해하기 시작할 때와 말을 하기 시작할 때 환경적 계기는 달라진다.

11) 알코올중독 어머니를 둔 세 아이에 대한 임상 연구 사례는 다음과 같다. 막내는 자신에게 일어나고 있는 일에 압도되어 공포를 키워가고 야뇨증, 말 더듬기, 실어증, 무기력증과 같은 증상을 보인다. 둘째는 어머니와의 적대적 애정관계라는 양가적 감정으로 내적 갈등을 표출한다. 엄마에 대한 사랑과 마녀에 대한 공포가 공존하는 상태에서 매우 모순적인 행동을 보인다. 첫째 아이는 자신이 처한 상황을 인식하며 나이에 비해 성숙한 배려의 모습을 보여준다. 엄마를 진정시키고 어린 동생들을 돌본다(Vygotsky, 2015).

비고츠키는 알코올중독 어머니를 둔 세 아이의 임상적 결과를 제시하면서 "무엇이 동일한 조건에서 서로 다른 세 명의 어린이에게 서로 다른 영향을 주는 결과를 초래한 것일까?"라고 묻고, "그것은 각각의 어린이가 이 사건과 맺는 관계가 다르기 때문"이며, "각각의 어린이가 이 상황을 정서적으로 다르게 경험했기 때문"(Vygotsky, 2015:154)이라고 말한다. 동일한 상황이지만 세 어린이의 서로 다른 경험이 존재하고, 그 정서적 경험의 차이로 인해 그 상황이 발달에 미치는 영향에 있어 차이가 발생한다고 설명한다.

어린이의 인격과 상황의 통합으로서의 체험

어린이와 환경 사이에 존재하는 관계, 즉 환경이 어린이 발달에 미치는 상대적 영향 관계를 분석하기 위한 최소 단위로 비고츠키는 '체험(lived experience)'을 제시한다. 체험은 아동학의 임상적, 전체적 접근의 한 '단위'인 셈이다. 모든 체험은 무언가에 대한 체험이다. 무언가에 대한 체험이 아닌 체험은 존재하지 않으며 동시에 그 모든 체험은 나의 체험이다. 체험은 "환경 속의 그 무언가에 대한 나 자신의 느낌을 겪는 것"(Vygotsky, 2015:126)이다. 외부의 어떤 것이 나에게 들어온다는 것은 외부 환경이 나에게 주는 영향이다. 이와 동시에 그 외부 환경과 내가 관계 맺는 방식에 따라 받는 영향의 정도와 범위는 달라진다. 절대적 지표로 취해진 환경 자체가 아니라 어린이가 어떻게 그 상황을 체험하는가에 본질이 있다. 동일한 체험을 해도 어린이 발달에 따라 그 의미가 달라지기도 한다(Fleer, Rey & Veresov, 2017; Vygotsky, 2015).

어린이의 체험은 어린이의 인격적 특성(주관적)과 상황적 특성(객관적, 환경적)이 통합되어 나타난다. 따라서 체험은 정서적으로 경험되는 환경과 내가 환경을 어떻게 정서적으로 경험하는지를 분해하지 않고 묶어주는 최소의 '분석 단위'가 된다. 모든 종류의 인격적 특성이 동등하게 관여하는 것이 아니기 때문에 어떤 것이 어린이와 특정 상황과의 관계를 구조화하는 데 결정적 역할을 하는지 파악하는 것이 중요하다.[12]

동일한 환경과 상황에서 어린이 연령에 따라, 어린이의 인격에 따라 그것이 체험되는 방식, 그 상황을 이해하고 인지하고 감지하는 정도는 다를 수 있다. 이는 낱말 의미의 발달을 통해 확인할 수 있다. 어린이의 낱말 의미는 성인이 사용하는 낱말 의미와 일치하지 않는다. 심리적으로 인간의 낱말 의미는 일반화의 과정을 겪는다. 어린이는 성인의 언어와 성인의 낱말 의미를 배우면서 기존의 사물에 부여된 이미 만들어진 낱말을 발견한다. 그러나 어린이의 일반화 방식은 성인에 비해 더 구체적이고, 시각-도식적이며, 실제적이다(Vygotsky, 2016).

어린이의 체험은 외적 상황에 처한 자신의 경험을 정서적으로, 혹은 반성적으로 의미화한 하나의 단위다. 그 체험을 의미화하는 과정에는 인격이 개입하기도 하지만, 개입하는 방식은 연령기마다 달라진다. 따라서 어린이가 어떤 경험을 자기중심적으로 의미화하는 것은 거쳐야 하는 과정

---

12) 비고츠키는 환경과 상황에 대한 어린이의 이해, 인식, 감지 정도에 따른 체험에 대해 다음과 같이 말한다.
"어린이 발달에 대한 환경의 영향은, 다른 어떤 점들보다도, 환경에서 어떤 일이 벌어지고 있는지를 이해하고, 인식하고, 감지하는 정도에 따라 측정되어야만 합니다. 만일 서로 다른 어린이들이 상이한 의식을 갖는다고 한다면, 이것은 하나의 동일한 사건이 완전히 다른 의미를 갖게 된다는 뜻입니다. 우리는 불행한 사건이 종종 어린이에게 즐거운 의미를 갖는 것을 보게 됩니다. 그 어린이는 사건 자체의 의미를 파악한 것이 아니라, 조용히 말썽을 피우지 않으려고 금지된 일이 허용되거나 사탕을 받았을 수도 있습니다. 이 때문에 어머니가 걸린 중병은 어린이에게는 뭔가 생일을 맞은 소년처럼 즐겁고 기쁜 사건으로 인식될 것입니다. 전체 핵심은 이런저런 상황에서 그 영향력이 상황 그 자체의 내용뿐 아니라 어린이가 그 상황을 이해하거나 감지하는 방식에 달려 있다는 것입니다"(Vygotsky, 2015:159).

이다. 여기에 도덕적 가치 부여를 하는 것은 무의미하다. 어린이의 이런 의미화 방식을 진단하고 어떻게 그것을 넘어설 수 있도록 도움을 줄 수 있는지가 중요하다. 이것은 초등학교 1학년 학습과 발달에서 주요한 문제다.

발달의 최종 산물로 존재하는 교사

비고츠키는 어린이가 본래 타고난 것이 절대 상수가 되지도 않고 주변의 환경 조건도 절대 상수가 될 수 없다는 것을 언급하면서 어린이 발달의 시기에 따라, 발달하는 기능에 따라 그 영향력이 달라지며, 그 과정에서 어린이 자신의 인격이 상호작용한다는 것을 밝혔다. 환경과 어린이 인격의 상호작용 양상은 어린이의 연령기에 따라 달라지는데 이는 어린이가 발달함에 따라 환경과 어린이가 맺는 관계 자체가 달라지기 때문이다.[13] 환경의 영향에 대한 이러한 이해는 어린이 인격의 발달, 어린이 의식의 발달, 어린이와 그를 둘러싼 현실과의 관계의 발달에서 환경의 기능과 역할, 그 고유성에 대한 이해로 연결된다.

환경과 어린이 발달 사이의 고유한 관계는 이미 환경 속에 발달의 끝에 결과로 드러나야 할 것이 이미 환경으로 존재한다는 것이다. 이제 막 말을 시작한 어린이, 글을 읽기 시작한 어린이, 자기 생각을 글로 표현할 수 있는 어린이를 구성하고 있는 모든 환경에는 발달의 최종적 이상적 형태인 어른, 부모, 교사가 이미 존재하고 있다. 어린이는 이런 조건 속에서 상호작용하며 발달한다. 이것이 바로 생물학적 진화(계통발생), 역사적 발달(사회발생)과는 다른 인간 발달(개체발생)이 지닌 고유성이다. 비고츠키는 환경이 발달의 발전소이며, 환경은 발달의 배경이 아니라 발달의 원천 역할을 한다고 말한다. 환경이 적합한 이상적 형태(어른의 말, 학습할 수 있는 조건 등)를 갖추지 못하고 있다면, 그래서 어린이와 상호작용할 발달의 최종 형태가 존재하지 않는다면, 그 형태는 어린이에게 충분히 발달하지 못하며 '저발달'이 나타나게 된다고 한다.

환경과의 외적인 상호작용 형태로 존재했던 것이 자기 자신과의 내적 대화로 전이된다는 것은 어린이의 문화적 발달에 대한 일반적 발생 법칙으로 연결된다. 비고츠키는『역사와 발달』1권(2013)에서 모든 고등정신기능은 무대에 두 번 나타난다고 기술한 바 있다.[14] 이를『성장과 분화』에서는 이렇게 기술한다. "어린이의 고등심리기능, 인간에게 고유한 특성들은 처음에는 타인과의 협동이라는 형태로 어린이의 집단적 행동 형태 속에서 나타나고, 나중에서야 비로소 어린이 자신의 내적, 개인적 기능이 됩니다."(Vygotsky, 2015 : 178-179)

모든 인간은 생물학적 진화(계통발생)의 산물이며 동시에 역사적 발달(사회발생)의 산물이다. 호모사피엔스라는 종의 출현과 사회와 문화의 역사적 발달이 우리의 선(先) 역사로 존재한다. 인간이 태어남과 동시에 발달의 최종적이고 이상적인 모습을 지닌 어른이라는 매우 고유한 환경과 상호작

---

13) "우리는 환경이, 상황의 발달과 관련하여, 불변하고 영원한 것으로 간주될 수 없으며 변하기 쉽고 역동적인 것으로 이해되어야 한다는 결론에 도달하였습니다. 바로 환경, 상황이 어떤 식으로든 어린이에게 영향을 미치며 그의 발달을 인도합니다. 그러나 어린이와 그의 발달은 변화하고 달라집니다. 그러나 어린이만 변하는 것이 아니라 그와 환경과의 관계도 변하고, 이 환경은 바로 이 어린이에게 새로운 영향을 미치기 시작합니다. 이와 같이 환경에 대한 역동적이고 상대적인 이해- 이것은 아동학에서 환경에 대해 말할 때 도출해야 하는 가장 중요한 사실입니다."(Vygotsky, 2015:165-166)

14) "우리는 문화적 발달의 일반적 발생 법칙을 다음과 같이 공식화할 수 있다. 어린이의 문화적 발달에서 모든 기능은 무대에 두 번, 두 국면에서, 즉 처음에는 사회적으로, 그런 다음 심리적으로 나타난다. 처음에는 사람들 사이에서 정신 간 범주로, 그런 다음 어린이 내에서 정신 내 범주로 나타난다. 이것은 자발적 주의, 논리적 기억, 개념 형성 그리고 의지 발달에 동일하게 적용된다." (Vygotsky, 2015:490)

용하며 성장하고 발달한다(Mescheryakov, 2007). 어른과의 상호작용은 처음에는 겉으로 드러나는 의사소통의 형태로 이루어지고, 인간은 그런 외적 의사소통을 자기 자신과의 대화라는 내적 말과 생각으로 내면화한다. 처음에는 외적 대화와 상호작용으로, 다음에는 내적 말과 소리 없는 생각으로 두 번 나타난다. 이것은 인간을 둘러싼 환경이 인간에게 작용함과 동시에 작용받는 과정이다.

어릴 적 부모가 나에게 해주던 상호작용의 방식, 실패했을 때나 문제를 일으켰을 때, 즐겁고 행복할 때나 무언가를 성취했을 때 나에게 해주던 말, 문제를 풀어가던 방식이 나에게 내면화되면서 나 자신에게, 그리고 내가 타인에게 행동하는 방식을 만들어낸다.[15] 그러나 그 과정은 일방적인 것이 아니라 '나'의 인격과 의지도 중요하게 작동하며 그 긍정을 극대화할 수도 있고, 그 부정을 극대화할 수도 있다. 그 과정에서 환경이 미치는 영향력은 절대적이기도 하고 상대적이기도 하다.

---

15) "일반적으로 우리는 고등심리기능들 간의 관계가 한때 사람들 사이의 실제 관계였다고 말할 수 있을 것이다. 나는 사람들이 나와 관계 맺는 방식으로 나를 대한다. 말로 하는 생각이 말로부터의 전이이고, (논리적-K) 생각이 논쟁으로부터의 전이인 것처럼 … 낱말의 최초의 심리학적 기능은 사회적 기능이다."(Vygotsky, 2013:477)

아동학적 연령기에 대한 이해: 연령과 위기

발달의 사회적 상황과 위기

환경과의 상호작용에 관한 여러 임상 사례 속에서 비고츠키는 한 아이의 인격이 형성되는 발달의 과정은 연령기마다 다른 특이점이 있다는 것을 밝힌다. 한 살 아이가 이것도 저것도 모두 '바바'라고 부르며 좋아할 때, 세 살 아이가 무슨 말을 해도 '싫어'라고 거부할 때, 일곱 살 아이가 과장된 몸짓과 표현으로 교실 분위기를 주도할 때. 이런 각각의 상황에서 누구도 똑같이 설명하고 설득하려고 하지 않는다. 이렇게 연령기마다 다르게 드러나는 문제 상황을 비고츠키는 '발달의 사회적 상황'이라고 한다. 환경의 의미를 좀 더 엄밀한 개념으로 정리한 것이다(Vygotsky, 2015).

발달은 새로운 것이 출현하면서 인간의 인격이 형성되는 과정이다. 새로운 것은 앞선 발달과정에 이미 들어 있었던 것이 발달의 사회적 상황에 따라 질적 변화과정과 함께 재구조화되면서 나타난다.[16] 파노라마처럼 흘

---

[16] 이것도 저것도 '바바'라고 부르던 한 살 아이는 세 살이 되면서는 과자, 장난감, 인형이라고 부르게 되지만, 엄마가 무슨 말만 하면 '싫어'를 외치기 시작한다. 엄마의 말에 무조건 '싫어'를 외치던 세 살 아이가 일곱 살이 되면 싫은 것과 좋은 것을 구분하여 말하지만 우스꽝스러운 자기 행동이 어떤 의미를 지니는지 의식적으로 파악하지는 못한다.

러가는 것 같은 어린이의 발달은 시기별로 중요한 차이가 나타난다. 어린이에게나 환경에 있어 새로운 의식의 형태와 행동의 형태가 나타나게 되는 것이다(Vygotsky, 2016).

비고츠키는 이를 '연령과 위기'로 정리한다. 연령기는 안정적 시기와 위기적 시기로 구분된다. 위기적 시기는 어린이와 환경 간의 불일치와 모순으로 인해 부정적인 특성이 드러나는 위기적 국면(critical phase)을 거치면서 새로운 의식 구조(신형성)의 출현으로 막을 내리고, 덜 급격한 변화의 과정을 겪는 안정적 시기로 접어든다. 각 연령기에는 그 시기만의 고유한, 어린이와 환경 사이의 관계가 존재하는데 이것을 '발달의 사회적 상황'이라고 한다. 발달의 사회적 상황은 어린이 밖에만 있는 외적 조건이 아니라 어린이 밖에 있는 요소와 어린이 자신을 모두 포함한다. 어린이는 단순히 환경에 반응하는 것이 아니라 능동적으로 환경에 변화를 만들어내거나 의지적으로 변화시킨다. 인간의 의지 발달을 비롯한 모든 발달이 발달의 사회적 상황에서 비롯되지만, 우리는 인간의 의지적 계기, 개인 인격의 발현이라는 부분 때문에 발달의 결과를 완전하게 예측할 수 없다.[17]

아동학적 연령기는 한 연령기에서 다른 연령기로 이행한다. 이는 발달과정 자체를 수정하고 재구조화하면서 이전에는 존재하지 않았던 신형성이 출현하는 과정이며, 어린이의 인격이 변화하는 지속적인 자기 운동의 과정이다. 신형성은 인격과 그 활동을 구성하는 새로운 유형, 그리고 신체적·사회적·심리적 변화를 의미한다. 어린이 인격 발달의 과정에서 날카롭게 집중된 주요한 변동과 변화, 단절이 존재하는 시기를 비고츠키는 위기로 정의한다(Vygotsky, 2016). 위기적 국면에서 발달은 급격하게, 때로는 파국적으로 진행된다. 12개월 내외라는 짧은 시기에 어린이 인격의 내적인 측

면뿐 아니라 어린이가 주변 환경과 맺는 관계의 구조가 근본적으로 재구
조화된다. 이를 '위기적 연령기(critical periods)'[18]라 부른다. 위기적 연령기가
다른 연령기와 구분되는 가장 뚜렷한 특성은 부정적 국면이라는 점이다.
그러나 부정적 국면을 부정성으로만 해석할 필요는 없다. 새로운 연령기
로의 이행은 앞선 연령기의 퇴장을 전제한다. 퇴화와 역발달, 낡은 것의 소
멸이 위기적 연령기에 집중된다. 그러나 이런 퇴화와 소멸은 다음을 예비
하는 것이다(Vygotsky, 2016).

　이런 연령기 관련 연구는 가장 먼저 '7세의 위기'에 주목했다. 그 후 3
세의 위기, 13세의 위기, 1세의 위기를 발견했다. 1세의 위기는 초기 유년
기와, 초기 유년기는 3세의 위기와, 3세의 위기는 전(前)학령기와, 전학령기
는 7세의 위기와, 7세의 위기는 학령기와 중첩된다. 이렇게 자신의 인격 구
조에 변화를 겪은 어린이는 이미 완전히 다른 어린이이며, 이전 연령기의
어린이 존재와는 본질적 형태에서 다를 수밖에 없는 사회적 존재이다.[19]

---

17) 어린이 발달은 시간에 따라 일어나는 역사적 과정이지만 아동학에서의 연령기는 출생 이후의 '연대기적 시간,
　 여권 연령적 시간(만 나이)'과 일치하지 않는다(Vygotsky, 2016:69-70).

18) 어린이 발달에서 연령기 구분의 문제는 비고츠키가 생애 마지막 해에 집필 중이던 어린이 발달에 대한 미완성
　 저작의 일부로 러시아판 비고츠키 선집 4권의 '연령의 문제(Проблема возраста)'와 코로타예프의 문서고에서
　 나온 강의 필사록에 기술되어 있다. 영문판 비고츠키 선집 5권(pp.187-196)에 영역되어 수록되어 있다. 여기서
　 비고츠키는 연령기 구분을 위해 블론스키(1930:7)를 인용한다. 블론스키는 급격하고 위기적으로 일어나는 변
　 화의 시기를 위기의 국면으로, 점진적이고 안정적으로 일어나는 변화의 시기를 안정적 단계로 구분한다. 비
　 고츠키는 이를 위기적 연령기(критическими возрастов, critical ages)와 안정적 연령기(стабильных возрас
　 тов, stable ages)로 명명한다. критическими는 critical로 번역되지만 '중대한 위기를 안고 있는, 매우 어려
　 운'이라는 의미를 품고 있어서 위기적 연령기로 번역하였다. 비고츠키가 위기적 연령기를 지칭할 때는 '7세의
　 위기(Кризис 7 лет, The Crisis at Seven Years)'처럼 명사형을 사용한다.

19) 이제 만 한 살이 된 유아는 자기가 만들어낸 원시적인 말('바바'처럼 어린이 스스로 만들어낸 말)을 주변의 사람들이
　 이해하고 수용할 수 있게 만들 수 없다. '싫어, 싫어'를 연발하는 세 살 어린이는 어른과의 타협 없이 실제로
　 자신이 원하는 것을 얻기 힘들다. 부풀려 말하거나 거짓말을 하고 아닌 척하거나 그런 척하는 것을 아무렇지
　 도 않게 하는 일곱 살 어린이는 마냥 잘했다는 호의의 눈길을 받지 않는다. 오히려 질책받는다.

위기적 국면은 다음 발달영역의 토대가 되는 무언가를 새롭게 만들어낸다. 원시적인 말은 풍부한 몸짓이나 억양, 강세를 만들어내고, 실제 자신의 욕구와 상관없이 무조건 싫다고 외치는 행위는 하나였던 감정과 의지를 서로 갈라놓는다. 거짓말을 하거나 아닌 척, 그런 척, 모르는 척하는 행동은 어린이의 내적 인격과 외적 인격을 갈라놓는다. 아동학적 연령기는 여섯 번의 위기를 노정하지만 위기적 국면은 신형성을 낳고 다음 발달영역을 예비한다(비고츠키연구회, 2016-a).

우리가 교실에서 만나는 아이들은 동일한 심리적 연령기에 처해 있지 않다. 저마다 다른 속도로 발달하고 있다. 비고츠키의 발달에 대한 아동학적 이해와 연령 구분은 교실에서의 교수-학습을 통해 발달의 다음 단계를 예비할 수 있도록 진단 도구를 제공해준다. 초등학교 1학년, 일곱 살의 위기를 이미 겪었거나 이제 겪기 시작했을지도 모를 아이들은 어떤 위기와 발달과정을 겪었을까? 그들과 함께하는 우리는 그다음의 발달영역을 위해 무엇을 예비해야 할까?

7세의 위기에 이르기까지

어린이는 환경에 수동적으로 적응하기만 하는 것이 아니라 적응을 통해 환경을 자신의 요구에 맞게 바꾸는 능력을 얻게 된다. 이 과정을 비고츠키는 '발달의 사회적 상황'이라고 명명하며 신생아의 위기, 1세·3세·7세·13세의 위기와 그사이의 안정적 연령기로 제시했다.

각 연령기마다 고유한 환경과 어린이 간의 관계인 발달의 사회적 상황은 생물학적, 심리적 기능들 간의 관계가 재구조화되도록 제약한다. 각각의 기능은 발달의 전면에 등장하는 중심노선과 주변노선 간의 관계 변화로 나타난다. 이는 어린이의 생각과 말, 행동의 변화로 포착할 수 있다. 이런 변화는 각 연령기 끝에 등장하는 새로운 것, 즉 신형성의 등장과 함께 막을 내린다. 이전 단계에서 발달의 사회적 상황은 새로운 발달의 사회적 상황으로 대체된다. 새로운 연령기, 새로운 발달의 사회적 상황은 발달의 중심노선과 주변노선 간의 구조 변화를 이끈다(Vygotsky, 2017).

초등학교 1학년에 입학하는 아이들은 세 번의 위기적 국면을 경험했다. 위기적 국면 사이에는 안정적 연령기가 자리하는데 이를 간략히 도식화하면 다음과 같다.

〈표 1〉 안정적 연령기와 다섯 번의 위기

신생아의 위기는 출생과 함께 어린이가 어머니로부터는 생리적으로 분리되지만, 생물학적으로는 분리되지 못한 것에 기인한다. 즉, 영양분을 섭취하고 체온을 조절하며, 외부 환경으로부터 보호를 받거나 이동하는 모든 것이 전적으로 보호자에게 의존할 수밖에 없는 상황이다. 영양 섭취, 깨어있음과 수면의 구분이 주된 발달노선이다. 신생아의 감각과 정서는 미분화되어 있고, 체험 역시 단일한 전체로 미분화되어 있다. 신생아와 대상, 대상과 사람 역시 미분화되어 개별 대상이 아닌 전체로 경험되는 본능적이며 원시적인 정신생활이 출현한다(Vygotsky, 2016).

신생아기와 함께 시작되는 유아기(乳兒期)는 점차 먹고 마시며 스스로 이동할 수 있게 되면서 생물학적으로는 독립적이나 사회적 접촉에 필요한 말의 결핍으로 사회적으로는 의존적인 상황에 처하게 된다. 영양 섭취, 깨어있음과 수면의 구분이 자유로워지면서 주변노선으로 물러나고 주의와 흥미, 관심과 지적 모방이 발달의 중심노선으로 등장한다. 사회적으로 의존적인 상황은 '공유된 주의'라는 신형성을 창조한다. 공유된 주의는 조건적 반응과 연관된 대뇌피질의 발달을 이끈다. 이것은 분산인지의 발생이며 사회적 상호작용과 연관된다. 눈 맞추기나 사회적 미소 짓기와 같은 사회적 행동이 발생하며 '원시적 우리(the proto-we)'라는 의식의 신형성이 나타난다. 원시적 우리는 자신의 의식과 타인의 의식을 아직 구분하지 못하는 상태를 말한다(Vygotsky, 2016).

1세의 위기에서 어린이는 생물학적으로 독립적이지만 사회적으로는 의존적인 상황을 역전시켜 '원시적 말(proto-language)'을 만들어낸다. 원시적인 말은 어린이가 스스로(마음대로) 만들어낸 말이다. '푸푸'와 같이 단편적 모방으로 만들어진 소리이며, 물에서 물병, 물병에서 물병 불기, 물병 불기에서 담배를 지시하는 이질적 의미의 '사슬복합체의 속성'(Vygotsky, 2011)을 보인다. 따라서 상황을 공유하지 않으면 지시 대상을 공유할 수 없는 의사소통적 모순을 내포한다. 원시적 말의 출현은 초기 유년기에서 발달의 사회적 상황을 예비한다.

1세의 위기에서 나타난 비체계적이며 비소통적인 원시적인 말은 초기 유년기(1~3세) 발달의 사회적 상황이 된다. 초기 유년기의 시작 단계에서는 보고 듣고 느끼는 감각처럼 자신이 바라는 것이나 원하는 것 역시 타자와 직접적으로 공유된 것이라고 지각하는 '원시적 우리'가 존재한다. 자신과 대상을 구분하기는 하지만, 자신의 의식이 타자의 의식과 동일하다고 가정하는 것이다. 초기 유년기의 후기 단계에서 어린이는 '나'에 대해 말하기 시작하며, 나의 지각이 타인과 공유되지 않는다는 것을 이해하기 시작하고, 감각장으로부터 벗어나기 시작한다. 시각-도식적 구조와는 발생적으로 다른 의미적 구조가 출현한다(Vygotsky, 2016).

초기 유년기(1-3세) 어린이는 낱말을 사용해서 원하는 것을 요구하고 획득할 수 있게 되고, 이를 통해 사회적으로 독립적이지만 정서적으로는 여전히 의존적인 상황에 있게 된다. 이 시기 어린이의 행동은 원시적 말이 아닌 낱말을 통한 의사소통의 성공(일반화), 시각·청각·촉각 등 지각의 안정화, 유사놀이로 발달한다. 안정적인 발음과 대상의 속성과 이름을 동일시하는 명명하기, 안정적 지각에 기반한 지시적인 말이 발달한다. 어린이의 생각은 말 발달과 함께 의미적이며 체계적인 구조로 발달한다. 초기 유년기의 신형성은 지각한 것을 말로 표현하는 '언어화된 지각', 원시적 말의 소멸과 동시에 출현하는 '말', 체계적이며 의미론적인 '의식'의 출현이다(Vygotsky, 2017).

3세의 위기는 어린이가 환경에 대한 정서적 의존 상태에서 벗어나 '원시적 의지(the proto-will)'가 출현하는 시기로 설명된다. 이 시기의 발달의 사회적 상황을 비고츠키는 7성좌(부정성, 고집, 완고함, 독선, 저항-반항, 비난, 독재 혹은 질투)로 표현했다. 어린이는 실제로 자신이 원하는 것임에도 불구하고 '싫어'라는 말로 거부하거나 반대로 원하지 않는 것인데도 하겠다고 고집한다. 혼자서 할 수 없는데도 혼자 하겠다고 독선을 부리거나 타인을 향한 다툼으로 저항을 표현하고, 거절하고 무시하는 말로 대상을 비난하기 시작한다. 부모를 통제하려는 독재와 형제자매를 향한 질투는 권력에 대한 지향을 나타낸다. 이 시기 어린이는 사회적으로는 독립적이지만, 자기 행동을 스스로 통제하지 못한다는 점에서 심리적으로는 의존적이다(Vygotsky, 2017).

　3세의 위기에 나타나는 발달의 사회적 상황은 어린이가 진정한 심리적 자율성을 향한 첫걸음으로 '원시적 의지'라는 신형성을 창조한다. 원시적 의지는 대상이나 상황을 지향하는 행동이 아닌 사회적 관계를 지향하는 행동을 출현시킨다. 즉 자기 주변의 가족이나 형제, 자매, 친구들을 향한 행동을 하게 된다. 이런 징후들은 겉보기에는 제멋대로인 자율성을 지향하는 것처럼 보인다. 원시적 의지는 오히려 어린이의 행동을 추동하는 것이 아니라 마비시키는 것처럼 보이지만, '감정과 의지의 분화'를 보여주는 징후이다. 감정과 의지의 분화로 출현한 원시적 의지는 충족되지 않은 욕망과 실현되지 않은 경향성이라는 전(前)학령기 발달의 사회적 상황으로 나타난다. 원하면서도 거부하고, 원하지 않으면서 고집하는 것은 자신의 욕망대로 실현되지 않는 상황을 만들어내는 것이다. 전학령기 전반기를 넘어서면서 어린이는 이제 감정과 의지의 분리를 다시 연결한다. 하고 싶은 것을 수용하고, 하고 싶지 않은 것을 거부할 수 있는 놀이를 통해 의미 기반의 의지가 출현한다(Vygotsky, 2017).

　전학령기(3~7세)에는 기억 기능이 빠르게 발달하며 발달의 중심노선으로 등장한다. 전학령기 어린이는 구체적인 역할과 일반화된 규칙이 있는 '역할놀이'에서 일반화된 역할과 구체적인 규칙이 있는 '놀이'로 이행한다.[20] 원시적인 형태의 서사를 사용할 수 있고, 이야기가 나타난다. 전학령기 어린이의 놀이, 말, 생각은 모두 지각적일 뿐 아니라 서사적인 것이 된다. 개념은 아니지만 '일반화된 표상'이 발달하고, '감정의 공동일반화'가 발달하며, 상상놀이나 그리기 같은 '창조적 활동'이 발달한다. 따라서 '자생적인 학습'뿐 아니라 '반응적 교수-학습'이 가능해진다. 소비에트의 유치원 교육에 대한 비고츠키의 보고 내용을 통해 우리가 확인할 수 있는 것은 전학령기 어린이는 읽고 쓰기를 배울 수 있지만 반응적 교수가 아닌 자생적 방식으로 시작해야 한다는 점이다(Vygotsky, 2017).

전학령기의 어린이는 이미 반응적·수용적 학습이 가능하다. 이를 위해서는 기억하기, 시간과 공간의 공동일반화, 이상적 상황과 상상의 인물 창조하기, 놀이에서 정해진 규칙을 이해하고 따르기와 같은 능력들이 요구된다. 이런 전학령기의 신형성은 그대로 남지만, 발달의 사회적 상황은 사라지고 새로운 위기적 국면이 시작된다. 7세의 위기를 겪는 어린이는 우쭐대거나 허세를 부리고, 변덕스럽거나 철없는 행동을 보여준다.

7세 위기의 사회적 상황은 환경에 대한 심리적 의존에서 벗어나 자아의 토대를 확립하는 것이다. 외적 인격과 내적 자아의 분화를 통한 '원시적 자아(the proto-self)'라는 신형성이 나타난다. 지각의 의미화를 통해 외적 세계에 대해서는 공유된 의사소통이 가능하지만, 개인의 체험을 의사소통을 통해 의미화하는 공동일반화가 필요하다. 지성화된 행동(내가 무슨 행동을 하는지 알게 되는 것), 지성화된 말(내가 무슨 말을 하는지 의식하는 것), 체험의 공동일반화(나의 개인적 체험을 다른 사람에게 이해시키는 것), 원시적 자아(겉으로 드러나는 인격과 속마음 사이에 새로운 층이 생기는 것)가 바로 7세 위기의 신형성이다. 내적 느낌과 외적 행동이 동일하게 드러나는 순진한 일치성과 어린이다운 즉각성이 상실된다(Vygotsky, 2017).

----

20) 소꿉놀이는 엄마, 아빠, 어린이와 같은 구체적인 역할과 일반적인 가정생활의 모습을 구현한다는 일반화된 규칙이 있는 '역할놀이'지만, 알까기나 실뜨기 같은 놀이는 공격과 방어라는 일반화된 역할과 어떤 규칙에 따라 진행해야 한다는 구체적인 규칙이 있는 '놀이'이다.

출생에서 7세의 위기와 학령기를 거쳐 17세까지 신형성과 발달의 특성을 정리해보면 〈표2〉와 같다.

연령기의 구분에서 나이는 여권 연령이 아니라 아동학적 연령이다. 이는 어린이의 실제 발달 연령이 동일한 여권 연령에 있더라도 다를 수 있다

〈표2〉 비고츠키 아동학에서의 위기적 국면과 안정적 연령기

아동학적 연령	위기적 시기 (신형성)	안정적 연령기 (신형성)	발달의 사회적 상황
0~1.0	출생 (본능적 정신생활)	유아기 (공유된 주의: 원시적 우리)	어린이는 생리적으로는 분리되었지만, 생물학적으로는 여전히 의존적이다. 원시적 정신생활은 이 모순을 해결할 수 없으나 공유된 주의(원시적 우리)를 통해 어린이는 이 모순을 해결한다.
1.0~3.0	1세의 위기 (원시적 말)	초기 유년기 (말: 체계적, 의미론적인 말)	어린이는 생물학적으로 독립되었으나, 사회적으로는 여전히 의존적이다. 원시적 말은 이 모순을 해결할 수 없으나 진정한 말은 해결할 수 있다.
3.0~7.0	3세의 위기 (원시적 의지)	전학령기 (의지: 놀이와 의미기반활동)	어린이는 어느 정도 사회적으로 독립적이나 심리적으로는 여전히 의존적이다. 부정성, 고집, 완고함 같은 특성은 이를 해결할 수 없으나 놀이는 이를 해결할 수 있다.
7.0~13.0	7세의 위기 (원시적 자아)	학령기 (의식적 파악과 숙달: 자아)	어린이는 어느 정도 심리적으로 독립적이나, 의미론적으로는 의존적이다. 역할놀이는 이 모순을 해결할 수 없으나 추상적 규칙에 대한 숙달과 의식적 파악은 해결할 수 있다.
13.0~17.0	13세의 위기 (원시적 개념)	사춘기 (개념 형성: 진개념)	어린이는 어느 정도 의미론적으로 독립적이나, 자신만의 추상화와 일반화를 마음대로 생산할 수 없다. 의사 개념은 모순을 해결할 수 없으니 진개념은 해결할 수 있다.
17.0~	17세의 위기 (원시적 선택)	아동기 종료 (자유의지)	어린이는 추상화와 일반화를 독립적으로 이용하여 진개념을 통제할 수 있으나 이를 실제 직업생활에 적용할 수 없다. 일자리 시장과 대학에서는 자유의지대로 결정할 수 없기 때문이다.

(비고츠키연구회(2016-b:38)의 내용을 일부 수정함.)

는 것을 함의한다. 이것을 비고츠키는 실제적 발달 수준이라는 개념으로 정립했다.

계통발생에서 사회문화적 발생, 개체발생에서 미소발생까지 발달은 자연적인 것에서 문화적인 것으로, 문화적인 것은 사회적인 것에서 개인적인 것으로, 개인적인 것은 정신 외적인 것에서 정신 내적인 것으로, 정신 내적인 것은 다시 일상적인 것에서 과학적인 것으로, 중층적으로 진행된다(Mescheryakov, 2007). 개체발생의 측면에서 발달은 어린이가 인격을 형성해 가는 과정이다. 발달의 사회적 상황에 대한 작용과 반작용으로 새로운 것이 출현하면서 이제 어린이가 환경과 맺는 관계는 질적으로 도약한다. 위기와 안정적 연령기는 교차로 진행된다. 이 과정을 거치면서 생리적, 생물학적, 사회적, 심리적, 의미론적 측면에서 순차적으로 독립적인 인격이 된다.

7세의 위기와 초등학교 1학년: 의식과 숙달

7세의 위기

어린이 발달의 위기적 국면에 대한 연구사에서 가장 먼저 주목을 받은 것은 7세의 위기다. 비고츠키는 러시아 초등교육의 개척자인 슐레게르 (1863~1942)의 말을 다음과 같이 인용한다.

모든 연구자들은 이미 7세의 위기와 관련하여 이 연령기에 부정적인 증상과 더불어 일련의 커다란 성취가 나타남을 주목하였다. 이 연령기에서 건설적인 내적 활동이 관찰된다. 어린이는 거짓말을 꾸며내고 공상을 하며 흉내를 내고 존재와 삶의 근원에 대한 질문에 답한다. 이 시기에 어린이 인격의 내적 측면에 변화가 일어난다. 어린이는 자기로부터 비롯된, 자신이 원인이 되는 일에 주로 사로잡힌다. 어린이의 자주성이 증대하며 다른 어린이들과 맺는 관계가 변한다. 어린이에게 직접적이고 즉각적인 영향을 주는 본능적 갈등이 증가하며, 자연현상에 대한 새로운 형태의 관계를 그려내며 작업 중에 자주적으로 진리를 밝히려는 독립성이 두드러지기

시작한다(슐레게르). (Vygotsky, 2016:83)

비고츠키는 7세의 위기에 대해 앞서 보고된 "모든 증상을 열거하는 것은 시간이 많이 걸리고 매우 광범위하다"(Vygotsky, 2016:211~212)고 언급하면서 두 가지 특징에 주목한다. 키가 크고 영구치가 나오는 신체적 변화보다는 어린이의 행동, 말, 생각의 변화에 주목해야 한다는 것이다. 이 시기 어린이들의 행동적·심리적 특징은 다음과 같다(Vygotsky, 2016).

먼저, 우쭐대고 변덕스러워지고 어릿광대 같은 행동을 한다. 7세 이전에도 바보 같은 행동을 할 수 있지만, 재미로 하는 행동이었다. 그러나 7세의 이런 행동은 야단을 맞거나 비난을 들을 때도 계속되며 별다른 동기가 없어 보인다는 것이다. 이런 행동은 자기 나이보다 많게 행동하는 가식적, 과시적, 허세적 행동일 수도 있고, 자기 나이보다 적게 행동하는 어처구니 없고 어릿광대 같은 행동일 수도 있다.[21]

둘째, 어린이다운 직접성과 즉각성이 상실된다. 더 이상 생각하는 대로, 느끼는 대로, 말하고 싶은 대로, 하고 싶은 대로 행동하지 않게 된다. 이것은 어린이 인격이 내적인 측면과 외적인 측면이 분화되기 시작한다는 징후를 보여주는 것이다. 직접적이고 즉각적인 행동의 반대편에는 의도적이고 의식적인 행동이 있다. 이제 어린이의 외면과 내면은 서로 같지 않고, 어린이의 체험과 외적 행동 간에는 지성적 계기가 도입되어 학령기의 의도

---

21) 1학년 담임교사로 7세 아이들을 만나는 경험에 대입하면 이런 행동적 특성은 쉽게 이해가 된다. 야단을 쳐도 서로 킥킥 웃으며 무엇을 잘못한 것인지를 전혀 이해하지 못하는 것 같은 상황이 늘 펼쳐진다. 그러니 "뭘 잘못했나, 여기 앉아서 생각해 보세요"라는 처방이 제대로 작동하기 위해서 어떻게 해야 하는가는 교사들에게 늘 숙제로 남는 셈이다.

적이고 의식적인 행동의 숙달로 연결될 것이다.

이런 7세 어린이의 특성은 지금까지 어린이들이 겪었던 모든 발달과정을 토대로 한다. 3세의 위기에서 나타나는 의지와 감정의 분리는 놀이와 연결되면서 원시적 자아를 출현시킨다. 감정과 의지의 분리는 전학령기에서 통합되며, 의지라는 새로운 유형을 만든다. 7세의 위기에서 나타나는 내적 인격과 외적 인격의 분리는 학령기의 의식적 파악과 숙달로 통합된다. 이런 변화의 과정은 심리 구조를 재구조화하고, 행동의 변화를 이끈다 (Vygotsky, 2016).

초기 유년기(1~3세) 어린이는 원시적 말을 진정한 말(speech)로 대체한다. 시계를 보면서 시각-도식적으로 '둥근 표면에 바늘이 달린 물체'로 인식하던 것에서 '시간을 측정하는 도구'로 공동일반화한다. 전(前)학령기 어린이는 하고 싶으면서도 '싫다'라고 부정하던 원시적 의지를 '의지'로 대체한다. 놀이를 통해 하고 싶은 것을 하기 위해서 자신을 통제해야 한다는 것을 배우는 것이다. 장기의 규칙을 배우기 이전의 어린이는 색이나 크기로 말을 분류하고 인식하지만, 학령기가 되어 규칙을 배우고 숙달한 어린이는 말을 보면서 이기는 전략을 짜기 위해 위협과 공격의 기회를 찾는다. 초등학교 1학년 어린이들은 문자를 배우면서 자신의 말소리와 의미를 재구조화한다(비고츠키연구회, 2016-a).

초기 유년기(1~3세) 어린이는 배가 고프다는 것, 기쁘고 즐겁다는 것, 슬프고 아프다는 것을 지각하지만 내가 배가 고픈 것이고, 내가 아프다는 것으로 지각하지는 않는다. '배가 고프다'는 느낌과 '내가 배가 고프다'는 것을 아는 것 사이에는 큰 차이가 존재한다. 초기 유년기 어린이는 자신의 체험을 '의식적으로' 지각하지 못한다. 7세 어린이는 이제 '내'가 기쁘거나 슬프고, '내'가 착하거나 나쁘다는 말의 의미를 이해하기 시작한다. 체험에 지성적 계기가 도입된다. 이는 자신의 체험에 의미를 부여하게 된다는 것이다. 3세 어린이는 타인과 자신의 관계를 발견하면서 자신의 감정이 타인의 감정과 같지 않다는 것을 깨닫게 된다. 그리하여 7세 어린이는 '자기 자신이 하는 체험 그 자체'를 발견하게 된다(Vygotsky, 2017).

원시적 자아의 출현과 의식적 파악

　　7세 위기의 신형성은 원시적 자아(the proto-self)의 출현이다. 이 시기의 어린이는 자신의 감정이 외적 분위기가 아니라 나의 자아에서 일어나는 사건임을 알게 된다는 것이다. 또한, 이런 감정적 체험을 포함한 개인의 체험을 공동일반화할 수 있게 된다. 7세의 위기가 마무리되면서 우쭐대거나 어릿광대와 같은 행동은 사라지지만 원시적 자아와 자기애는 발달의 다음 영역을 예비한다. 7세가 되어 내면과 외면의 분화가 일어나고 의미적 체험이 가능해지면서 자기 존중과 자신감 형성의 필요조건이 마련된다(Kim, Song, & Kellogg, 2021; Vygotsky, 2017).

　　비고츠키는 "이것이 바로 전학령기에 아직 마주칠 수 없는 어려운 문화화의 전형적인 형태"(Vygotsky, 2017:219)라고 한다. 외적 체험과 내적 의미를 서로 분리해서 의식할 수 있을 때, 그래서 어린이가 자신의 체험을 이해할 수 있을 때 체험이 갖는 의미는 달라진다. 그리고 이는 학령기의 전제조건이 된다. "학령기라는 새로운 발달 단계를 가능하게 하는 새로운 환경적, 인격적 계기의 통합체가 출현"(Vygotsky, 2017:219)하는 것이다.

　　7세의 위기 다음 단계는 '학령기'다. 학령기 발달의 사회적 상황은 비

의지적 지각이 의지적 지각으로(보이는 것을 보는 게 아니라 보고 싶은 것을 본다), 비의
지적 주의가 의지적 주의로(반응적 주의는 자발적 주의 기능으로 지성화된다), 비의지
적 기억이 의지적 기억으로(기억하고 싶은 것을 기억하기 위해 전략을 사용한다) 정신 기
능이 발달했음에도 생각에 대한 부분은 지성화하지 못한 상태다.[22] 생각
에 대해 생각할 수 없는, '상위 인지가 없는 인지'는 학령기의 핵심 모순이
다. 이 모순은 '의식적 파악과 숙달', '자유의지'라는 신형성을 이끌어낸다
(Vygotsky, 2017).

7세의 위기를 넘어서면서 개인의 체험을 정서적 측면에서 소통하고
공동일반화하는 경험을 한 어린이는 원시적 자아를 형성하게 된다. 원시
적 자아는 체험에 대한 느낌뿐 아니라 생각을 의사소통하고 공동일반화
하면서 나타나는 것이다. 학령기 어린이는 학습을 통해 낱말 의미를 안정
적으로 획득하고 이를 의미론적으로 체계화한다. 의미론적으로 체계화된
낱말은 공동일반화의 결과이다. 의지적으로 지각하고, 의지적으로 주의를
기울이고, 의지적으로 기억하는 과정에 대해 숙달하면서 나의 지각과 기
억에 대해 생각하는 법을 배우고, 그다음 자신의 생각을 의식적으로 파악
할 수 있게 된다(비고츠키연구회, 2016-a).

발달을 이끄는 교수-학습

7세의 위기, 1학년은 '학령기'라는 발달의 다음 영역을 예비하는 시기
다. 교수-학습은 어린이의 실제적 발달을 진단하고 발달의 다음 영역을 확
장하는 것에 그 의미가 있다.[23] 어린이가 장기를 두는 법을 배우는 것은
학습이지만, 이런 학습의 결과로 어린이가 주어진 장기판의 상황에 맞는

최선의 전략을 찾아가는 과정을 이해할 때, 전략에 대한 전략을 사고하는 고등 정신 기능이 발달한다고 보는 것이다(비고츠키연구회, 2016-a). 그리고 이런 상위인지 기능은 학령기 학습의 신형성이다.

> 이 어린이는 이미 자신의 행위를 자각하고 있으며 말을 통해 행위를 계획하고 보고하며, 이미 앞서 개념이라고 불렀던 최고의 지적 모방 형태를 분리시켰다. 이는 내적 말을 가진 어린이가 최선의 것을 강조하고 선택하고 그 관계를 추출할 수 있다는 사실과 관련지을 수 있다. 그러나 이 중에서 가장 중요한 것, 즉 자신의 사고 과정에 대한 자각은 아직 어린이에게서 생겨나지 않는다. (…) 점진적으로 여러 해가 지나야만, 어린이는 자신의 행동과정을 숙달했듯이 자신의 사고과정을 숙달하는 법을 배우며, 조절하고 선택하기 시작한다(Vygotsky, 2014:531).

---

22) 어린이에게 "너 이름이 뭔지 아니?"라고 물어보면 "네"라고 대답하지 않고 자동적으로 "개똥이요"라고 대답한다. 비고츠키는 이것을 어린이가 자신의 이름을 알지만 자신이 이런 지식을 갖고 있는지는 전혀 의식하지 못하고 있다는 것을 보여주는 것이라고 해석한다. 자신의 생각을 생각하고, 무엇을 알고 무엇을 모르는지 의식적으로 파악하지 못하고 있는 셈이다. 의식적으로 파악한다는 것은 내가 생각하는 과정을 언어화해서 표현한다는 것이다(Vygotsky, 2017).

23) 비고츠키는 「생각과 말」 6장에서 발달과 학습의 관계에 대해 자신의 입장을 분명하게 피력했다. 먼저, 어린이 발달은 학습의 전제조건이며 발달의 성취를 이용해서 학습할 뿐이라고 본 피아제나 비네의 접근을 비판한다. 이는 발달을 성숙처럼 학교에서의 학습과 무관하게 저절로 일어나는 것이고 어린이는 발달 단계에 맞는 것만 학습을 할 수 있을 뿐이라고 보는 입장이었다. 둘째, 학습이 곧 발달이라는 관점 역시 비판한다. 제임스, 손다이크를 비롯한 행동주의자들은 환경을 통해 획득한 행동 습관과 행동 경향들을 조직하는 것을 학습이라고 보았다. 발달은 반응의 누적이며, 학습과 발달은 분리될 수 없다고 가정한다. 셋째, 학습이 발달을 이끈다는 관점이다. 코프카는 앞의 두 관점을 혼합하여 성숙과 학습이라는 제3의 관점을 제시한다. 비고츠키는 이런 코프카의 시도가 형식도야와 전이의 문제에 직면하게 만들며, 발달에서 학습의 역할을 확대했다고 평가한다(Vygotsky, 2011).

이런 발달의 역사성 때문에 비고츠키는 전학령기의 자생적 학습과 학령기 학교에서의 교수-학습을 구분하고, 전학령기에는 자생적 학습으로 시작하는 것이 좋다고 권고했다(Vygotsky, 2017). 비고츠키가 죽기 한 달 전까지 강의를 지속하면서 이런 연령기 문제를 아동학의 주요 연구과제로 주목한 것은 교육에서 발달의 문제를 설명하고, 발달에서 교수-학습의 역할과 기능을 밝힘으로써 당시 사회적 요구에 응답하고자 했기 때문일 것이다. 30개월 어린이의 말 발달 양상이 다르고, 7세 어린이들의 생각 발달이 다르다는 것을 우리는 경험적으로 확인한다. 어린이의 발달에서 실제적인 발달 수준을 밝히는 것이 무엇보다 필요했을 것이다. 그가 사용한 방법은 방대한 데이터를 토대로 단위(체험)에 대한 전체적·임상적 분석, 발생형 탐구, 비교-발생적인 접근이었다.

여섯 번의 위기적 국면과 여섯 번의 안정적 연령기에 대한 탐구와 당대 여러 분야 연구의 방대한 축적과 비판적 전유는 근접발달영역(ZPD)이라는, 여전히 논쟁적인 개념을 우리에게 던져주었다. "근접발달영역은 실제적 발달 수준과 잠재적 발달 수준 사이의 거리다. 실제적 발달 수준은 독립적 문제 해결에 의해 결정되고, 잠재적 발달 수준은 성인의 안내 혹은 더 능력 있는 또래들과의 협동을 통한 문제 해결에 의해 결정된다."(Vygotsky, 1978:134)는 정의를 접하지 못한 대한민국의 교육자는 거의 없을 것이다. 그러나 이 개념이 브루너의 비계 설정(scaffolding)으로 점유되면서 다양한 오해와 곡해를 낳았다(Bruner, 1986; Chaiklin, 2003; Han & Kellogg, 2019).

발달은 새로운 것의 출현이지만 특별히 인간과 다른 영장류와의 차이를 발생시킨 심리적 도구로서 말, 대뇌 신피질, 기호의 매개 기능이 어떻게 발생하는지에 주목한다. 발달이 저절로 이루어지거나 자극-반응의 단순

누적으로만 이루어지는 것이라면 또는 유전의 발현이나 환경의 작용으로만 이루어지는 것이라면 새로운 것의 출현을 설명할 수 없고, 어린이의 주체적 작용을 설명할 수 없다. 새로운 것의 출현 없이 진화와 역사를 설명할 수 없듯이 개인 발달을 신형성의 출현 없이 설명할 수 없다. 인간 발달에서 위기와 모순은 신형성의 출현으로 이어지고 비고츠키는 이를 연령기로 구분했다. 7세의 위기와 학령기의 시작은 어린이 발달에서 큰 이정표가 된다. 그래서 당시 연구자들도 7세의 위기를 다른 연령기의 위기보다 가장 먼저 발견하고 연구했다(Vygotsky, 2016). 이 연령기를 전후로 학교 교육을 시작하는 문화가 형성된 것 역시 비슷한 맥락일 것이다.

초등학교 1학년, 7세의 위기를 겪거나 겪는 중이거나 겪었을 어린이들은 발달의 선(先) 역사가 있었기 때문에 학교에서의 교수-학습이 가능해진다. 의식적 지각, 자발적 주의, 논리적 기억과 같은 고등정신기능은 학령기의 신형성이다. 이런 신형성은 어떻게 출현하는가, 자생적인 학습만으로도 발달할 수 있는 기능은 아닌가? 학교에서의 학습은 필연적인가? 학교에서의 교수-학습이 있으니 다음 발달이자 발달의 궁극인 과학적 개념 발달이 가능한 것인가?[24]

발달을 이끄는 학습은 학교에서의 학습으로만 국한되는 게 아닌 것은 분명하다. 그럼에도 불구하고 학교에서의 교수-학습을 주요 주제로 삼는 이유는 학교에서의 교수-학습이 고등정신기능 발달과 개념 발달의 필

---

24) "이러한 인용들은 근접발달영역에서 사용된 '발달'이라는 용어가 결코 '학습'과 동의어도 아니고 따라서 '학습을 위한 비계'라는 비유가 적절하지 않음을 대변합니다. 물론 '학습' 또한 형식교육의 상황에만 한정되는 것이 아니라 매우 광범위한 사회적 상호작용 혹은 협력을 포함한다는 것을 지적하는 것도 중요합니다."(비고츠키연구회, 2016-a:12)

요조건이기 때문이며, 아주 특별한 경우를 제외하고 제도적 학교이든 비제도적 학교이든 형식적인 학습 과정을 이수하지 않는 대한민국의 어린이는 거의 없기 때문이다. 이미 우리는 이런저런 형태의 형식적인 학습이 보편화된 문화 속에서 살고 있다.

근접발달영역

근접발달영역은 비고츠키의 여러 개념 중 가장 널리 알려진 개념이다. 브루너(Bruner, 1986)는 이것을 구성주의와 연결된 스캐폴딩이라는 개념으로 재포장하여 '협력, 도움을 통해서 문제를 해결하게 된다'는 부분에 방점을 찍어 어린이의 수준에 적절한 도움을 주면 학습이 최적으로 일어날 수 있다는 새로운 주장을 만들었다. 몰(Moll, 1990)은 스캐폴딩 개념을 더 확장하여 직접적인 도움을 통한 기능이나 지식을 습득하는 게 아니라 매개적 수단이나 언어를 통해 의미를 창조하고 발달하는 과정이라고 재정의했다. 레이브와 웽거(Lave & Wenger, 1991)는 문화공동체 안에서 개인이 경험하는 일상적 개념과 사회문화적으로 만들어진 과학적인 개념 사이의 간극이 근접발달영역이라고 제안하기도 했다. 또한 헤데가드(Hedegaard, 1998)는 교실 상황에 주목하여 교사가 제시하는 과학적 개념과 학생들의 일상적이고 경험적인 개념 간의 차이를 근접발달영역이라고 정의하기도 했다(비고츠키연구회, 2016-a).

근접발달영역에 대한 다양한 논의는 채클린(Chaiklin, 2003)의 연구로 여러 논란이 정리되는데 그는 비고츠키의 ZPD 개념이 흔히 수용되고 해석되는 것보다 더 명료하고 정교한 것이라고 주장하며 기존의 근접발달영역과 관련된 논의를 세 개의 관념적 유형(ideal type), 즉 '일반성 가정, 지원 가정, 잠재성 가정'으로 분류하고 비고츠키의 저작 전반에 걸친 용어 사용의 맥락에 근거하여 비판적 논의를 전개했다.

첫째, 모든 교과 학습 문제에 적용 가능하다는 일반성 가정은 명백한 오류임을 밝혔다. 비고츠키의 가정은 '과업이 아닌 발달 수준'을 의미하는 것으로, 다루고자 하는 것이 과업 수준이라 하더라도 발달 수준과 연관 지어 해석된 지표로 봐야 한다는 것이다.[25] 둘째, 더 유능한 타자의 개입을 통해 학습을 지원한다는 가정은 타자가 유능할수록 효과적이라는 것이 아니라 교사를 비롯한 성인이 왜, 어떻게 어린이와 상호작용하는지를 강조하기 위해 사용되어야 하는 것이라고 주장한다. 셋째, 학습자 입장에서 가장 쉽지만 최전선인 학습을 가능하게 한다는 잠재성 가정은 위험한 요소를 포함하고 있다고 본다. 근접발달영역이 잘 구현되면 어린이의 학습을 가속, 촉진시킬 수 있다는 기대를 하게 만들거나, 근접발달영역에서 가르침으로써 어린이가 쉽게, 특별한 노력을 기울이지 않아도 배울 수 있도록 가르쳐야 한다고 잘못 해석될 수 있다는 것이다. 비고츠키는 특정한 기술적 기능을 가르치는 것과 전면적 발달을 목표에 두고 가르치는 것을 구분한다(Vygotsky, 1987; Vygotsky, 2013). 근접발달영역은 특정 과업에 대한 기술의 발달과 관련된 것이 아니라 정신 발달과 관련되는 것이다(Chaiklin, 2003:43).

이런 채클린(Chaiklin, 2003)의 논의를 토대로 근접발달영역에 대한 새로운 접근을 제안한 비고츠키연구회(2016-a)는 다음의 네 가지 방향을 제안한다.

....

25) 특정 과업과 연결되는 교수적 용어로는 '근접학습영역'을 사용하기도 한다(비고츠키연구회, 2016-a).

첫째, 근접발달영역은 아동학적 발달에 대한 개념적 이해에 토대해야 한다는 것이다. 근접발달영역은 "학습과 어린이 발달이 형성하는 역동적인 문화적 개체발생의 마당"(비고츠키연구회, 2016-a:12)이며, 과거에 토대하였지만 과거가 아니고, 현재에서 이루어지지만 현재에 머물지 않는 교수-학습, 즉 발달을 이끄는 교수-학습을 위해 비고츠키는 근접발달영역이라는 개념을 창출했다는 것이다.[26] 실제적 발달 수준과 잠재적 발달 수준 간의 거리는 비고츠키의 연령기별 발달의 사회적 상황과 중심적 발달 노선, 신형성을 토대로 하며 이는 상대적으로 매우 짧은 차시나 단원 수준이 아니라 적어도 일 년 이상의 해(年)를 단위로 숙고되어야 하는 것을 함의하는 것이다.

둘째, 근접발달영역은 교수-학습이 발달의 다음 영역을 예비할 수 있도록 마련된 진단 장치라고 주장한다. 비고츠키가 연령기에 주목한 이유는 어린이의 심리기능 발달을 측정하기 위한 일종의 표준이 필요했기 때문이며, 그가 제시한 연령기별 발달의 중심노선과 주변노선, 신형성, 고등정신기능 발달의 역사 등은 인간 발달에 대한 이해를 궁구할 뿐 아니라 교수-학습을 통해 어린이 발달을 추동하기 위한 도구적 측면이 있었다고 보는 것이다. 1학년 교실에서 교사는 학생들의 발달을 진단하기 위한 도구로 근접발달영역을 활용해야 한다.

셋째, 근접발달영역에서 학습이 학습자의 발달을 이끈다는 것은 특정 학습의 기능이 발달과 명백하게 관련을 맺어야 한다는 점을 늘 염두에 두어야 한다(비고츠키연구회, 2016-a). 교사들에게 교육과정의 성취기준을 구성할 권한이 주어지지 않는 조건에서 교사는 어떻게 수업을 통해 7살의 위기를 넘어서 지성화된 말, 지성화된 행동, 체험의 공동일반화 정도를 진단할 수 있을까? 진단도구로 근접발달영역은 어떻게 일상적인 교수-학습 활동 속에 활용될 수 있는지 '이행적 쓰기' 프로그램의 사례로 접근해 볼 것이다.

넷째, 근접발달영역과 근접학습영역을 구분해야 한다(Kellogg, 2019). 발달을 이끄는 교수-학습은 단순히 어린이 발달 수준에 맞는 적당한 교육 내용과 적당한 설명 방법으로 교육과정으로 제시된 지식과 기능을 쉽게 습득하게 하려는 것이 아니다. 교육을 지식과 기능 습득에 국한된 미소발생적 문제, 즉 근접학습영역의 문제로 제한해서는 안 된다. 교육은 어린이의 전인격적 발달과 관련된 개체발생 수준의 문제이며, "비고츠키에게 교육은 자유의지를 향한 여정이며, 어린이가 그러한 발달노선을 타고 갈 수 있도록 이끌어주는 원동력"(비고츠키연구회, 2016-a:15)이다. 교육을 기능과 내용의 학습으로 치환해서 접근하면 비계설정이나 근접학습영역 수준의 담론에 머물게 될 것이다.

---

26) '근접발달영역'은 1960년 'The process of Education'에서 어느 발달 단계에 있는 어린이라도 어떤 내용이든 효과적으로 가르칠 수 있다고 했던 브루너와 1971년 'Biology and Knowledge'에서 네 살짜리 어린이에게 상대성 이론을 가르칠 수 있느냐고 반문한 피아제에게 이미 오래전에 했던 비고츠키의 답이라고 할 수 있다. (비고츠키연구회, 2016-a:39~41)

2^장

어린이와 글말,
쓰기 학습

무엇을 가르치고 있는가?

학습과 발달은 구별되지만 연결되어 있다. 교사들은 교육과정 내용을 접할 때 학습 가능성을 가장 먼저 염두에 둔다. 교사들은 어린이가 이미 배울 준비를 완료한 것이 아니라 '거의' 준비가 된 것을 가르친다. 그러나 교사용 지도서에 나와 있는 이상적인 문답 상황은 이미 다 알고 있는 학생을 대상으로 한 '공허한 언어'일 뿐이다(비고츠키연구회, 2016-a).

어린이들은 배우는 중이기 때문에 교사용 지도서에 제시된 이상적이나 공허한 문답 상황에서 이탈한다. 그러나 그 이탈의 정도가 크고 심각하다면 잠재적 발달영역을 넘어선 먼 발달영역을 가르치고 있다고 교사는 진단한다. 이미 정해져서 내려오는 교과서의 내용이, 교육과정의 성취기준이 어린이의 발달 수준을 중요하게 포함하지 않는다고 볼 수 있다. 주어진 조건에서 교사는 늘 교육과정이 요구하는 것과 어린이들이 주도적으로 할 수 있는 것 사이에 다리를 놓으려고 한다. 연구자는 이런 과정을 넓은 의미의 '재구성'이라고 본다. 어린이의 실제적 발달 수준과 교육과정에서 의도하는 목표 간에 근접발달영역이 존재하지 않을 때 혹은 이미 실제적 발달 수준으로 성취된 것일 때 교사들은 재구성을 알게 모르게 시도하게 된다.

그러나 어린이들이 배워야만 하는 것과 어린이들이 이해하는 방식 사이에 너무 큰 간극이 존재할 때 교사는 대부분의 어린이들이 이해하는 수준으로 내용을 조절하게 된다.[27] 이런 경우 교과서로 제시된 교육과정을 어린이들에게 부과하면서도 어린이 생각의 현재 상황을 더 높은 수준으로 끌어올리려는 자극은 포기하기도 한다. 성취기준과는 무관한 활동으로 마무리되거나 활동 자체의 즐거움에 만족하거나, 이미 이해한 수준에서 더 나아가지 못하는 것이다. 이는 "발달의 영역을 비민주적으로 설계하려는 모든 시도가 낳은 결과"(비고츠키연구회, 2016-a:46)이다.

교사에게는 교수-학습과 발달을 결합하려는 의도적이며 의식적인 노력을 지속할 것인지에 대한 선택지가 남는다. 어린이 발달에서 발달의 사회적 상황이 제약을 통한 도약의 계기가 되듯이, 교사들에게도 이런 사회적 상황은 교수-학습을 새롭게 해석하고 접근하는 도약의 계기가 될 수 있다. "교수-학습 과정은 발달과 매우 밀접하게 결합되어 있으며 더 민주적으로 가르칠수록 교수-학습과 발달은 더욱더 서로 밀접하게 결합"(비고츠키연구회, 2016-a:65)된다.

학습과 발달이 구분되지만 연결되어 있듯이 근접학습영역과 근접발달영역도 구분되지만 밀접하게 연결되어 있다. 근접발달영역이 발달의 지향하는 교수-학습의 계기를 결정하는 진단장치라면, 근접학습영역은 진

---

27) 근접발달영역 혹은 근접학습영역은 일상적으로 진단된다. 수업을 준비할 때 교사들의 입에서는 이런 탄식이 흘러나온다. '이걸 도대체 1학년에게 어떻게 가르치라고? 이게 1학년에서 가능해?' 그리고 어느 수준에서 타협할지 빠르게 정하거나 길게 숙고한다. 수업을 진행하는 도중에도 진단은 일상적이다. '아, 너무 어렵구나!, 안 되는 아이들이 너무 많네.' 수업을 마치면서 교사는 다음 수업을 생각한다. '다른 방법으로 한 번 더 해 봐야겠다. 이걸로는 부족하네.'

단 장치인 동시에 교수-학습 장치가 된다(비고츠키연구회, 2016-a). 교수-학습 장치인 근접학습영역이 발달의 계기가 될 수 있도록 설계하는 과정은 근접발달영역의 진단에 토대해야 할 것이다. 학습과 발달 그리고 근접학습영역과 근접발달영역, 두 쌍의 구분과 연결 즉, 어린이 발달을 이끄는 교수-학습이라는 관점으로 초등학교 1학년 쓰기교육에 대한 일반적인 내용을 살펴보고자 한다.

국어과 교육과정

2015개정 교육과정은 학년군 교육과정이다. 2013년부터 적용된 2009개정 교육과정에 따라 1학년과 2학년을 묶어서 제시한다. 학년군제는 학기나 학년 단위의 분절적인 교수-학습을 넘어서서 좀 더 길게 발달과정을 지원한다는 의미를 담고 있다. 그러나 "교육과정의 경직성을 극복하고 유연성을 확대하고 교육과정 편성·운영의 탄력성과 융통성, 연계성 확대"(곽병선 외, 2009: 14-15)하고자 도입된 학년군 교육과정은 학교 현장에서 교사들의 교육과정 문서 작업만 가중시키고 있다는 비판에 직면해 있다(구영산, 2012). 시수 편제나 성취기준만 학년군으로 제시될 뿐 실제 운영은 학년 중심으로, 평가는 학기마다 하고 있기 때문이다.[28]

초등학교 1학년 국어 교육과정의 성취기준은 〈표 3〉과 같다. 성취기

---

28) 교과별 기준시수를 학년별로 제시하던 것을 학년군 교육과정이 되면서 2년 시수를 통합해서 제시한다. 교사들은 학년별로 운영하면서도 1학년 시수에 누가하여 교육과정을 계획하는 문서상의 학년군 교육과정 만들기를 하고 있다.

<표 3> 초등학교 1~2학년군 국어과 성취기준

〈듣기·말하기〉

[2국01-01] 상황에 어울리는 인사말을 주고받는다. (1-5, 2-6)
[2국01-02] 일이 일어난 순서를 고려하며 듣고 말한다.
[2국01-03] 자신의 감정을 표현하며 대화를 나눈다.
[2국01-04] **듣는 이를 바라보며 바른 자세로 자신 있게 말한다.** (2-4)
[2국01-05] 말하는 이와 말의 내용에 집중하며 듣는다. (1-1, 1-9, 2-5)
[2국01-06] <u>바르고 고운 말을 사용하여 말하는 태도를 지닌다.</u> (1-5, 2-6, 2-10)

〈읽기〉

[2국02-01] 글자, 낱말, 문장을 소리 내어 읽는다. (1-1, 1-4, 1-6, 1-7, 2-5)
[2국02-02] **문장과 글을 알맞게 띄어 읽는다.** (1-8, 2-8)
[2국02-03] 글을 읽고 주요 내용을 확인한다. (2-7, 2-8)
[2국02-04] 글을 읽고 인물의 처지와 마음을 짐작한다.
[2국02-05] <u>읽기에 흥미를 가지고 즐겨 읽는 태도를 지닌다.</u> (1-3, 2-1)

〈쓰기〉

[2국03-01] 글자를 바르게 쓴다. (1-1, 1-2, 1-3, 1-4, 1-6)
[2국03-02] **자신의 생각을 문장으로 표현한다.** (1-7, 2-3)
[2국03-03] 주변의 사람이나 사물에 대해 짧은 글을 쓴다.
[2국03-04] **인상 깊었던 일이나 겪은 일에 대해 생각이나 느낌을 쓴다.** (1-9, 2-9)
[2국03-05] <u>쓰기에 흥미를 가지고 즐겨 쓰는 태도를 지닌다.</u> (1-7, 2-1)

〈문법〉

[2국04-01] **한글 자모의 이름과 소릿값을 알고 정확하게 발음하고 쓴다.**(1-2, 1-3, 2-1)
[2국04-02] 소리와 표기가 다를 수 있음을 알고 낱말을 바르게 읽고 쓴다.
[2국04-03] **문장에 따라 알맞은 문장부호를 사용한다.** (1-8, 2-3)
[2국04-04] <u>**글자, 낱말, 문장을 관심 있게 살펴보고 흥미를 가진다.**</u>(1-6, 2-2, 2-7)

〈문학〉

[2국05-01] **느낌과 분위기를 살려 그림책, 시나 노래, 짧은 이야기를 들려주거나 듣는다.** (1-4, 2-4, 2-5, 2-10)
[2국05-02] 인물의 모습, 행동, 마음을 상상하며 그림책, 시나 노래, 이야기를 감상한다.
[2국05-03] **여러 가지 말놀이를 통해 말의 재미를 느낀다.** (1-2, 2-2)
[2국05-04] <u>자신의 생각이나 겪은 일을 시나 노래, 이야기 등으로 표현한다.</u> (2-9)
[2국05-05] <u>시나 노래, 이야기에 흥미를 가진다.</u>(1-5, 2-2, 2-10)

(교육부, 2017:40, 1학년 중점성취기준은 굵게, 지속 성취기준은 밑줄로 표시함. 성취기준 끝에 있는 학기와 단원 번호로
1-5는 1학기 5단원을 의미함)

준은 "학생들이 교과를 통해 배워야 할 내용과 이를 통해 수업 후 할 수 있거나 할 수 있기를 기대하는 능력을 결합하여 나타낸 수업 활동의 기준"(교육부, 2015)이다. 학교 현장에서 성취기준은 수업을 통해 성취해야 할 교과 내용과 학생 수행의 기준으로 작동한다.

〈표 3〉의 국어 교과 성취기준은 학년군 교육과정에 따라 1~2학년에 성취해야 할 기준이다. 국어 교과에서는 성취기준을 중점 성취기준과 지속 성취기준으로 구분해서 제시하고 있다. 중점 성취기준은 해당 학년에서만 중점적으로 학습하는 성취기준이고, 지속 성취기준은 두 개 학년에 걸쳐 지속적으로 학습하는 성취기준이다(교육부, 2017). 성취기준은 국어과 교육과정의 내용체계를 근거로 선정된다. 내용체계는 국어교과의 영역별 핵심개념과 일반화된 지식을 학년군별 내용 요소로 계열화해서 영역별 기능과 함께 제시한다. 전통적으로 국어교과는 듣기·말하기, 읽기, 쓰기, 문법, 문학의 다섯 영역으로 구성된다(한희정, 2019).

모든 성취기준은 '2국03-01'처럼 코드화되어 있다.[29] 이에 덧붙여 〈표 3〉에서는 1~2학년 국어교과 성취기준 중 1학년 중점 성취기준은 굵게 표시했고, 지속 성취기준은 굵은 글씨에 밑줄을 넣어 표시하였다. 성취기준 뒤에는 해당 성취기준이 들어 있는 학기와 단원을 표시했다. 같은 성취기준이 여러 단원에 중복되는 경우는 핵심적인 성취기준이라고 해석할 수 있다.

〈표 4〉는 1학년에서 중심을 두어야 할 핵심적인 성취기준을 영역별로 하나씩 선정하고 그에 대한 평가기준을 정리한 것이다.[30]

성취기준의 진술이 일반적이고 포괄적이기 때문에 별도의 연구를 통해서 이를 평가기준이라는 명목으로 3단계로 세분화해서 제시한다. 평가기준은 "교육과정 성취기준에 도달한 정도를 상/중/하로 나누어 진술한

<표 4> 국어과 성취기준과 평가기준 예시

교육과정 성취기준		평가기준
[2국01-05] 듣기·말하기 말하는 이와 말의 내용에 집중하며 듣는다.	상	적절한 반응을 보이며 말하는 이와 말의 내용에 주의를 집중하여 들을 수 있다.
	중	말하는 이와 말의 내용에 주의를 집중하여 들을 수 있다.
	하	말하는 이에 주의를 기울여 들을 수 있다.
[2국02-01]읽기 글자, 낱말, 문장을 소리 내어 읽는다.	상	글자, 낱말, 문장을 정확하고 능숙하게 소리 내어 읽을 수 있다.
	중	글자, 낱말, 문장을 정확하게 소리 내어 읽을 수 있다.
	하	글자, 낱말, 문장의 일부를 소리 내어 읽을 수 있다.
[2국03-01]쓰기 글자를 바르게 쓴다.	상	바른 자세를 유지하면서 받침이 있는 글자를 낱자의 모양과 간격을 고려하여 짜임과 필순에 맞게 쓸 수 있다.
	중	바른 자세를 유지하면서 받침이 있는 글자를 짜임과 필순에 맞게 쓸 수 있다.
	하	받침이 없는 글자를 짜임과 필순에 맞게 쓸 수 있다.
[2국04-01] 문법 한글 자모의 이름과 소릿값을 알고 정확하게 발음하고 쓴다.	상	한글 자음자와 모음자의 이름과 소릿값을 알고, 언어생활에서 한글 자모를 찾아 정확하게 발음하고 쓸 수 있다.
	중	한글 자음자와 모음자의 이름과 소릿값을 알고 이를 정확하게 발음하고 쓸 수 있다.
	하	한글 자음자와 모음자의 이름과 소릿값을 일부 알고 이를 발음하고 쓸 수 있다.
[2국05-01]문학 느낌과 분위기를 살려 그림책, 시나 노래, 짧은 이야기를 들려주거나 듣는다.	상	그림책, 시나 노래, 짧은 이야기를 느낌과 분위기를 살려 실감나게 들려주거나 집중하여 들을 수 있다.
	중	그림책, 시나 노래, 짧은 이야기를 느낌과 분위기를 살려 들려주거나 들을 수 있다.
	하	그림책, 시나 노래, 짧은 이야기를 들려주거나 들을 수 있다.

29) '2국01-01'에서 '2'는 1~2학년군의 성취기준이라는 의미이며, '국'은 국어교과, '01-01'은 영역 중 첫째 영역인 듣기·말하기 영역 중 첫째 성취기준이라는 뜻이다. '2국04-03'은 넷째 영역인 문법 영역의 셋째 성취기준이라는 뜻이다.

30) 지속 성취기준이 더 중요할 거 같지만 어떤 면에서 지속 성취기준은 1학년에서는 도입하고 2학년에 성취해야 하는 것일 수도 있기 때문에 1학년에서는 중점 성취기준을 우선으로 하였다.

것"으로 "평가 활동에서 학생들이 어느 정도의 수준에 도달했는지를 판단하기 위한 실질적인 기준 역할을 할 수 있도록 각 성취기준에 도달한 정도를 상/중/하로 구분하고 각 도달 정도에 속한 학생들이 무엇을 알고 있고, 할 수 있는지를 기술한 것"(이미경 외, 2016:24)이다.

어린이 발달을 이끄는 교수-학습이라는 측면에서 〈표 4〉에 제시된 성취기준과 평가기준이 과연 적절한 것인지, 발달을 중심으로 구성된 것인지, 지식이나 기능을 중심으로 구성된 것인지 비판적으로 살펴볼 필요가 있다. 어린이 발달에서 '문식성(literacy)'이 갖는 중요성은 단순히 글을 읽고 쓸 수 있는 기능적 접근에 있지 않다. 지성화된 행동, 지성화된 말, 체험의 공동일반화의 관점에서 중요한 것은 '의미화' 즉, 의미 구성이다. 초등 학령기의 신형성인 생각에 대한 생각, 상위인지와 자의식 출현에 문해 학습이 얼마나 강력한 영향을 주는지 비고츠키는 『역사와 발달』 I·II(2013, 2014), 『도구와 기호』(2012), 『생각과 말』(2011) 등 저서 전반을 통해서 논증하고 있다.

우리는 흔히 글을 읽을 수 있으면 당연히 쓸 수 있을 거라고 가정하지만 현실의 1학년 교실에서는 그렇지 못한 사례들을 많이 마주하게 된다. 읽기 다음에 쓰기 학습이 아니라 읽기와 쓰기가 동시에 진행되어야 하는 이유는 총체적 언어교육 운동 등의 근거도 있지만, 비고츠키의 주장에 따르면 읽기와 쓰기의 발생적 기원이 다르기 때문이다. 비고츠키는 읽기가 쓰기의 발생적 준거가 되는 것이 아니며, 쓰기의 발생은 몸짓에 있다고 보았다. 인간의 입말과 글말은 모두 몸짓에 발생적 기원을 갖고 있지만 입말은 몸짓에서 소리로 발달한 반면, 글말은 몸짓에서 놀이로, 놀이에서 그리기로, 그리기에서 글자로 발달했다는 것이다(Goodman, 1989; Vygotsky, 1987, 2011, 2013, 2014).[31]

그런데 성취기준은 성취기준일 뿐 교사들에게 무엇을 어떻게 가르치라고 구체적인 지침을 제시해주지는 않는다. 그래서 보통은 교과서라는 도구를 통해 구체화된다. 교사들은 성취기준을 우리 반 학생들에게 맞게 해석하면서 동시에 교과서라는 도구의 도움을 받으며 수업을 계획한다. 교과서의 내용을 보태거나 빼는 과정을 거치는데 그 선별의 과정은 우리 반 학생들의 수준에 맞추는 선에서 진행된다.

2009개정교육과정 이전에는 듣기·말하기, 읽기, 쓰기 세 권으로 나누어져 있던 국어 교과서가 2013년부터 '국어'와 '국어활동'이라는 교과서로 통합되었다. 말의 기능이 듣기, 말하기, 읽기, 쓰기로 나뉠 수는 있지만, 실제 언어생활은 총체적으로 이루어지므로 통합적인 접근이 필요하다는 관점의 변화가 있었다.

성취기준이 영역별로 매우 일반적으로 기술된 것을 국어 교과서는 단원명을 통해 명시적으로 드러낸다. 단원명과 단원 학습목표만 보면 이 단원에서 무엇에 대하여 학습할지 이해할 수 있게 구성되었다. 그러나 초등학교 1학년에게 너무 먼 발달영역처럼 보이는 성취기준은 교과서 단원 구성에서도 그대로 먼 발달영역, 먼 학습영역이 된다. 단원별 성취기준과 학습목표의 흐름을 이해하면 어린이 입말과 글말 발달의 측면에서 좀 더 통합적인 시각으로 교육과정에 개입할 수 있고, 발달과 결합하여 더 민주적인 방식으로 교수-학습을 계획하고 운영할 여지가 생긴다.

---

31) 자세한 내용은 비고츠키(2014)의 『역사와 발달』 Ⅱ권 7장과 11장 참고.

기초 문식성과 입문기 문자 교육

글을 읽고 쓴다는 것은 삶의 강력한 무기다. 초등학교 1학년, 일곱 살의 위기를 건너가는 어린이가 학교에서 학습해야 할 국어과의 성취기준과 교과서 내용 편성의 핵심은 기초 문식성이다. 초등학교의 기초 문식성 교육은 '한글 교육', '한글 해득 교육' 또는 '입문기 문자 지도'라는 용어로 불린다(엄훈, 2017). 기초 문식성은 "학교 학습과 사회생활에 필요한 문자사용 능력"으로 "한글 해득을 중심으로 한글을 사용한 이해와 표현 능력"(교육부, 2017:365)이다. 초등학교 1학년 1학기 교사용 지도서에는 "입문기 학생이 갖추어야 할 기초 문식성은 한글 해득과 학습과 생활에 필요한 최소한의 읽기와 쓰기 능력을 포함한다"(교육부, 2017:365)라고 밝히고 있다.

국어교육 담론에서 문식성은 '초기 문식성(Early literacy, EL)', '기초 문식성(Basic literacy, BL),' '기능적 문식성(Functional literacy, FL)'의 세 층위로 정리되어 논의되고 있다. 초기 문식성은 한글 해득과 동의어로 음운 인식, 해독, 낱말 이해 등 낱말을 소리 내어 읽고 쓰는 능력이다. 기초 문식성은 초기 문식성을 포함하며, 낱말과 문장을 유창하게 읽고 문장과 짧은 글을 읽고 이해하며, 자신의 생각을 문장으로 쓸 수 있는 정도의 기초적 수준의 읽고 쓰기 능력이다. 기능적 문식성은 기초 문식성을 포함하며 일상생활 및 학습, 직업생활에 필요한 사실적 독해, 추론적 독해, 비판적 독해 등 고등 사고력을 요하는 읽기와 쓰기 능력이다. 기초 문식성과 기능 문식성은 언어 발달의 연속선상에 있는 것으로 분절된 것이 아니다(이경화, 2020).

기초 문식성 교육은 '의미 중심 접근법'과 '발음 중심 접근법'으로 대별된다. 의미 중심 접근법은 의미를 우선에 둔다. 의미를 담고 있는 낱말이나 문장을 먼저 읽고 쓰면서 글자와 낱자를 분석적으로 접근하는 방식이다. 학생들이 일상생활에서 많이 쓰는 익숙한 문장이나 낱말을 읽고, 소리와 글자의 관계를 인식해 음절 글자를 확인하고, 자음자와 모음자를 익히는 방법이다. 의미 중심 접근법은 '문장식'과 '낱말식'으로 나뉠 수 있다. 문장식은 말의 기본 단위인 문장을 우선해 접근하는 방법으로, 문장을 중심으로 발음과 글자를 확인하고, 문장에 사용된 낱말과 음절 글자를 분석해 음소까지 익히게 한다. 낱말식은 친숙한 낱말을 읽게 하고 음절 단위로 글자를 구분하고 글자를 분석해 음소를 익히게 하는 방법이다. 발음 중심 접근법은 자음자와 모음자부터 익혀서 글자, 낱말로 확대하면서 익히는 방법이다. 자음자와 모음자를 관련지어 알게 하고 음절을 이루는 글자를 만들고 낱말을 이루는 글자를 익히는 방식이다. 발음 중심 접근법 역시 두 가지 방식이 있는데 '자모식'과 '음절식'이다. 자모식은 자음자와 모음자를 구분해 소리와 낱자를 익히는 방법이라면, 음절식은 음절을 기본으로 한글을 익히는 방법으로, 음절표를 기본으로 한다(교육부, 2017).

국어교육은 이 두 가지 접근법을 모두 활용하는 '절충식 접근법'을 취했는데 이는 발음 중심 접근법과 의미 중심 접근법의 장점을 살리고 단점을 보완하기 위한 것이다. 개화기 독본에 수록된 관련 학습 자료 역시 대부분 두 가지를 병용했다고 보고하고 있다(박치범, 2015). 이런 절충식 접근법을 취한 이유에 대해서는 초등학교 1학년 어린이들의 발달 단계상 초등학교에 적응해야 하는 시기임을 고려하여 발음 중심의 분석적 접근보다는 의미 중심으로 시작하고, 한글 자체의 특성을 반영해 음소 언어이자 표음문자로 발음 중심 접근법을 병용하게 되었다고 보고 있다(강동훈, 2013).

2015개정 국어과 교육과정도 절충식 접근법을 취하고 있다고 밝히고 있다. 초등학교 1학년 1학기 국어과 교사용 지도서에 따르면 문식성 지도의 원리는 다음과 같다.

① 한글을 해득해 자유롭게 부려 쓸 수 있도록 한다.

② 글자의 구성 원리 습득 및 사용에 중점을 두어야 한다.

③ 학생에게 유의미한 상황에 기초한 학습이어야 한다.

④ 한글 학습 경험에 대한 개인차를 고려해야 한다.

⑤ 학생의 읽기와 쓰기 활동의 과정을 중시해야 한다.

⑥ 읽기와 쓰기 지도의 순서와 비중이 균형적이어야 한다.

⑦ 학생에게 읽고 쓰는 기회를 많이 제공해야 한다.

⑧ 오독과 오용을 학습자의 능동적인 학습 과정으로 이해해야 한다.

⑨ 읽고 쓴 것에 대해 서로 이야기할 수 있는 기회를 많이 제공해야 한다.(교육부, 2017:365)

그동안 국어과 교육과정은 기초 문식성 지도의 원리로 절충식 접근법을 표방하고 있지만, 실제 학습내용의 구현 방식에서는 병렬식 절충에 그치고 있다는 비판이 있었다. 구체적인 원리에 있어서는 한글의 문자적 특성을 고려하면서도 학습자의 경험과 앎에 바탕을 둔 균형적인 한글 깨치기 지도 방법을 제시하지 못하고 있다는 것이다(이천희, 2008). 학습자의 문식성의 실제를 반영하지 못하고 있으며, 다양한 통합적 활동이 아닌 단순 문자 지도에 국한된 채 체계적인 교육 방안이 마련되지 않았다는 논의도 있다. '절충'과 '균형'의 의미를 명확히 구분하지 못하고 있는 현상은 2015개정 국어과 교육과정 역시 마찬가지다. 오히려 선행학습 유발 요인을 억제하기 위한 목적으로 기초 문식성 교육을 강화하도록 내세우고 한글 기초

교육 시간을 확대하면서 '발음 중심 접근법'에 편중된 것으로 보인다.

〈표 5〉는 1학년 1학기 국어 교과서의 단원명, 성취기준, 차시 학습 활동을 정리한 것이다.

〈표 5〉 1학년 1학기 국어(가)(나) 교과서 내용 구성표(교육부, 2017)

단원명	성취기준	차시 학습 활동
1. 바른 자세로 읽고 쓰기	[2국01-05] 말하는 이와 말의 내용에 집중하며 듣는다. [2국02-01] 글자, 낱말, 문장을 소리 내어 읽는다. [2국03-01] 글자를 바르게 쓴다.	1. 바르게 듣는 자세 익히기 2. 바르게 읽는 자세 익히기 3-4. 소리 내어 낱말 따라 읽기 ▼ 5-6. 바르게 쓰는 자세 익히기 7-8. 낱말 따라 쓰기 ▼ 9-10. 선생님과 친구 이름 따라 쓰기 ▼
2. 재미있게 ㄱㄴㄷ	[2국04-01] 한글 자모의 이름과 소릿값을 알고 정확하게 발음하고 쓴다. [2국03-01] 글자를 바르게 쓴다. [2국05-03] 여러 가지 말놀이를 통해 말의 재미를 느낀다.	1-2. 자음자의 모양 알기 ▲ 3-4. 자음자의 이름 알기 ▲ 5-6. 자음자의 소리 알기 ▲ 7-8. 자음자 쓰기 ▲ 9-10. 자음자 놀이하기
3. 다함께 아야어여	[2국02-05] 읽기에 흥미를 가지고 즐겨 읽는 태도를 지닌다. [2국04-01] 한글 자모의 이름과 소릿값을 알고 정확하게 발음하고 쓴다. [2국03-01] 글자를 바르게 쓴다.	1-2. 모음자의 모양 알기 ▲ 3-4. 모음자의 이름 알기 ▲ 5. 모음자 찾기 ▲ 6-7. 모음자 읽기 ▲ 8-9. 모음자 쓰기 ▲ 10-11. 모음자 놀이하기
4. 글자를 만들어요	[2국02-01] 글자, 낱말, 문장을 소리 내어 읽는다. [2국03-01] 글자를 바르게 쓴다. [2국05-01] 느낌과 분위기를 살려 그림책, 시나 노래, 짧은 이야기를 들려주거나 듣는다.	1-2. 글자에서 자음자와 모음자 찾기 ▲ 3. 글자에서 모음자가 있는 곳 알기 ▲ 4-5. 글자의 짜임 알기 ▲ 6-7. 글자 읽고 쓰기 ▲ 8. 여러 가지 모음자 알기 ▲ 9-10. 이야기 듣고 낱말 읽기 ▼
5. 다정하게 인사해요	[2국01-01] 상황에 어울리는 인사말을 주고받는다. [2국01-06] 바르고 고운 말을 사용하여 말하는 태도를 지닌다. [2국05-05] 나 노래, 이야기에 흥미를 가진다.	1-2. 인사한 경험을 떠올려 말하기 3-4. 인사할 때의 마음가짐 알기 5-6. 알맞은 인사말 알기 7-8. 상황에 맞는 인사말 하기 9-10. 바르게 인사말 하기

6. 받침이 있는 글자	[2국02-01] 글자, 낱말, 문장을 소리 내어 읽는다. [2국03-01] 글자를 바르게 쓴다. [2국04-04] 글자, 낱말, 문장을 관심 있게 살펴보고 흥미를 가진다.	1-2. 글자를 정확하게 써야 하는 까닭 알기 3-4. 받침이 있는 글자의 짜임 알기 ▲ 5-6. 받침이 있는 글자 읽기 ▲ 7-8. 받침이 있는 글자 쓰기 ▲ 9-10. 받침이 있는 글자로 놀이하기
7 생각을 나타내요.	[2국02-01] 글자, 낱말, 문장을 소리 내어 읽는다. [2국03-02] 자신의 생각을 문장으로 표현한다. [2국03-05] 쓰기에 흥미를 가지고 즐겨 쓰는 태도를 지닌다.	1-2. 문장에 어울리는 낱말 넣기 ▲ 3-4. 그림 보고 문장 만들기 ▲ 5-6. 문장으로 말하기 ▲ 7-8. 문장 쓰고 읽기 ▲ 9-10. 문장을 소리 내어 읽기 ▲
8. 소리 내어 또박또박 읽어요	[2국02-02] 문장과 글을 알맞게 띄어 읽는다. [2국04-03] 문장에 따라 알맞은 문장 부호를 사용한다.	1-2. 띄어 읽으면 좋은 점 알기 3-4. 문장부호 알기 5-6. 문장부호의 쓰임 알기 7. 문장부호에 맞게 띄어 읽는 방법 알기 8-9. 문장부호에 맞게 띄어 읽기 10-11. 목소리 연극하기
9. 그림일기를 써요	[2국03-04] 인상 깊었던 일이나 겪은 일에 대한 생각이나 느낌을 쓴다. [2국01-05] 말하는 이와 말의 내용에 집중하며 듣는다.	1-2. 하루 동안에 일어난 일 말하기 3-4. 그림일기 읽기 5-6. 그림일기 쓰는 방법 알기 7-8. 겪은 일을 그림일기로 쓰기 9-10. 그림일기에서 잘된 점 말하기

기초 문식성 교육과 직접 관련된 활동 중 발음 중심 접근법에는 ▲를, 의미 중심 접근법에는 ▼를 붙였다. 전체적인 흐름이 자음→모음→글자→받침이 있는 글자→낱말→문장→글로 구성된 발음 중심 접근법임을 알 수 있다. 의미 구성 접근은 1단원 정도에 편성되어 있을 뿐이다.

이렇게 제시된 교수 자료인 교과서를 살펴보면 교사용 지도서에 명시된 기초 문식성 지도의 유의점은 교과서 수준이 아니라 교사들의 교육과정 실행 수준에서 유의해야 할 점이라는 것이 분명해진다. 학생에게 익숙한 어휘와 문장을 사용하고 발음 중심 접근법과 의미 중심 방법의 적절한 균형을 고려하며, 입말을 기반으로 한 문자 언어 사용을 강조하고, 정확한 언어 규칙이나 어휘 사용보다는 글말 사용에 관심을 유도하며, 학생들에게 유의한 언어 자료를 활용해 접근하고, 담화의 관습적 부분을 자연스럽게 접할 수 있도록 하며, 이미 한글을 해득한 학생도 수준에 맞는 학습활동을 할 수 있도록 배려해야 하는 것이다(교육부, 2017:367-368). 이는 교사들이 교육과정을 재구성할 수밖에 없는 원인으로 작용한다.

무엇을 논의하고 있는가?

초등 학령기 국어교육 전반과 관련된 내용으로 국어과 교육과정, 문식성 교육, 총체적 언어교육, 유·초 연계 교육과 발달 등에 대한 담론, 그다음 문자 교육 관련 내용으로 쓰기 발달, 쓰기 교수-학습, 초등학교 1학년 필자의 쓰기 양태 등에 대한 연구, 학습 소외와 관련된 학습 부진, 느린 학습자, 쓰기장애 등에 관련된 담론의 흐름을 살펴보자.

초등학교 1학년 국어과 교육과정

초등학교 국어과 교육과정 관련 연구는 초등 저학년 국어교육 및 교육과정 관련 연구, 문식성 교육 및 총체적 언어교육의 통합적 접근에 관한 연구, 초등학교 어린이의 발달적 특성과 관련된 연구로 나누어 살펴보았다.

첫째, 초등학교 저학년 국어교육 및 교육과정 관련 연구는 쓰기 교육과정과 관련된 연구와 초등학교 1~2학년 교육과정 관련 연구를 중심으로 분석했다. 초등학교 쓰기 교육과정 전반에 대한 최근의 연구는 2015 개정 국어과 교육과정에 대한 분석 및 비판, 대안 제시 관련 연구가 주류를 이루고 있었다. 1~2학년 국어과 교육과정 및 쓰기 교육 관련 연구 역시 국어 교과서 분석 연구에 치우쳐 있었다. 국어 교과서 구문을 분석한 연구, 음절, 음소, 음운 규칙 출현 빈도를 분석한 연구, 교과서의 화법을 다룬 연구, 어휘 및 문장 적합성을 분석한 연구 등은 텍스트 분석을 중심으로 한다면, 학습 활동 구성, 즉 교과서 구조에 대해 분석하는 연구도 있었다. 교과서 속 쓰기 학습 활동의 특징과 문제점을 분석한 연구, 쓰기 과제의 문제점을 비판한 연구, 범교과 문식성의 측면에서 교과서 학습 활동을 분석한 연구, 교육과정 내용체계의 쓰기 영역 교과서 반영 양상을 살핀 연구 등이다. 대안적 교과서 구성에 대한 탐구도 있는데 교과서 사용 단계를 중심에 두고 교과서 질 제고 방안을 탐색한 연구, 대안 텍스트로서의 국어 교과서 모습을 그린 연구 등이다.

둘째, 문식성 교육 및 총체적 언어교육의 통합적 접근에 관한 연구는 문식성 및 문해력, 입문기 문자 교육과 관련된 연구와 총체적 언어(Whole Language)교육 관련 내용으로 나누어 살펴보았다.[32] 문식성 교육 관련 연구는 대체로 초등 저학년(1~2학년)에 집중되었다. 저학년 문식성 교육의 방향을 제시한 연구, 기초 문식성 교육과정 개발 방향을 탐색한 연구, 초등학교 1학년 한글 해득 지원 방안을 위한 연구, 한글 해득 교육 실태를 분석하고 개선 방안을 탐색한 연구, 초기 문해력 교육의 현황과 과제를 제시한 연구 등이 있다. 총체적 언어교육의 관점에서 통합적 접근을 탐색한 연구는 2000년대 초반에 다양하게 연구되다가 최근에는 특수교육이나 다문화교육, 한국어 교육 연구 분야에서 더 활발하게 연구되는 추세다. 총체적 언어교육 관련 대표적 연구는 국어과의 통합적 수업 방안에 대한 연구, 듣

---

32) 자세한 내용은 비고츠키(2014)의 『역사와 발달』 II권 7장과 11장 참고.

기·말하기, 읽기, 쓰기 교과서로 분책되었던 것을 하나로 통합하는 방안을 담은 연구 등이 있다.

셋째, 초등학교 어린이의 발달과 관련된 연구는 초등학교 1학년 어린이의 발달 특성을 다룬 연구와 유·초 연계 교육과정 관련 연구로 나누어 살펴보았다. 초등학교 1학년 어린이의 발달에 관한 연구는 거의 찾아볼 수 없었고, 초등학교 1학년 어린이의 발달적 특성을 기술한 연구, 이를 기반으로 통합교육과정의 시사점을 탐색한 연구, 경험적 내러티브 양상 연구 정도를 찾을 수 있었다. 유·초 연계 교육 및 교육과정에 관한 연구는 학부모나 교사의 인식에 관한 연구, 교육과정 연계에 관한 연구, 유·초등 연계 교육 현황 및 인식에 관한 연구 등이 있다.

이상의 내용을 종합하면 초등학교 1학년 국어과 교육과정에 관한 연구는 주로 교과서의 구문이나 활동 내용을 분석하는 연구가 두드러지며 이는 교육과정 개정 시기에 집중된다는 것과 초등학교 1학년 어린이의 전반적인 발달 특성이나 국어 학습 과정에 대한 연구는 매우 부족한 실정이라는 것을 확인할 수 있다. 유·초 연계 관련 연구 역시 초등교육보다는 유아교육에서의 연구로 편중되어 있다는 것도 알 수 있다. 교과서 분석 연구보다 초등학교 1학년 어린이의 발달적 특성에 근거한 학습 활동을 분석 텍스트로 삼아서 연구하는 접근이 무엇보다 필요하며, 초등교육 연구자로 1학년이 되기까지 학생들이 어떤 발달 경로를 거쳤는지에 대한 좀 더 전문적인 접근에 근거한 연구가 필요하다는 것을 확인할 수 있었다.

초등학교 1학년 쓰기 발달

초등학교 1학년 쓰기 교육에 대한 연구는 학습자의 쓰기 발달을 직접 다룬 연구, 쓰기 교육 방법에 관한 연구, 학습자의 쓰기 양태를 다룬 연구로 나누어 볼 수 있다.

먼저, 초등학교 1학년 어린이의 쓰기 발달 및 초기 쓰기에 대한 연구는 초등학생의 쓰기 발달 전반을 다룬 연구, 쓰기 발달 관련 요인 및 변인 연구, 연령 간 쓰기 발달 비교 분석 및 발달 검사 관련 연구, 쓰기 발달 연구에 대한 메타 연구 등이 있다.

이성영(2000)은 초등학생의 텍스트 구성 능력을 중심으로 글쓰기 능력 발달 단계를 16개의 범주로 나누어 연구하였는데, 1학년 학생의 글에서는 16개 범주의 특성이 전혀 나타나지 않았다는 것을 밝히면서 1학년의 글쓰기가 단순 연상적 글쓰기이기 때문이며 2학년이 되어야 텍스트 구성 능력의 전환이 가능하다고 해석하였다. 박태호 등(2005)은 1학년 학생들은 글씨 쓰기 측면에서는 한글을 익힌 상황이지만 띄어쓰기나 문장부호에 대한 인식은 부족하고, 형용사와 조사의 사용이 미숙하며, 문단의 개념이 거의 형성되지 않았음을 밝혔다.

한경숙(2012)은 2000년부터 2011년까지 초기 쓰기 관련 국내외의 연구 동향을 분석하여 국외의 초기 쓰기 관련 연구는 상대적으로 풍부하며 질적 연구가 많은 반면 국내 연구는 초기 쓰기에 대한 연구가 부족하고 양적 연구에 치우쳐 있음을 밝혔다. 고은·김진화·목홍숙(2015)은 발달적 개념의 쓰기 연구 동향을 분석하여 초등 학령기의 장애 학생 대상 연구가 가장 많고, 장애 영역별로는 학습장애와 쓰기장애 관련 연구가 주류이며,

양적 연구의 비율이 상대적으로 높다(61.4%)는 것을 밝힌 바 있다.

쓰기 발달을 보는 관점은 크게 두 가지로 나눌 수 있다. 하나는 인지적 성숙이 전제되어야만 학습이 가능하다고 보는 성숙주의적 관점이고, 나머지 하나는 문자 언어도 음성 언어와 마찬가지로 태어나는 순간부터 환경과의 상호작용을 통해 지속적으로 학습되기 때문에 초등학교에 입학할 때 무의 상태가 아니라는 보는 발생적 문식성, 즉 발달적 관점이다. 이런 발달적 관점이 도입되면서 초기 쓰기 발달과 문식성 발달에 영향을 주는 요인 등에 대한 연구가 본격적으로 이루어지는 전환점이 되었다(고은·김진화·목홍숙, 2015).

둘째, 쓰기 교수법 관련 연구는 일반적인 교수법으로서의 쓰기 교육 활동을 다룬 연구와 쓰기장애 혹은 느린 학습자를 대상으로 직접교수, 중재반응모델, 데이터기반 개별화 교수 등의 방법을 적용하고 효과를 분석한 연구가 있다.

김창복·김혜원(2016)은 초등학교 1학년의 '입학 초기 쓰기 활동'에 대한 초등교사의 인식을 탐색하였다. 국어 교과 도입 전인 3월에 이루어지는 쓰기를 위한 기초 활동이 주를 이루는 입학 초기 쓰기 활동에 대해 초등교사들은 연필잡기 등에 중점을 두며, 국어 교과의 문자 학습 속도와 타 교과의 쓰기 요구의 차이가 존재하는 문제를 인식하고 있으며, 교과 활동 이외에도 다양한 생활 속 쓰기 활동이 전개되지만, 맞춤법보다는 자유로운 표현에 중심을 두고 있다는 것을 밝혔다. 더불어 선행학습이 초등학교의 언어 학습에 부정적인 영향을 미칠 수 있고 학습자의 성공적인 전이를 저해하는 요인이 될 수 있다고 인식하고 있음을 밝히면서 유아교육기관에서 학부모의 요구를 충족하기 위해 가시적 결과 중심의 쓰기에 중점을 두

기보다 듣기·말하기, 읽기 영역에서 다양한 경험을 할 수 있도록 해야 한다고 제언하였다.

셋째, 초등학교 쓰기 학습자의 쓰기 양태를 다룬 연구는 가장 많은 비중을 차지하고 있는데 초등학교 1~2학년 학생들의 다양한 쓰기 양태를 분석한 연구, 초등 학령기 및 초·중·고등학교의 쓰기 양태에 대한 비교 연구, 학생 필자의 인지 특성 및 자기 인식 등에 관한 연구 등이 있다.

쓰기 교육 관련 쓰기 발달과 쓰기 교수법, 학생들의 쓰기 양태에 관한 선행연구를 살피면서 무엇보다 발생적 문식성으로서의 초기 쓰기에 대한 다양한 연구들이 있지만 쓰기 교수-학습이 교실에서 어떻게 이루어지고 있는지에 대한 분석보다 쓰기 활동의 결과물로서의 텍스트 분석에 치우쳐 있다는 것을 확인할 수 있었다.

느린 학습자와 수업 소외

배움이 느린 학습자에 관한 연구는 학습장애 및 쓰기장애, 학습 부진아 및 느린 학습자 등에 관한 연구, 수업 및 학습 소외 현상 관련 연구, 초등학교 1학년의 쓰기 학습 부진 관련 연구로 나누어 살펴보았다.

먼저, 학습장애, 쓰기장애, 학습 부진 및 느린 학습자의 진단에 관한 연구는 진단 도구 개발 연구, 느린 학습자 특성에 관한 연구, 느린 학습자와 일반 학습자의 비교 연구, 관련 연구에 대한 메타 연구 등이 있다.

강옥려(2015)는 학습장애 학생의 약 80%가 읽기장애를 갖고 있지만 상당수의 학습장애 학생이 쓰기장애도 겪고 있는데 그 이유는 쓰기가 듣기·말하기, 읽기 능력을 바탕으로 글씨 쓰기, 철자, 글쓰기를 포함하는 매우 높은 수준의 능력을 요구하기 때문이라고 보았다. 관련 연구는 주로 글쓰기 능력 향상을 위한 지도 방법이 주류였으며 이런 중재 연구는 과정적인 쓰기 절차를 전략적으로 가르치는 것을 중심에 두고 있다. 김소희(2008)에 따르면 학습장애 관련 연구 중 중재 연구가 82.7%에 이를 정도로 압도적인 비중을 차지하고 있으나 이런 중재 효과에 대한 보고 이후에 이를 어떻게 쓰기 교수에 반영하였는지에 대한 연구는 없다는 점을 비판하였다. 즉, 중재 효과 검증으로만 그치고 이를 어떻게 교수-학습에 반영할 것인가에 대한 연구는 부족하다는 것이다.

둘째, 수업 소외 및 학습 소외에 관한 연구는 2000년대 이후 꾸준히 연구되고 있다. '개인이 마땅히 누려야 할 교육기회로부터의 소외'를 교육소외로 보고 절대적 소외와 상대적 소외로 구분하는 김인희(2010)의 연구가 교육에서의 소외 현상을 거시적으로 탐색하고 있다면, 성열관(2018)은 높은 출석률에 낮은 소속감이라는 한국적 교육 현상에 주목하여 학교에는 오지만 수업에서는 소외되는 현상을 '수업 참여 기피'로 명명하며 번스타인(1975, 1987, 2000)의 코드 이론을 토대로 사회학적 관점을 도입한다. 교실이라는 사회적 공간 속에서 의미 있는 상호작용을 경험하지 못하면서 발생하는 현상에 주목하고 교실의 질서와 수업문화를 분류화와 프레이밍의 강약에 따라 교수 유형으로 사유하며 교육과정, 수업, 평가를 재맥락화하는 교수적 실천의 유형학으로 담론화한다. 미시적 관점에서 학생의 수업 참여 유형을 중심으로 수업 소외 현상을 다룬 연구는 2000년대 중반 이후 꾸준히 발표되고 있다.

셋째, 배움이 느린 학습자의 쓰기 학습 참여 양상에 관한 연구는 앞서 언급한 학습장애 및 쓰기장애 위험군에 대한 연구와 다문화가정 어린이에 대한 연구로, 수업 참여 양상에 대한 연구보다는 진단 도구나 중재 반응, 오류 분석 등에 관한 연구가 대부분이었다. 이경화·최종윤(2016)은 초등학교 1학년 교실에서 한글 해득 능력이 학급 공동체 네트워크 형성에 어떤 영향을 미치는지 사회연결망 분석 방법 등을 사용하여 분석하였다. 그 결과 한글 해득 능력은 국어 학습은 물론 수학, 통합 교과와 같은 다른 학습의 수행에도 영향을 미치며, 초등학교 1학년 학생이 처음으로 공동체 네트워크를 형성할 때에도 영향을 미친다는 것을 밝혔으나 이것이 학습 소외나 수업 소외로 연결되는지 여부는 논의하지 않고 있다. 이향균(2019)은 서울지역 초등학교 중 교육복지우선지원사업 참여 학교에서의 한글 해득 교육 실천 양상을 분석하였다. 한글 해득 수준이 낮은 학생이 다수인 학교로 교사들은 교육과정을 감각교육과 놀이교육 중심으로 재구성하고, 입학 초기 한글 교육 집중 시행, 1년의 긴 호흡으로 이야기를 활용한 발생적 문식성 지원 교육을 실시하고 있었다. 이는 교육격차를 완화하고자 하는 시도를 보여주나 구체적인 수업 실행이나 배움이 느린 학습자의 수업 참여 양상 등을 보여주지는 않는다.

이상의 선행 연구 검토를 통해 배움이 느린 학습자의 쓰기 학습에 대한 연구가 대부분 특수교육 분야에서 이루어지고 있다는 것, 일상적인 수업보다는 '중재 반응'이라는 별도의 접근을 통한 효과 검증에 치우쳐 있으며 실제 교수-학습 과정으로 환류되지 않은 한계가 존재한다는 점, 이런 한계는 실제 수업에서의 의미 있는 사회적 상호작용을 만들어내지 못하고 수업 참여 기피 현상, 수업 소외 현상으로 드러나고 있으나 초등학교 1학년 교실에서의 수업 소외나 배움이 느린 학습자의 수업 참여 양상 관련 연구는 매우 부족한 실정이라는 점을 확인할 수 있었다.

3장

모든 어린이가 참여하는
쓰기 수업

이 글은 필자가 최근 5년간 초등학교 1학년 담임교사로 일하면서 겪었던 초등학교 1학년 교육과정의 핵심인 쓰기 교육활동을 반성적으로 성찰하면서, 모든 학생들이 학습 소외 없이 쓰기 활동에 참여할 수 있도록 지원하기 위한 쓰기활동 프로그램을 구안하고, 이를 실천하면서 개선해왔던 과정을 기술하여 초등학교 1학년 쓰기교육 활동의 변화를 제안하는 것을 목적으로 한다.

전형적인 '중년기 여교사'(김경애, 2015)인 필자는 1999년 서울시교육청 소속 교사로 발령받았다. 학교 현장의 모순적 행태는 회의감을 불러일으켰고 다양한 학교 밖 활동에 참여하였다. 2006년부터 전교조 선배 교사들과 '초등교육과정연구모임'을 하면서 비고츠키를 만났다. 2009년 『생각과 말』 초벌 번역을 도와주던 것을 시작으로 비고츠키의 저작을 우리말로 번역하는 작업에 참여하고 있다. 비고츠키와의 만남은 육아기를 보내면서 초등학교 영어 전담교사로 일하던 시기에 외국어 교육에 대한 새로운 시각을 열어주었고, 이후 혁신학교에서 초등학교 1학년 어린이들을 만나면서 어린이 발달에서 초등 학령기가 지닌 의미에 대해 본격적으로 고민하는 계기가 되었다.

비고츠키가 『생각과 말』에서 언급한 쓰기 기능의 '이중의 추상화' 개념을 통해 왜 초등학교 1학년 어린이들이 쓰기 공책을 앞에 두고 아무것도 하지 않고 우두커니 앉아 있는지에 대해 이해할 수 있었다. 그리고 이 문제를 해결하기 위해서 무엇을 어떻게 해야 할지를 구체적으로 고민하게 되었다.

비고츠키 사후의 원고 더미에서 발견된 미완성 저작 『역사와 발달』 1권(2013)과 2권(2014) 번역 작업은 읽기, 쓰기, 그리기, 셈하기라는 문화 행동이 어떻게 고등정신기능의 발달로 이어지는지 이해하는 계기가 되었다. 쓰기의 발생적 기원은 놀이와 그리기라는 발견은 연구자에게 혜안을 선사했다. 쓰기는 감각-운동 습관이 아니라 '의미 구성' 행위이며, 쓰고자 하는 말(마음)이 있으면 전학령기 어린이도 쓸 수 있고, 그렇게 자연적 쓰기는 학습될 수 있다(Vygotsky, 1987)는 논의를 1학년 교실에서는 어떻게 펼칠 수 있을지 고민하고 또 실천했다.

◈ 네 아이 이야기

이행적 쓰기 프로그램에 참여한 학생은 2018년과 2019년 필자의 학급에서 함께 생활했던 1학년 학생 49명이다. 그중에서도 배움이 느린 학습자였던 학생 4명(한길, 우섭, 사랑, 행복은 가명임)을 주요 대상자로 선정하고 이 학생들과 나머지 학생들의 수업 참여 및 쓰기 활동 결과 등을 비교 분석하는 작업을 지속했다.

한길이는 한글 읽기가 거의 안 되는 상태로 초등학교에 입학했다. 어린이집이나 유치원을 거치면서 보통 자음과 모음의 이름은 익히고 들어오는데 그런 학습이 되지 않은 상태였고, 원활한 의사소통에도 어려움이 있는 것처럼 보였다. 건강상의 이유로 어린이집을 다닐 때 절반 정도만 등원했다는 사실을 확인했다.

우섭이는 낯가림이 심했고 약간의 분리불안이 있는 상태로 원활한 의사소통이 조금 어려운 상태였다. 가위질하기, 풀칠하기, 종이접기, 그림 그리기 등 손과 눈의 협응과 소근육을 활용하는 조작활동에도 상당히 미숙했다. 자모음자는 어느 정도 알지만 받침이 없는 간단한 글자 정도도 읽지 못하는 상태로 입학했고, 어제 있었던 일을 회상해서 말로 표현하는 것 자체를 매우 어려워했다.

사랑이는 외국인이었다. 부모가 모두 영어를 쓰는 외국인으로 한국에서 2년 반을 거주하며 유치원에 다니다가 초등학교에 입학했지만, 부모가 한글을 전혀 읽지 못하는 상태였다. 가정에서의 언어환경은 오로지 영어로 구성되었을 뿐이라 입말이나 일상어는 어느 정도 습득했지만 글말이나 개념어는 전혀 학습되지 않은 상태였다. 한글 읽기뿐 아니라 영어 읽기도 전혀 안 되는 상태로, 한국어 및 한글 노출이 절대적으로 부족한 상황에서 글자를 보고 그리는 상태가 1학기 내내 지속되었다.

행복이는 어린이집을 다닐 때도 한글 학습을 시키려고 지속적으로 노력했으나 아이가 지루함을 느끼며 거부하는 통에 한글을 전혀 익히지 못하고 학교에 입학했다. 입말 의사소통 능력은 전혀 문제가 없어 보였지만 개별 지도를 하는 과정에서 발음이 불분명함을 발견하고 자모음 인식 및 조음 지도에 집중하기도 했다.

네 어린이의 학습 결과를 집중적으로 분석하며 이 프로그램은 2018년(1회기)과 2019년(2회기)으로 진행되었다. 2회기에 걸쳐 진행되었던 내용을 요약하여 도식화하면 [그림 1]과 같다.

1회기는 지난 1학년 교육과정 운영 경험 및 비고츠키 이론에 대한 학습을 기반으로 '이행적 쓰기' 프로그램을 구안하고 1차로 실행하는 과정이었다. 1학년 수업이 진행될수록 배움이 느린 학습자가 국어 수업뿐 아니라 전반적인 수업에서 소외되는 현상을 보며 개선 방법을 찾기 위해 〈주말 이야기〉, 〈그림 보고 문장 만들기〉, 〈그림일기〉, 〈주제가 있는 글쓰기〉 활동과 '낱말 수첩'을 활용하여 전 수업을 진행하고 이를 관찰하고 반성하는 과정이었다.

2회기는 1회기 실행에 대한 관찰과 분석, 반성을 토대로 배움이 느린

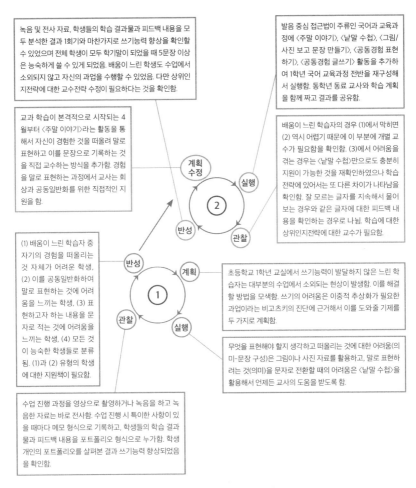

녹음 및 전사 자료, 학생들의 학습 결과물과 피드백 내용을 모두 분석한 결과 1회기와 마찬가지로 쓰기능력 향상을 확인할 수 있었으며 전체 학생이 모두 학기말이 되었을 때 5문장 이상은 능숙하게 쓸 수 있게 되었음. 배움이 느린 학생도 수업에서 소외되지 않고 자신의 과업을 수행할 수 있었음. 다만 상위인지전략에 대한 교수전략 수정이 필요하다는 것을 확인함.

발음 중심 접근법이 주류인 국어과 교육과정에 〈주말 이야기〉, 〈낱말 수첩〉, 〈그림/사진 보고 문장 만들기〉, 〈공동경험 표현하기〉, 〈공동경험 글쓰기〉 활동을 추가하여 1학년 국어 교육과정 전반을 재구성해서 실행함. 동학년 동료 교사와 학습 계획을 함께 짜고 결과를 공유함.

교과 학습이 본격적으로 시작되는 4월부터 〈주말 이야기〉라는 활동을 통해서 자신이 경험한 것을 떠올려 말로 표현하고 이를 문장으로 기록하는 것을 직접 교수하는 방식을 추가함. 경험을 말로 표현하는 과정에서 교사는 회상과 공동일반화를 위한 직접적인 지원을 함.

배움이 느린 학습자의 경우 (1)에서 막히면 (2) 역시 어렵기 때문에 이 부분에 개별 교수가 필요함을 확인함. (3)에서 어려움을 겪는 경우는 〈낱말 수첩〉만으로도 충분히 지원이 가능한 것을 재확인하였으나 학습전략에 있어서는 또 다른 차이가 나타남을 확인함. 잘 모르는 글자를 지속해서 물어보는 경우와 같은 글자에 대한 피드백 내용을 확인하는 경우로 나뉨. 학습에 대한 상위인지전략에 대한 교수가 필요함.

계획 수정
실행
2
반성
관찰

(1) 배움이 느린 학습자 중 자기의 경험을 떠올리는 것 자체가 어려운 학생, (2) 이를 공동일반화하여 말로 표현하는 것에 어려움을 느끼는 학생, (3) 표현하고자 하는 내용을 문자로 적는 것에 어려움을 느끼는 학생, (4) 모든 것이 능숙한 학생들로 분류됨. (1)과 (2) 유형의 학생에 대한 지원책이 필요함.

반성
계획
1
관찰
실행

초등학교 1학년 교실에서 쓰기능력이 발달하지 않은 느린 학습자는 대부분의 수업에서 소외되는 현상이 발생함. 이를 해결할 방법을 모색함. 쓰기의 어려움은 이중적 추상화가 필요한 과업이라는 비고츠키의 진단에 근거해서 이를 도와줄 기제를 두 가지로 계획함.

무엇을 표현해야 할지 생각하고 떠올리는 것에 대한 어려움(의미-문장 구성)은 그림이나 사진 자료를 활용하고, 말로 표현하려는 것(의미)을 문자로 전환할 때의 어려움은 〈낱말 수첩〉을 활용해서 언제든 교사의 도움을 받도록 함.

수업 진행 과정을 영상으로 촬영하거나 녹음을 하고 녹음한 자료는 바로 전사함. 수업 진행 시 특이한 사항이 있을 때마다 메모 형식으로 기록하고, 학생들의 학습 결과물과 피드백 내용을 포트폴리오 형식으로 누가함. 학생 개인의 포트폴리오를 살펴본 결과 쓰기능력 향상되었음을 확인함.

[그림 1] 실행연구 주요 내용 요약

학습자들이 거쳐야 할 쓰기능력 발달과정에는 4단계가 있음을 확인하고, (1) 단계 즉, 자기 경험을 떠올려 말하는 것 자체에 어려움을 느낀다는 것을 확인했고, (1)단계가 해결되지 않으면 이를 공동일반화하여 청중(독자)이 이해하도록 문장으로 의미구성을 하는 것 자체가 불가능하다는 것을 알게 되었다. 2회기에서는 경험을 떠올리고 표현하는 능력을 지원하기 위한 '주말 이야기' 활동을 다양하게 구조화해서 실행하는 것으로 계획을 수정해 보았다. 또한 '그림 보고 문장 만들기' 활동이 '의미구성'에는 도움이 되지만 자신의 경험과 연결하는 맥락적 학습과는 거리가 멀다고 확인한 후 함께 활동하고 경험했던 교실 수업의 여러 장면을 담은 '사진 보고 문장 만들기' 활동으로 변경하였다. 2회기 실행을 지속하면서 '낱말 수첩' 활용 효과는 유효하다는 것을 거듭 확인했으나 '낱말 수업을 활용하는 방식에서 상위인지 전략을 활용하는 학생과 활용하지 못하는 학생으로 다시 재분류된다는 사실을 새롭게 인지할 수 있었다.

이행적 쓰기 프로그램의 구안

'이행적 쓰기 프로그램'은 비고츠키가 '쓰기'는 '이중의 추상화'를 요구하기 때문에 인지적 부담이 큰 활동이면서 동시에 학령기 어린이의 신형성을 촉진시키는 활동임을 기술한 것에 착안한 일상적 교수-학습 활동을 위한 8개의 외적 활동들의 비선형적 모음이다. 이런 외적 활동들은 비선형성을 특징으로 하고 있기 때문에 교사와 학생이 함께 있는 시·공간에서는 언제나 어디서든 도입이 가능한 활동이라는 특성이 있다. 그러나, 1학년 교실의 한해살이와 교육과정 운영이라는 시간의 흐름에 따른 순차성이 있기 때문에, 각 프로그램의 내용을 차례로 소개한 다음, 이를 이중의 추상화라는 초기 쓰기의 특성과 1학년 어린이 발달의 사회적 상황을 토대로 한 모형 형태로 구조화하였다.

1학년 교육과정에 따른 이행적 쓰기 프로그램

이행적 쓰기 프로그램의 전제는 의미구성의 주체가 어린이라는 것이다. 교사라는 발달의 최종 형태가 어린이의 학습과 발달을 지원하지만, 실제적인 행위 주체는 어린이라는 점을 잊지 않는다. 따라서 교과서의 텍스트 중심이 아니라 학생의 맥락에서 지성화된 말과 행동, 체험의 공동일반화를 지원할 수 있는 의미구성 활동들을 구안하는 것이 중요하다고 보았다. 다음의 8개의 활동은 지난 초등학교 1학년 담임 경험과 비고츠키 공부를 통해 얻게 된 이론적 통찰을 반영하여 1회기부터 본격적으로 적용했던 것이다.

우리말 우리글 진단활동

1학년 교육과정은 입학적응교육으로 시작한다. 3월은 학생들이 학교생활의 기본에 대해 배우고 교사와 학생, 학교에 대해 알아가는 시기이다. 1학년 담임교사의 입장에서 3월은 학교생활의 기본을 처음부터 차근차근 안내하면서 동시에 학생별 특성에 대해 파악해야 하는 시기이다.

필자의 경험에 따르면 한글 선행학습이 거의 일반화되어 문자 해득은 어느 정도 하고 입학하는 학생이 많기는 하지만 그 수준의 차이는 크다. 그래서 초기에는 다양한 학교 적응 활동 및 학습 준비도 확인 활동이 진행된다. 예를 들어, 자기 이름을 써서 책상과 사물함에 붙여 보는 활동, 친구들에게 이름을 알려주고 자기가 좋아하는 것이 무엇인지(제 이름은 000이고 제가 좋아하는 것은 000입니다) 알려주고 친구들이 좋아하는 것이 무엇인지 귀 기울여 듣는 활동, 학생들이 흔히 사용하는 낱말의 리스트를 주고 읽을 수 있는 낱말을 찾아 동그라미 치고 읽어보는 활동, 우리 교실에 있는 물건 이름을 찾아서 써 보는 활동 등을 통해서 자연스럽게 문자 해득 정도를 살펴보고 특별히 도움이 더 필요한 학생이 누구인지 면밀히 살펴본다.

일주일 정도 지나서 학교생활에 어느 정도 익숙해지면 이행적 쓰기 프로그램을 시작한다. '우리말 우리글'이라는 한글 기초학습이다. 모음과 자음을 순서대로 하루에 두 개씩 학습하고 해당 모음이 들어 있는 글자를 찾아보는 활동이다. 8칸 국어 공책을 준비해서 선 그리기부터 시작한다. 선 그리기는 학생들이 연필을 잡는 습관, 손가락에 힘이 들어가는 정도, 간격을 일정하게 유지하는 정도, 손과 눈의 협응 등을 파악하는 데 도움이 된다. 그렇지만 선 그리기 활동이 주된 활동은 아니다.

모음 'ㅏ'부터 시작한다. 노랑, 연두, 분홍, 하늘 같은 연한 색연필을 골라서 공책에 선을 그린다. 가로 두 줄마다 선을 그리고, 세로 두 줄마다 선을 그리는 과정 자체가 선 그리기 공부가 된다. 그리고 획순에 맞게 ㅏ를 쓴다. 획순을 이해할 수 있게 1획은 빨강, 2획은 파랑, 3획은 주황, 4획은 녹색이라는 순서를 정해주기도 한다. 더 중요한 것은 ㅏ가 들어간 낱말을 찾는 것이다. 이는 자모의 소릿값을 인식하고 있는지 확인하는 과정이다. 돌아가며 ㅏ가 들어간 낱말을 말한다. 답하기 어려우면 '통과'라고 외치면 된다. 학생들이 떠올린 낱말을 모아서 노래를 만든다.

아아아자가 들어가는 말 아이스크림 아이 아이스 아기 아리랑 피자 아빠
야야야자가 들어가는 말 야구공 야생동물 야시장 야구선수 양갈비 고양이 야채

모음이 끝나면 자음 ㄱ과 ㄲ으로 넘어간다. 자음을 배울 때는 해당 자음과 모음이 만나 글자가 되는 걸 써 본다. ㄱ을 획순에 맞게 다 쓴 다음에 ㅏ, ㅑ, ㅓ, ㅕ, ㅗ, ㅛ, ㅜ, ㅠ, ㅡ, ㅣ를 써서 어떤 글자가 만들어졌는지 읽어본다. 그리고 ㄱ이 들어가는 낱말을 찾아본다. 그리고 노래('간다간다')로 불러본다.

ㄱ하고 아가 만나 가가 되고 ㄱ하고 야가 만나 갸가 되고

ㄱ하고 어가 만나 거가 되고 ㄱ하고 여가 만나 겨가 되지요.

이렇게 노래를 만들어 부르면서 자연스럽게 자모의 소릿값을 익힐 수 있도록 프로그램을 구안했다. 아직 음운 인식이 불분명한 학생들이 노래를 기억했다가 4월부터 시작하는 국어 교과 학습에서 자모음의 소릿값, 글자의 짜임을 배울 때 의식적, 논리적으로 이해할 수 있도록 하기 위한 것이다. 동시에 학생들이 ㄱ과 ㅏ가 들어간 낱말을 찾아서 이야기를 나누는 과정에서 학생들의 학습 정도 및 이해 정도를 진단할 수 있고, 학생들이 찾은 낱말로 노래를 만들어 부르면서 창작의 즐거움도 느낄 수도 있다.

자모의 소릿값과 글자의 짜임 익히기

입학적응교육이 끝나는 4월부터는 교과 학습이 시작된다. 국어과 교육과정의 1학기 전반의 주요 학습 내용은 자모의 소릿값과 글자의 짜임을 익히는 내용이다. 선행학습을 통해 이를 익힌 학생들에게는 '이미 지난 학습영역'이라면, 선행학습을 하지 않았다거나 배움이 느린 학생들에게는 그 정도에 따라 '가깝거나 먼 학습영역'이다. 이런 상황은 교과서를 중심으로 교수학습활동을 진행하는 것을 어렵게 만든다. 이 문제를 해결하기 위해 교과학습에 추측하기 게임 활동을 접목해서 교육과정을 재구성하는 방법을 구안하였다.

먼저 우리말 우리글 활동에서 만들었던 '홀소리 노래'와 '글자의 짜임 노래'를 활용한다. 3월에 만들었던 노래 가사를 바꿔서 개인별로 만들어 보게 한다. 자모의 소릿값에 대한 학습이 어려운 학생들은 기존의 것을

그대로 사용할 수 있고 한두 개 정도만 가사를 바꿀 수 있도록 한다. 그다음 자모의 소릿값이나 글자의 짜임을 활용한 추측하기 게임을 통해 흥미를 유발한다. 이는 이미 지난 학습인 학생들도, 가깝거나 먼 학습인 학생들도 즐겁게 참여할 수 있게 구안한 것이다. 모음의 소릿값을 배울 때는 자음 카드를 칠판에 붙여 놓고 모음 카드를 뽑아서 어떤 소리가 나는지 맞혀보는 식으로 진행되는 게임이다. 이 게임은 다양한 내용으로 활용할 수 있다는 점에서 유용하다.

낱말 수첩

기초 문식성 학습자들이 글을 쓸 때 막막해지는 지점이 있는데 바로 '무엇을, 어떻게' 써야 할지 모를 때이다. 이는 먼저 하고 싶은 말을 떠올리는 의미구성 차원과 하고 싶은 말을 음소로 분해했다가 글자로 기록하는 문자구성 차원으로 이중의 추상화를 요구한다. 이때 의미구성은 주말 이야기 나누기, 함께 했던 활동에 대해 느낌이나 소감 나누기 등을 지속적으로 하면서 지원하는 방향으로 구안했다면, 문자구성을 지원하기 위해 도입한 것이 낱말 수첩이다.

4월이 되면 모든 학생들에게 작은 수첩을 나누어준다. 이 수첩은 국어 시간이든, 수학 시간이든, 점심시간이든 쓰고 싶은데 어떻게 쓰는지 모르는 글자가 생기면 가지고 나와서 교사에게 물어보는 '나만의 글자 사전' 같은 것이다.

"선생님, 레스토랑 할 때요, 레 어떻게 써요?"
"선생님, 놀았습니다 할 때 습 어떻게 써요?"

"여덟 할 때 덟"

교사는 학생의 수첩에 해당 글자나 문장을 써준다. 교사에게 물어보는 것을 어려워하거나 주저하는 학생들이 있을 수도 있다. 그래서 언제나 모르니까 학교에 와서 배우는 것이고, 무엇을 모르는지 몰라서 질문을 안 하는 것보다 모르는 것을 열심히 질문하는 학생이 열심히 공부하는 것이라고 격려해주는 것을 잊지 않는다. 낱말 수첩은 1학년이 끝날 때까지 계속 사용한다.

주말 이야기 나누기

4월이 되면 월요일마다 학생들과 주말 지낸 이야기를 나눈다. 교실 앞에 나와서 주말에 기억나는 것, 재미있었던 일을 친구들에게 들려준다. 교사는 발표자가 하는 말을 바로 문장으로 갈무리해서 타자를 치고 이를 실시간으로 TV 화면을 통해 보여준다. 한 주에 4~5명씩 돌아가며 발표한다. 발표가 끝나면 학생들과 함께 주말 이야기를 읽는다. 초기에는 교사가 읽고 학생들이 따라 읽는다. 익숙해지면 교사가 화면을 짚어주고 학생들끼리 함께 소리 내어 읽는다. 함께 소리 내어 읽은 다음에는 발표한 내용 중 한 편을 선택하라고 하고 학생들이 선택한 것을 바로 그 자리에서 인쇄해서 나누어준다. 그런 다음 각자 자리에서 읽어보는 활동을 한다.

개별 읽기를 할 때 초기에는 읽을 수 있는 글자에 동그라미를 치면서 읽어보게 한다. 그 과정에서 학생들의 읽기 정도를 진단한다. 3월 진단활동을 통해서 파악한 배움이 느린 학생에게 간단한 글자부터 읽을 수 있게 도움을 준다. "여기에서 '나'가 어디 있는지 찾아서 동그라미 해 볼까?"라는 정도다. 내용을 다 읽은 학생들은 그 내용에 맞게 그림을 그리거나 글자를 따라 쓰거나 뒷이야기 상상해서 쓰기 등을 한다. 활동이 끝나면 모아서 한 권의 책으로 만든다. 그렇게 일주일에 한 권씩 주말 이야기 책이 만들어진다.

주말 이야기는 7세 위기의 신형성인 체험의 공동일반화를 촉진하기 위한 활동으로 구안한 것이다. 함께 공유한 경험이 아니라 나 혼자 주말에 경험한 것을 우리 반 친구들이 듣고 이해할 수 있도록 상황과 맥락을 말로 풀어서 공유해야 하는 과업 앞에 서게 되는 것이다. 학생들이 주말 이야기를 나누는 과정 자체가 교사에게는 맞춤형 진단활동이 된다. 교사는 바로 진단하고 바로 개입한다. 혼자서 스스로 말하도록 그대로 두는 개입을 하기도 하고, 이야기가 이어지지 않을 경우에는 "언제?, 누구랑?, 거기가 어딘데?, 뭐가 제일 재미있었는데?" 등의 질문을 하면서 체험의 공동일반화를 돕기도 한다.

겪은 일 소감 말하기

국어 교과서는 음소에서 글자, 글자에서 낱말, 낱말에서 문장, 문장을 모은 글(음소-글자-낱말-문장-글)로 이어지는 기계적 접근법을 취하고 있다. 그렇지만 읽기 양상은 낱말에서 음소, 음소에서 글자, 글자에서 낱말(낱말-음소-글자-낱말)로 나타난다(엄훈, 2012). 문자에 대한 분석적인 접근방식은 어느 정도 문자 해득을 거친 다음에는 의미가 있는 접근 방법이지만 문자 해득을 시작하는 단계에서 배움이 느린 학습자에게는 먼 학습영역일 수 있다(비고츠키연구회, 2016-a).

문자를 이미 익힌 어른들이 범하고 있는 흔한 오류 중 하나가 읽을 수 있는데 왜 못 쓰냐는 것이다. 그러나 비고츠키는 '쓰기' 활동의 발생적 기원은 '읽기'가 아니라 '몸짓-놀이-그리기'라고 주장한다. 무작위로 휘둘러대던 그림에서, 의도를 갖고 그림을 그리게 되고, 그 의도를 문자로 쓰게 된다(비고츠키, 2014). 따라서 전학령기의 초기 문식성 교육에서 자기의 생각, 느낌, 의도를 그림 등으로 표현해보는 활동이 중요하다. 동시에 '표현하고자 하는 욕구'를 길러주는 것도 중요하다. 연구자는 초기 문식성을 넘어선 기초 문식성 교육, 즉 '쓰기 교육'에서 가장 필요한 것은 의미 구성(표현)에 대한 '어린이의 의지'라고 보았다. 따라서 이행적 쓰기 프로그램을 구안하면서 가장 염두에 두었던 것은 문자 쓰기를 강요하는 것이 아니라, 그림으로 그리는 활동으로 1학년을 시작하되 글을 쓸 수 있으면 글로 써도 된다는 허용적 분위기를 만들어야 한다는 점이었다.

학교에서 어떤 활동을 마친 다음에는 컴퓨터 모니터를 켜고 아이들이 모두 돌아가면서 자기가 재미있었던 점, 아쉬운 점, 기억하고 싶은 점 등을 말해보도록 하고, 교사는 이것을 문장으로 만들어준다. 예를 들자면, 통합교과 시간에 운동장에 나가 개나리, 목련, 새싹 같은 것을 관찰해본 다음에 교실로 들어오면 모두 돌아가며 자기 느낌을 표현해보도록 한다. 교사는 이것을 문장으로 입력해서 화면으로 보여주고, 같이 읽어보는 활동을 지속적으로 한다. 이렇게 아이들이 돌아가며 말했던 내용을 문장으로 만들어서 화면을 통해 보여주는 활동은 자신의 말과 생각이 글이 되는 과정을 보여줄 뿐 아니라 그대로 누가해두면 포트폴리오가 된다. '언제 어느 수업 시간에 이런 활동을 했는데 한길이는 이렇게 생각을 표현했구나!' 그 자체가 기록이 되고 평가의 기초자료가 된다.

교사가 학생의 말을 문장으로 기록하는 대형 TV 화면에 아이들의 시선이 집중된다. 학생들은 자신이 예상했던 것과 다르게 문장이 진행되면 소리 내어 읽는 방식으로 반응한다. 교사가 글자를 입력을 잘못하면 신이 나서 틀린 부분을 알려준다. 자음과 모음이 글자가 되고, 글자가 낱말이 되고, 문장이 되는 방식으로 국어 교과서가 구성되었다면 이 활동은 역방향으로, 실제 쓰기 상황을 보여주는 과정으로 구안한 것이다. 말하고 싶은 의미가 먼저 있고 그 의미를 문장으로 기록하는 것이다. 또 하나, 어떤 활동을 한 후 느낌이나 소감, 배운 점을 나눠보는 활동은 자신의 경험을 의식적으로 사고하는 과정이고, 의미화하는 과정이다. 아이들의 경험은 언어적으로 숙고할 때 의미 있는 것(체험)이 된다. 이 과정은 체험의 공동일반화를 위한 선도적 교수-학습 활동이다.

사진 보고 문장 만들기

1학기 국어 교과서는 낱말과 문장 읽고 쓰기에 이어 그림일기 쓰기로 이어진다. 〈그림 보고 문장 만들기〉는 교과서에 나오는 활동인데 단회적이다. 어떤 주제에 대해 생각하고 그것을 문장으로 표현하는 과정은 배움이 느린 학생들에게는 가까운 발달영역이 아니다. 매번 무슨 말을 해야 할지 몰라서 우물거리는 몇몇 학생들이 있다. 이런 학생들을 위해 교과서 활동과 연계하여 사진을 활용하여 의미 구성을 지원하도록 구안된 활동이다. 주제만 주고 생각하라면 막막한, 먼 학습영역이지만 그림이나 사진을 보고 내용을 떠올리고 문장으로 표현해보는 것은 가까운 학습영역인 것이다. 이런 활동을 통해 의미구성에 적극적으로 참여하고 문장으로 표현하는 방법을 숙달하는 것이 쓰기 학습에 도움이 된다고 보았다.

이 활동은 국어 교과 학습에서 문장 쓰기 단계로 넘어가는 6월, 주 3

회 이상 진행한다. 학교에서 했던 다양한 활동 모습을 담은 사진을 보고 그 내용을 문장으로 표현하고 그 문장을 글자로 쓰는 활동이다. 여러 장의 사진 중에 한 장을 고르고 세 개 이상의 문장을 만들어보는 활동을 거의 매일 하는 것이다. 이 과정은 그림일기 쓰기로 넘어가는 이행과정으로 구안된 것이기도 하다.

세 개의 문장을 완성한 학생들은 한 명씩 교사의 확인을 받는다.[33] 피드백을 줄 때는 아이들의 쓰기 학습 정도에 맞게 다르게 준다. 한글을 읽거나 쓰지 못해도 표현하고 싶은 문장이 말로 완성되었다면 낱말 수첩의 도움을 받을 수 있기 때문에 모든 아이들이 세 문장 이상 쓸 수 있다. 아이들이 말하는 문장을 교사가 낱말 수첩에 써주면 아이들은 그걸 옮겨 쓴다. 이 과정에서 읽기 학습이 동시에 일어나기도 한다.

함께 쓰는 그림일기

그림이나 사진 보고 문장 만들기 활동을 통해 하고 싶은 말을 떠올리고(의미를 구성하고), 그 의미를 문자로 구성하여 글자로 쓰는 과정을 어느 정도 숙달한 다음 그림일기 쓰기로 넘어간다. 1학기 국어 교과서 마지막 단원 역시 그림일기를 읽어보고 그림일기에 대해 배우고 그림일기를 직접 써보는 과정이다.

〈함께 쓰는 그림일기〉는 학교생활에서 함께 겪었던 일을 주제로 주고 그 사건에 대한 소감이나 느낌을 돌아가면서 이야기하면 교사는 이를 문

---

33) 세 문장 이상이라는 조건을 준 이유는 유승아(2019)의 연구에 근거한 것이다. 유승아는 1학년 쓰기 분석을 통해 1학기 중순에 한 문장도 쓰지 못하는 학생의 비율이 24.1%, 2학기 말에는 1%로 감소하긴 하지만 세 문장 이하로 생성한 학생의 비율은 2학기 말이 되어도 11.1%임을 밝힌 바 있다.

장으로 만들어서 TV 화면으로 보여준 다음 개별 활동으로 주제에 맞게 그림을 그리고 글을 쓰도록 구안한 활동이다. 함께 겪었던 일에 대한 소감을 말하면서 체험을 의미화하는 정신 기능을 촉진하고, 타자의 의미화를 공유하면서 공동일반화의 토대를 놓는다. 교사가 문장으로 기록하는 장면을 보여주면서 문자구성에 어려움이 있는 학생을 지원한다. 물론 개별 글쓰기를 하면서 낱말 수첩의 도움을 받을 수 있다.

그림일기를 배우는 7월에는 거의 매일 시간이 허락하는 한 함께 쓰는 그림일기 활동을 한다. 초기에는 2차시 이상의 시간이 걸리지만, 2주 정도 지나면 1차시 안에 완료된다. 그 정도의 숙달 과정을 거치면 여름방학 과제로 그림일기 쓰기를 제시해도 부모의 별다른 도움 없이 그림일기 쓰기가 가능해진다.

주제가 있는 글쓰기

2학기가 되면 본격적인 글쓰기가 가능하도록 프로그램을 구안했다. 9월 한 달간 '그림이 없는' 글쓰기를 집중적으로 배운다. 학생이 말한 것을 교사가 글로 옮겨주던 것에서 스스로 쓰는 것으로 이행하는 과정으로 구안되었던 모든 활동의 종착점이다.

〈주제가 있는 글쓰기〉를 구안한 까닭은 먼저 일기 검사에 대한 인권 침해 논란에서 자유로운 글쓰기 활동이 필요하다고 보았기 때문이다. 개인의 사생활을 쓰는 것이 아니라 학교에서 함께 겪은 일, 배운 것들을 주제로 제시한다. 둘째, 일기를 써 오라고 하는 경우 대부분의 학생들이 아침부터 저녁까지 있던 일을 나열하거나 어제저녁 무엇을 먹었는지에 대해 주로 써온다는 것을 경험으로 무수히 확인했기 때문이다. 배운 내용, 겪은 내용을 떠올려 공동의미화 활동을 하면 이 과정이 배움이 느린 학습자에게 도움이 될 뿐 아니라 의미화를 통한 장기 기억에도 도움이 된다. 공동 의미구성 활동을 지원하기 위해서는 교사와 함께했던 경험을 주제로 글을 쓰는 게 더 효과적이라고 판단했다.

수학 시간에 시계 보기를 배운 다음에는 '시계 보기'를 주제로 준다. 학생들은 저마다의 경험과 생각을 글로 써 오는데 교사는 그 글을 읽으면서 학생들의 이해 정도를 가늠할 수도 있고, 미처 살피지 못한 부분을 알게 되기도 한다. 글쓰기가 시작되는 2학기에는 친구들이 하는 말을 읽는 활동이나 느낌을 표현하는 문장 만들기 같은 활동은 서서히 줄여간다. 시기와 정도는 학생들이 학습 속도에 따라 다르다. 특별한 도움이 필요한 소수의 학생은 별도의 지도를 하거나 가정과 연계하여 지도한다.

국어과 교육과정과 연계한 재구성

앞에서 제시한 8개의 활동은 국어과 교육과정과 연계하여 운영할 수 있도록 구안한 것으로 1학년 교육과정 전반의 재구성 결과라고 볼 수 있다. 모두 단일한 하나의 활동으로 존재하지 않고 모든 것이 말과 글을 학생들이 부려 쓸 수 있도록 하기 위해 서로 중첩된 활동이다. 이를 표로 제시하면 〈표 6〉과 같다.

시기에 따라 어떤 것이 특별히 더 중요하거나 강조되기도 하고 축소되기도 하지만 어느 하나로만 환원되지는 않는다. 시기에 따라, 학생들의 학습 정도에 따라, 근접발달영역에 대한 교사의 진단에 따라 역동하는 과정이다. 마치 연령기에 따라 중심에 있는 발달노선이 주변으로 물러나면서 주변에 있던 것이 중심으로 부상하면서 재구조화되는 것과 비슷하다. 국

〈표 6〉 이행적 쓰기 프로그램의 중심적 활동과 주변적 활동

	3월	4월	5월	6월	7월	8월	9월	10월	11월	12월
우리말 우리글 진단활동										
소릿값과 글자의 짜임										
낱말 수첩										
주말 이야기										
겪은 일 소감 말하기										
사진 보고 문장 만들기										
함께 쓰는 그림일기										
주제가 있는 글쓰기										

어 교과서로만 교수-학습이 진행된다면 결코 채우지 못할 빈틈을 부단하게 메워가는 과정이다.

이행적 쓰기 프로그램의 구조화

2018년과 2019년, 한 해 교육활동의 대략적인 흐름과 방향을 동학년

교사들과 협의를 통해 정리하고 이를 매주 주간학습안내를 함께 작성하면서 구체화했다. 학생들이 하교한 이후 거의 매일 협의회를 운영하면서 실행과정을 점검했다. 전체 과정 중 이행적 쓰기 활동 부분을 1학년 어린이의 신형성과 '이중의 추상화'라는 초기 쓰기의 특성을 중심으로 구조화하면 [그림 2]와 같다.

초등학교 1학년 어린이에게 쓰기 학습은 의미구성과 문자구성이라는 이중의 추상화 과정을 의식적으로 진행되어야 하는 새로운 정신 활동이다. 자기 생각이나 느낌을 글로 쓰는 활동을 어려워하는 대부분의 아이들은 먼저 의미 구성 과정으로 무엇을 써야 할지 몰라서 어려움을 겪고, 그 다음 떠올린 낱말이나 문장을 어떻게 문자로 구성해야 하는지 몰라서 어려움을 겪는다.

이런 이중의 추상화 과정을 지원하는 것은 의미구성 과정을 위한 외적 계기와 문자구성 과정을 위한 외적 계기로 도식화될 수 있다. 실제 초기 문식성 숙달 과정은 의미구성과 문자구성이 '의식적으로' 혹은 '의지적

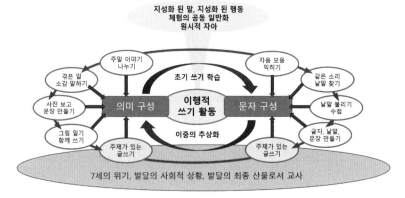

[그림 2] 이행적 쓰기 프로그램

으로' 노력해야 하는 과정이다. 이 과정을 초등학교 1학년 내내 학습함으로써 의미구성에 따른 문자구성이 숙달되어 자동화될 수 있다(Alloway & Alloway, 2015).

1단계 의미구성 과정은 자기 경험을 떠올려서 먼저 말로 표현하는 활동으로 시작한다. 〈주말 이야기 나누기〉나 〈겪은 일 소감 말하기〉 같은 모든 교과에서 진행되는 대부분의 교수-학습 활동이다. 이 과정에서 교사는 학생들의 발표를 문장으로 정리해서 화면을 통해 보여주는 매개 활동을 통해 말이 글로 구성되는 과정을 간접적으로 교수한다. 1단계 문자구성 과정은 자음과 모음을 익히고 같은 소리가 나는 낱말 찾기 놀이 등을 통해 소리와 문자(자음/모음) 간의 상관관계를 익히는 과정이다. 1단계 의미구성 과정과 문자구성 과정은 동시적으로 진행된다.[34]

2단계 의미구성 과정은 그림이나 사진을 보고 문장을 만드는 것이다. 그림이나 사진을 보고 떠오르는 문장을 말로 하고 이를 문장으로 써 보는 활동으로 2단계 문자구성 과정으로 도입되는 낱말 수첩의 도움을 받는다. 즉 내가 떠올린 문장을 문자로 구성해서 쓰기 어려울 때 언제든지 낱말 수첩을 가지고 나와서 교사의 도움을 받을 수 있도록 진입 장벽을 낮추는 활동이다. 2단계 역시 의미 구성과 문자구성 과정이 동시에 진행된다.

3단계는 함께 경험한 내용을 주제로 주고 그림으로 그린 다음에 그 내용을 글로 쓰는 과정이다. 예를 들어 '물총놀이'를 함께한 다음 이에 대한 그림일기를 쓰는 형식이다. 3단계에서는 그림을 활용해 표현하고자 하

---

34) 동시적으로 진행된다는 것은 의미를 구성하고 문자로 기록하는 활동이 서로 독립된 별개의 활동이 아니라 하나의 학습활동으로 통합된다는 의미이다(Jones & Christensen, 1999).

는 내용을 구성하는 이행과정을 배치하고, 다 함께 소감을 나누어보는 활동을 통해서 경험에서 바로 문장을 만들어내는 것이 어려움이 있는 아동을 지원한다. 발표하는 과정에서 얼마든지 모방할 수 있고 발표를 원하지 않으면 '통과'라고 말하고 넘어갈 수 있다. 3단계의 문자구성은 2단계에서 사용한 낱말 수첩과 문장을 문자로 구성해서 쓰는 과정이 동시에 진행된다. 2단계부터 도입된 낱말 수첩의 활용 양상은 이 시기부터 학습자의 쓰기 학습 정도에 따라 달라진다.

4단계는 주제가 있는 글쓰기로 학교에서 학습하고 경험했던 내용을 주제로 글을 쓰는 단계이다. 이 시기에는 의미구성과 문자구성이 거의 동시에 진행된다. 즉, 하고 싶은 말을 떠올린 즉시 문자로 쓸 수 있게 된다는 것이다. 맞춤법이나 띄어쓰기 등에 어려움이 있어서 도움을 받을 수도 있지만 문자구성에 어려움을 느껴서 낱말 수첩을 지속적으로 사용해야만 할 수도 있다.

이행적 쓰기 프로그램은 의미구성(의미 중심 접근법)과 문자구성(발음 중심 접근법)을 통합적으로 사용하여 이중의 추상화를 요하는 쓰기 학습의 어려움을 지원하기 위해 구안된 것이다. 이를 통해 말하기 전에 먼저 생각하는 지성화된 말, 행동하기 전에 예측하는 지성화된 행동, 나만의 경험을 모두가 이해할 수 있도록 말과 글로 표현하는 체험의 공동일반화라는 7세의 신형성의 출현에 기여할 것이라 기대한다.

이행적 쓰기 프로그램의 실행

7세 위기의 신형성인 지성화된 말과 행동, 체험의 공동일반화, 원시적 자아의 출현은 이후 학령기 학습활동의 주요한 토대가 된다. 1학년 교실에서의 쓰기 학습은 이런 신형성을 선도하는 활동이다. 근접학습영역 안에서의 비계 설정으로 가능한 것이 아니라 발달의 다음 영역을 예비하는 연령기적 개념에 근거한 근접발달영역을 사회적으로 구성하는 과정이다. 이 과정을 [그림 2]의 이행적 쓰기 활동 모형으로 구조화하고 이를 2회기(2018년~2019년)에 걸쳐 교실 현장에서 실행한 결과를 기술하면 다음과 같다.

1. 〈우리말 우리글〉 진단활동

일상적인 진단활동은 비고츠키의 근접발달영역을 구성하고 신형성의 출현을 이끄는 모든 교수-학습 활동의 기본이다(비고츠키연구회, 2016-a). 교수-학습은 곧 진단과 처방의 과정이라고 보기도 한다. 이행적 쓰기 프로그램에서는 초등학교 입학 후 첫 한 달인 입학 적응기를 진단의 중심에 둔 기간으로 계획하였다.

1회기: 계획

계획 단계에서는 과거의 일제식 평가에서 벗어나 자연스러운 교실 상황에서 학생들의 준비 및 학습 정도를 진단하고 한글 읽기 쓰기가 어려운 학생을 조기에 파악하는 데 중점을 두고 교수-학습 활동을 구안했다. 3월 2일 입학식 전에 동학년 교사들과 함께 모여서 주간학습을 계획하면서 이런 내용이 자연스럽게 담길 수 있게 정리하고 수업 아이디어 등을 나누었다. 3월 첫 주의 주간학습 안내 내용은 다음과 같다.

학교라는 공간을 처음 경험하는 학생들에게 필요한 안내 등을 최우선에 두고 활동을 구성했다. 우리 반 내 자리 알기 활동으로 책상에 이름

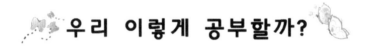

3월 1일-3월 9일 (1-2주 주간학습안내)　　　　서울○○초등학교 1학년 ○반

	3/2(금)	3/5(월)	3/6(화)	3/7(수)	3/8(목)	3/9(금)
9:00~9:40	등교준비 및 등교 반배정 확인	〈창체〉 우리반 내 자리 -우리반 알기 -내 자리, 사물함, 신발장	〈창체〉 즐거운 우리반 -나를 표현해요 -나를 소개해요 -우리는 친구	〈창체-안전〉 운동장, 놀이기구, 교실, 복도 안전	〈창체〉 우리학교 -학교 곳곳 둘러보기 -운동장 돌아보기	〈창체〉 우리말우리글 -공책 만들기 -색연필, 연필사용 -선 긋기
9:50~10:30						
10:40~11:20	입학식 (다목적강당 및 교실)	〈창체-안전〉 바르고 깨끗하게 -바르게 손씻기 -복도 통행	〈창체-안전〉 실내안전활동	〈창체〉 우리말우리글 -공책 만들기 -색연필, 크레파스 사용	〈창체-안전〉 보건교육 손씻기와 양치질	〈창체〉 우리반 친구 -친구이름 알기
11:30~12:10		〈창체〉 맛있는 밥상	〈창체〉 맛있는 밥상	〈창체〉 맛있는 밥상	〈창체〉 맛있는 밥상	〈창체〉 맛있는 밥상
12:10~	하교	하교	하교	하교	하교	하교

- 입학을 축하합니다. 1학년의 모든 생활 안내는 매주 금요일에 배부되는 '우리 이렇게 공부할까?' 를 통해 확인하실 수 있습니다. 날마다 확인해 주세요.
- 3월 5일(월)에 오전 10시 30분에 시청각실에서 1학년 신입생 학부모를 위한 연수가 있습니다. 참석하셔서 아이들이 학교에 적응하는데 도움을 주시기 바랍니다.

[그림 3] 2018년 3월 1~2주 주간학습 안내

표를 만들어서 붙여보고, 점심식사를 위한 준비를 하고, 교실에서 식당까지의 동선을 배우는 과정 등이 입학식 후 첫날 활동이라면, 다음 날은 나를 표현하고 소개하면서 우리 반 친구들에 대해 알아가고, 교실 안 놀이를 통해서 실내 안전 교육 활동을 진행했다. 이후 공간 범위를 넓혀 운동장, 놀이기구, 복도 통해 등에 대해 알아보고 그다음 날은 교장실, 교무실, 과학실, 영어실 등 학교 곳곳을 돌아보는 활동으로 확장했다. 이런 활동을 한 후에 각자의 소감이나 느낌, 가장 좋았던 일 등을 나누면서 체험의 공동일반화를 위한 자연스러운 도입 활동을 함께 진행하는 것을 기본으로 계획했다.

1회기: 실행

계획한 내용에 따라 3월 4주간 진단활동 프로그램을 실행하였다. 프로그램을 실행하면서 매일 동학년 교사들과 그날의 수업 활동을 돌아보고 다음 날 수업 내용을 더 구체화해서 정리하였다. 다음 날 수업에 필요한 자료 제작 및 준비물 등을 함께 준비하고 예시자료를 만들어서 돌려쓰는 방식을 지속했다. 매주 다음 주간학습 안내를 위한 협의를 진행하고 이를 정리, 인쇄하여 매주 금요일 학생을 통해 가정으로 배부하였다(한희정·김병찬, 2019).

계획한 프로그램을 실행하면서 발달장애아동의 행동 패턴이나 특성을 익히기 위해 여러 시도를 하며 관찰했다. 일단 특별한 도움 없이 학교에서의 일상생활 즉, 착석, 연필이나 공책 꺼내서 준비하기, 용변 처리, 혼자 식사가 가능한지 등을 확인했다. 어떤 상황에서 흥분하는지, 흥분하는 방식은 어떤지, 어떤 자극에 대해 부정적이고 어떤 자극에 무관심하며 어떤 자극에 긍정적으로 반응하는지를 체크했다. 더불어 신체 발달이나 인지 발달이 느린 학습자는 어느 정도인지, 발음이 불분명하거나 의사 표현이 어눌한지도 함께 살폈다.

1회기: 관찰

실행을 하면서 지속적으로 관찰하고 관찰한 내용을 사진이나 글로 기록하면서 동학년 교사들과 지속적으로 협의했다. 우려와 달리 발달장애학생은 기본적인 일상생활은 혼자서 처리가 가능한 상황이었다. 그러나 착석이 어려워 교실을 돌아다니거나 의자에 앉아 끄덕끄덕 흔드는 일이 일상적이었고, 외적 자극에 매우 민감하게 반응했다. 준비물이나 활동지를 나누어 줄 때 본인이 선호하지 않는 색상이나 활동에 대해 강한 거부감을 표현하고 활동에 참여하지 않으려 하였다. 대근육과 소근육 발달 문제로 신체 활동이나 움직임에서 또래 아동과의 차이가 바로 드러났다. 문식성 관련해서 기초적인 읽기, 쓰기는 가능했지만, 소근육 및 협응 능력 발달 문제로 글자의 크기 조정이 어렵고, 옆으로 누운 글씨를 쓰는 특성이 나타났다.

3월 4주간 진단활동 수행 과정을 관찰한 결과 기초 한글 미해득 어린이가 26명 중 5명에 이른다는 것을 확인했다. 자음자와 모음자의 식별, 받침이 없는 글자 읽기가 어려운 학생을 기준으로 했다. 연필 잡기, 선 따라 그리기, 선에 맞추어 접기, 선을 따라 가위로 오리기, 풀칠해서 붙이기, 선 따라 걷기, 계단 오르내리기 등의 대·소근육 사용 및 협응 활동에 어려움을 보이는 학생들도 다수 확인했다.

한길이와 우섭이 모두 모음자와 자음자 식별이 되지 않는 상태였고,

자·모음자와 소리의 관계를 익히지 못한 상태라는 것을 확인할 수 있었다. 연필 잡기, 선 따라 그리기, 선에 맞추어 접기, 가위질 등 같은 기본적인 조작 활동에 어려움이 있었다. 반면 선 따라 걷기, 계단 오르내리기 등의 대근육을 활용하는 신체활동에는 큰 어려움이 없었다.

1회기: 반성

한 달 동안 진단활동 프로그램을 실행하고 관찰한 결과를 정리하면서 다양한 학생들이 공존하는 초등학교 1학년 교실에 대한 다각적인 지원이 필요함을 깊이 깨닫게 되었다.

먼저, 1회기 프로그램에 참여한 학생 중 신체 및 인지 발달상 어려움이 있는 학생이 학급에 한두 명 정도였던 지난 교직 경력 경험에 비해 많은 편이었다. 특히 한길이와 우섭이를 비롯한 다섯 명의 학생에게 개별적인 피드백이나 지원 활동을 강화할 필요가 있었다. 둘째, 수업 관찰을 사진이나 글로 기록하는 방법 이외에 동영상 촬영이나 녹취가 필요하다는 점이다. 우연히 촬영한 동영상을 보면서 수업 중에는 주목하지 못했던 학생의 사소한 행동이 지닌 의미를 뒤늦게 깨닫게 되는 경우가 있었다. 셋째, 학교의 일상에 대해 처음부터 하나씩 알려주면서 수업 활동을 진행해야 하는 3월 입학적응기의 과중한 업무 부담과 3월 학기 초 집중되는 행정 업무 문제를 해결해야 한다는 점이다. 넷째, 학급당 학생 수가 많은데 장애학생 통합학급마저 어떤 보조 인력 지원도 없이 운영하는 것은 상당한 인내와 노력을 요구한다는 점이다. 주당 23시간의 수업을 담임교사 홀로 수행하면서 학생이 등교하는 순간부터 하교할 때까지 쉬는 시간은 물론 점심시간까지 책임져야 해서 잠시도 쉴 틈 없이 돌아가는 일상이었다.

2회기: 계획 수정

　2019년에도 1회기에 참여했던 교사들과 함께 1학년 담임을 맡게 되었고, 2월부터 입학식, 교육과정 등을 함께 준비했다. 1회기를 통해 함께 실행하며 협의해 오던 경험이 있어서 계획 과정은 더 수월하게 진행할 수 있었다. 1회기 진단활동 계획-실행-관찰에 대한 반성이 학생 특성과 교실 지원에 대한 외적 요인에 따른 것이라 특별한 계획 수정 없이 진행하였다. 다만, 원활한 연구 수행을 위해 연구 참여 학생이 소속된 학급은 주기적으로 동영상을 촬영하고 학생들의 음성을 녹음하는 방법을 추가하였다.

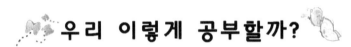

우리 이렇게 공부할까?

3월 11일-3월 17일 (3주 주간학습안내)　　　　　　　서울○○초등학교 1학년

	3/11(월)	3/12(화)	3/13(수)	3/14(목)	3/15(금)
9:00 ~9:40 9:50 ~10:30	〈창체〉 우리말 우리글 -ㅏ 익히기 -ㅑ 익히기	〈창체〉 우리말 우리글 -ㅓ 익히기 -ㅕ 익히기	〈창체〉 우리말 우리글 -ㅗ 익히기 -ㅛ 익히기	〈창체〉 우리말 우리글 -ㅜ 익히기 -ㅠ 익히기	〈창체〉 우리말 우리글 -ㅡ 익히기 -ㅣ 익히기
10:40 ~11:20	〈창체-안전〉 -실내에서의 안전 -보건실 찾아가기	〈창체〉 -크레용의 바른 사용법 알기	〈창체·학폭예방〉 공동체 놀이	〈창체·정보통신〉 -컴퓨터실 이용하기	〈창체·학폭예방〉 -놀이로 친해지기
11:20 ~12:10	맛있는 밥상				
12:10 ~12:50	〈창체〉 우리교실 -내 물건에 이름쓰기	〈창체-안전〉 운동장 놀이	〈창체·학폭예방〉 우리반 규칙만들기	〈창체-안전〉 우리집 주소, 전화번호 알기	〈창체·성폭력예방〉 -내 몸은 내가 지켜요
12:50 ~1:30	하교, 방과후교실	하교, 방과후교실	하교, 방과후교실	하교, 방과후교실	하교, 방과후교실
준비물	운동화, 간편복	운동화, 간편복	운동화, 간편복	운동화, 간편복	운동화, 간편복
이렇게 도와 주세요.	• '우리 이렇게 공부할까?'(주간학습안내)의 내용을 아이와 함께 읽으며 꼼꼼하게 잘 살펴봐 주세요. • 입학적응기간에는 8시 50분에서 9시 사이에 등교합니다. 이번 주(3월 11일)부터는 교문 앞에서 헤어져서 스스로 입실할 수 있도록 합니다. 하교 시간이 12시 50분 이후로 조정됩니다. 부모님들께서는 하교시간에 교문 아래에서 기다리시기 바랍니다. 교실 복도나 현관으로 들어오시지 않습니다. 아이들이 통학로와 하교 방법을 익힐 수 있도록 도와주세요. • 이번 주부터 방과후 학교가 열립니다. 아이들이 어떤 요일에 어떤 수업을 받는지 잘 기억할 수 있도록 안내 부탁드립니다. 3월 적응기간에는 하교 시간이 빠르므로(화,목,금) 방과후 학교 수업 시작 전에 도서실에서 책을 읽으며 기다릴 수 있습니다. • 이번 주부터 우리말 우리글 공부를 시작합니다.				

[그림 4] 2019년 3월 3주 주간학습 안내

[그림 4]는 1학기 2주 주간학습계획이다. 1회기 프로그램과 대체로 유사한 흐름이다. 이후 3주간 우리말 우리글 활동을 하면서 초기 문식성 및 기초 문식성에 대한 진단활동을 진행하는 과정이다.

이때 1회기(26명)보다 적은 23명이 배정되어 1회기보다는 수월할 것을 예상하였으나 입학식 당일 특수교육대상자임을 밝히는 학생이 있어 통합학급이 되었고, 이후 발달장애가 있지만 특수교육을 거부하는 학생이 한 명 더 있다는 것을 알게 되었다. 그리고 외국인 학생 한 명이 입학하게 되었다.

2회기: 실행

1회기와 동일하게 자연스러운 학습 상황에서 학생들의 준비 및 학습, 발달 정도를 파악하고자 했으며, 매주 금요일 배부하는 주간학습안내문을 통해 미리 학습 내용, 준비물, 가정에서의 협조 등을 안내하였다. 특수교육대상자인 발달장애학생과 장애 판정을 받았지만, 특수교육대상자 선정을 거부한 학생 두 명에 대해 1회기와 마찬가지로 일상생활 수행 정도, 행동 특성 등을 진단과정에서 면밀히 관찰하였다.

두 명의 발달장애학생 외에 외국인 학생, 사랑이가 입학하여 실행과정에서 여러 어려움이 생겼다. 사랑이는 외국인 부모를 둔 학생으로 당시 한국에서 2년 반 거주한 상태였다. 부모는 한국어를 전혀 하지 못했고 한글 안내장을 읽는 것도 불가능해서 중요한 내용은 영어로 표기를 바꿔서 보내야 했다.

[그림 5]는 3월 진단활동을 수행하면서 하루에 두 개씩 모음과 자음에 대해 배우는 과정을 담은 것이다. 모음 ㅓ를 함께 배우면서 ㅓ소리가 들

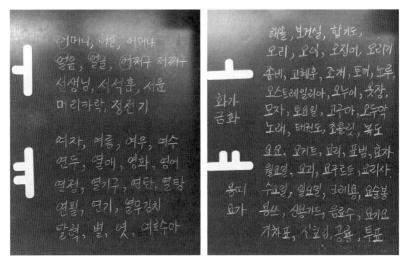

[그림 5] 진단활동 실행: 모음자가 들어간 낱말 찾기

어간 낱말을 찾아보는 활동이다. 둥그렇게 둘러앉아 ㅓ소리가 들어간 낱말을 찾아서 답을 한다. 생각나지 않거나 참여하고 싶지 않으면 '통과'를 외치면 된다. 이렇게 자모음자와 소리를 연결하는 활동을 하면서 소리와 문자의 관계에 대한 이해 정도를 진단한다. '어머니, 어린이'를 말한 어린이보다 '선생님, 머리카락, 정전기'를 말한 어린이의 이해도가 더 높다는 것을 확인할 수 있다. 머뭇거리거나 통과를 외치는 학생들의 빈도에 주목하면 이해 정도를 가늠할 수 있다.

[그림 6]은 두 학생의 우리말 우리글 공책 모습이다. 자모음자 하나를 배우고 해당 자모음자 소리가 들어간 낱말을 찾아보고, 공책에 써 본 다음 그 자모음자가 들어간 낱말을 찾아 그림을 그리거나 글자로 쓰는 활동이다. 이 활동의 초기에는 그림이 많이 등장하지만 뒤로 갈수록 학생들은 그림보다 글자 쓰기를 선호한다.

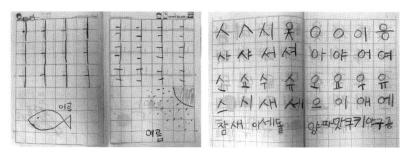

[그림 6] 우리말 우리글 공책: 자모음 소리 찾고 쓰고 그리기

자모음자가 들어간 낱말을 찾아보는 [그림 5]의 활동은 학급 전체 활동으로 전경에 드러나는 활동이라면, 개별로 공책에 쓰고 원하는 낱말을 그리거나 쓰는 활동([그림 6])은 개인 내 활동으로 앞의 전체 활동이 배경이 되면서 새롭게 드러나는 전경이 되는 셈이다. 진단활동을 비롯한 모든 프로그램의 기본 구성은 이렇게 무대에 두 번 나타나는 방식으로 구성되었다(Vygotsky, 1987, 2011). 공동 활동 이후에 개인 내적 활동을 배치함으로써 모방의 가능성, 모방을 통한 근접학습 및 발달영역의 사회적 구성을 확장하겠다는 의도를 담았다.

2회기: 관찰

두 명의 발달장애 학생 중 한 명은 사회성이 낮고 자신감이 부족한 모습을 보이는 것 이외에 특별한 어려움이 보이지는 않았다. 물론 소근육 발달 등이 더디기는 했지만 쉬는 시간이나 점심시간에 같이 놀 수 있도록 놀잇감을 주거나 친구와 짝을 지어주고 과제를 주면 머뭇거리면서도 수행은 잘했다.

또 한 명은 일대다수의 상황에서 설명이나 안내가 통하지 않는 어려움을 보여주었다. 직접 다가가서 하나씩 설명해야 무언가를 수행했다. 그런데도 1회기의 발달장애학생만큼 외적 자극에 강하게 반응하거나 착석이 어려운 상황은 아니었다. 신체 발달이나 협응은 더디지만 인지 발달은 상대적으로 나은 편이라 '우리말 우리글' 학습에 큰 어려움은 없었다. 그림을 그리고 표현하는 것을 매우 어려워하고 자신이 관심 있는 것만 얘기하는 걸 좋아했다.

외국인 학생 사랑이는 'ㅓ'소리가 들어가는 낱말을 이야기할 때 바로 앞의 친구가 말한 것을 반복하는 모습을 보여주었다. 참여하려는 욕구는 있지만 사랑이 수준에서는 독자적으로 수행하기 어려운 활동이라는 것을 바로 확인할 수 있었다. 그러나 이 시기에는 사랑이의 기초 문식성 발달이 얼마나 더디고 힘든 과정이 될지는 예견하지 못했다.[35]

행복이는 자기 경험을 이야기하고 그림을 그리고 놀이에 참여하는 여러 활동에는 어려움이 없었다. 그러나 행복이의 우리말 우리글 공책을 수행과정을 보면서 드러나지는 않았지만 어려움을 겪고 있음을 어느 정도 확인했다. 그러나 다른 교실 활동에서는 드러나는 문제가 없었기 때문에 기초 문식성 학습에 어려움이 없을 것이라는 가정을 세우면서 피드백을 해주었다.

연구자　오늘은 행복이부터 얘기해 볼게요. ㅜ가 들어가는 말 찾아봅시다.

행복이　저요.

연구자　어? 뭐라구요? 못 들었어요.

행복이　저요. 저 이름에 들어가요.

연구자　○○○이니까 ㅜ가 아니라 ㅠ가 들어가요. ㅜ와 ㅠ는 다르죠? ○○가

ㅜ가 들어가는 거 뭐가 있을까?

행복이   .....

연구자   ㅜ가 들어가는 거요. 안 하고 싶으면 통과하구요. (칠판을 가리키며) 여기에서

보고 말해도 돼요.

행복이   우유?

연구자   맞아요. 우유, 우리가 매일 먹는 우유에 ㅜ가 들어가죠. 그다음, 호은이?

호은이   우산

연구자   그다음, 효민이?

효민이   나라 국

학생들   어, 한자다.

2019년 3월 14일 우리말 우리글 수업 영상 중

사랑이와 행복이는 1회기 연구 참여 학생인 한길이와 우섭이와 다르
게 연필 잡기, 선 따라 그리기, 선에 맞추어 접기, 선을 따라 가위로 오리
기, 풀칠해서 붙이기, 선 따라 걷기, 계단 오르내리기 등의 대소근육 사용
및 손과 눈의 협응 활동에 전혀 어려움이 없었다. 오히려 다른 학생보다
우수한 부분도 있었다. 그러나 사랑이는 한국의 말과 글에 노출되는 시간
의 절대 부족으로 인해 초기 문식성이 형성되지 않아 어려움을 겪고 있었
다. 행복이는 입학적응기의 일시적인 어려움이 있을 것이라는 초기 진단

----

35) 외국인 학생을 처음 가르치는 경험을 하면서 교사를 위한 연수 프로그램이나 학생을 위한 지원 사업을 찾아
보았다. 교사를 위한 연수 프로그램으로 다문화교육 관련 연수를 이수했지만 사랑이의 한글 학습 지원에는
거의 무관한 내용이었다. 서울시교육청의 다문화학생 지원 프로그램도 사랑이 같은 외국인 학생을 위한 프
로그램이 없었다. 이후 서울시교육청 교수학습지원센터의 기초학력보장프로그램에 한글 학급 관련 프로그램
을 신청했지만 1학년이며 소수라는 이유로 탈락했다.

을 했다. 그러나 이후 4주의 진단활동기가 끝나고 우리말 우리글 공책을 분석해 보면서 별도의 지원이 필요하다는 것을 알게 되었다.

다음 그림은 ㄷ과 ㄹ 소리가 들어간 낱말을 찾아보는 활동 결과다. [그림 7]은 일반적인 아이들의 공책이고, [그림 8]은 행복이의 공책이다. 아이들 대부분이 모음자에서 시작한 우리말 우리글 공부가 익숙해지고 자음자를 시작하면 그림을 그리기보다 글자로 쓰는 것을 선호하는 양상을 보여준다.

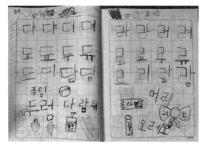

[그림 7] ㄷ/ㄹ 소리가 있는 낱말①

[그림 8] ㄷ/ㄹ 소리가 있는 낱말②

모음 ㅠ를 배우던 3월 14일 수업에서 아이들은 그림으로 표현하기 어려우면 글자로 쓰는 것이 더 쉽다고 자연스럽게 얘기하고 있다는 것을 확인할 수 있다. 그런데 행복이의 공책은 그림으로 표현하기 어려운 '으르렁'을 제외하고 모두 그림으로 표현되어 있었다. 한 차시가 끝날 때마다 확인했을 때는 그 차이가 크게 드러나지 않았지만 4주 동안의 활동 결과물을 비교 분석했을 때는 그 차이가 확연히 드러났다.

연구자   ㅠ자가 들어가는 낱말은 뭐가 있을까요?

학생 1   유유 유럽

연구자   유럽, 유럽은 너무 그리기가 어려워서 못 하겠어요.

학생 2   쓰면 되잖아요. 쓰면 되잖아요. 글씨로.

연구자   글자로 쓰면 될까요? 그럼 써 볼까요? (칠판에 그림을 그리는 대신 유럽이라고 쓴다)

학생 2   유럽은 나라가 아니잖아.

학생 3   유자차, 유자차, 선생님, 유자차도 글씨로 써요.

2019년 3월 14일 우리말 우리글 수업 영상 중

모음 ㅠ를 배우는 시기는 우리말 우리글 학습 3일차 되는 날이었다. 이때부터 아이들은 그림으로 그리기 어려우면 글자로 쓰는 게 더 쉽다는 것을 파악하고 있었다. '유럽'보다는 그림 표현이 쉬운 '유자차'도 글자로 써 줄 것으로 요구하기도 했다. 이날 이후부터 대부분의 아이들은 그림보다 글자를 선호했는데 행복이는 그림으로 표현하는 것을 계속했다.

이상의 관찰 과정을 통해 1회기에 비해 학생 수가 3명이 적을 뿐인데도 진단활동을 운영하는 어려움은 상대적으로 감소했다는 것을 체감할 수 있었다. 그리고 발달장애학생, 발달장애가 있으나 특수학급에 들어가는 것을 거부하는 학생, 기초 한글 읽기에 어려움이 있는 학생, 기본 한국어 의사소통은 되지만 읽기 쓰기가 전혀 안 되는 외국인 학생에 대해 서로 다른 처방과 접근법을 찾아야 하는 과업을 확인하였다.

2회기: 반성

1회기 과정을 숙고한 결과를 다시 2회기에 투입하면서 진단활동 프로그램 자체에 변화를 주지는 않았다. 다만 주기적인 영상 촬영을 통해서 학생들의 학습 참여를 좀 더 면밀하게 살펴보는 계기를 만들었다. 수업을 진행하는 중에는 알아채지 못한 여러 행동의 의미들을 영상을 돌려보면서 확인할 수 있었고 진단의 내용도 더 세밀해진 것을 확인할 수 있었다. 그럼에도 불구하고 장애학생이 있는 통합학급에 대한 지원인력이 전무한 문제는 여전히 해결되지 않았다.

부모가 외국인이라 한국어로 의사소통을 할 수 없는 조건에 대한 지원이 전무한 상황은 1회기와 다른 도전 요소가 되었다. 1회기의 연구 참여 학생과 1회기의 연구 참여 학생의 학습과 발달 양상에서 차이가 크다는 것 역시 새로운 도전 요소가 되었다. 이는 1회기에 사용했던 방법을 2회기에 그대로 적용해도 효과가 있는지를 검증해 볼 수 있는 기회이기도 했다.

\<우리말 우리글\> 실행 결과 정리

진단활동 프로그램은 입학적응교육과 함께 4주간 진행되는 과정으로 학교와 교실, 교사와 친구들과의 만남에서 시작하여 서로를 알아가고 학습 준비도 등을 진단하기 위해 구안된 것이다. 2018년부터 2019년까지 2회기 실행 연구를 진행한 결과를 도식화하면 [그림 9]와 같다.

이 활동의 목적은 자연스러운 학습 상황에서 학생들의 준비도 및 학습 정도를 진단하고, 한글 읽기 쓰기에 어려움이 있는 학생을 조기에 파악하는 것이었다.[36] 주간학습 안내를 동학년 교사들과 함께 작성하면서 구체적인 활동을 계획하고 평가했다. 1회기 진단활동 운영 결과 5명의 학생이 한글 읽기 쓰기를 어려워한다는 것을 확인했고, 한길이와 우섭이를 연구 참여 학생으로 선정하였다. 2회기는 1회기와 동일한 방식으로 운영하되 주기적인 영상 촬영을 연구 방법으로 추가하였다. 1회기와 다른 특

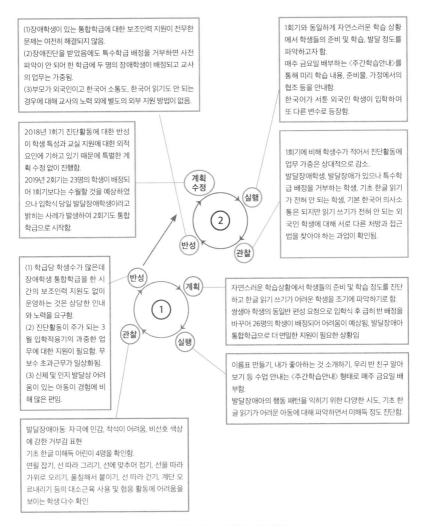

(1)장애학생이 있는 통합학급에 대한 보조인력 지원이 전무한 문제는 여전히 해결되지 않음.
(2)장애진단을 받았음에도 특수학급 배정을 거부하면 사전 파악이 안 되어 한 학급에 두 명의 장애학생이 배정되고 교사의 업무는 가중됨.
(3)부모가 외국인이고 한국어 소통도, 한국어 읽기도 안 되는 경우에 대해 교사의 노력 외에 별도의 외부 지원 방법이 없음.

1회기와 동일하게 자연스러운 학습 상황에서 학생들의 준비 및 학습, 발달 정도를 파악하고자 함.
매주 금요일 배부하는 〈주간학습안내〉를 통해 미리 학습 내용, 준비물, 가정에서의 협조 등을 안내함.
한국어가 서툰 외국인 학생이 입학하여 또 다른 변수로 등장함.

2018년 1회기 진단활동에 대한 반성이 학생 특성과 교실 지원에 대한 외적 요인에 기하고 있기 때문에 특별한 계획 수정 없이 진행함.
2019년 2회기는 23명의 학생이 배정되어 1회기보다는 수월할 것을 예상하였으나 입학식 당일 발달장애학생이라고 밝히는 사례가 발생하여 2회기도 통합학급으로 시작함.

계획
수정

실행

②

반성

관찰

1회기에 비해 학생수가 적어서 진단활동에 업무 가중은 상대적으로 감소.
발달장애학생, 발달장애가 있으나 특수학급 배정을 거부하는 학생, 기초 한글 읽기가 전혀 안 되는 학생, 기본 한국어 의사소통은 되지만 읽기 쓰기가 전혀 안 되는 외국인 학생에 대해 서로 다른 처방과 접근법을 찾아야 하는 과업이 확인됨.

(1) 학급당 학생수가 많은데 장애학생 통합학급을 한 시간의 보조인력 지원도 없이 운영하는 것은 상당한 인내와 노력을 요구함.
(2) 진단활동이 주가 되는 3월 입학적응기의 과중한 업무에 대한 지원이 필요함. 무보수 초과근무가 일상화됨.
(3) 신체 및 인지 발달상 어려움이 있는 아동이 경험에 비해 많은 편임.

반성

계획

①

관찰

실행

자연스러운 학습상황에서 학생들의 준비 및 학습 정도를 진단하고 한글 읽기 쓰기가 어려운 학생을 조기에 파악하기로 함.
쌍생아 학생의 동일반 편성 요청으로 입학식 후 급히 반 배정을 바꾸어 26명의 학생이 배정되어 어려움이 예상됨, 발달장애아 통합학급으로 더 면밀한 지원이 필요한 상황임

이름표 만들기, 내가 좋아하는 것 소개하기, 우리 반 친구 알아보기 등 수업 안내는 〈주간학습안내〉 형태로 매주 금요일 배부함.
발달장애아의 행동 패턴을 익히기 위한 다양한 시도, 기초 한글 읽기가 어려운 아동에 대해 파악하면서 미습득 정도 진단함.

발달장애아동: 자극에 민감, 착석이 어려움, 비선호 색상에 강한 거부감 표현
기초 한글 미해득 어린이 4명을 확인함.
연필 잡기, 선 따라 그리기, 선에 맞추어 접기, 선을 따라 가위로 오리기, 풀칠해서 붙이기, 선 따라 걷기, 계단 오르내리기 등의 대소근육 사용 및 협응 활동에 어려움을 보이는 학생 다수 확인

[그림 9] 일상적인 진단활동 실행 결과

36) 진단활동을 통해서 연구 참여 대상 학생을 선정하고 보호자와 학생의 동의를 받았다. 1회기에 선정된 학생은 5명이었고 이 중 한길이와 우섭이의 동의를 받았다. 2회기에 선정된 학생은 4명이었고 이 중 행복이와 사랑이가 함께하게 되었다.

성을 지닌 사랑이와 행복이도 연구 참여 학생으로 선정하였다. 네 명의 연구 참여 학생이 보여주는 특성이 달라서 어려움을 겪기도 했지만 다양한 사례에 적용해보는 기회이기도 했다.

2. 〈소릿값과 글자의 짜임 익히기〉

진단활동을 통해서 자음과 모음, 소리와 글자의 대응 관계를 익히는 기본적인 학습을 진행하지만, 이는 4월 이후 본격적인 교과 학습을 위한 탐색전의 측면이 강하다. 입학 적응기 4주를 보내고 나면 학생들은 교과별 교과서를 받고 교과 학습을 시작한다.

1학년 1학기 국어 교과서의 내용 구성은 바른 자세로 읽기 쓰기, 자음자의 모양·이름·소리 알기와 쓰기, 모음자의 모양·이름·소리 알기와 쓰기, 글자에서 자음자 모음자 찾기 및 글자의 짜임 알기 등으로 구성되어 있다. 이는 3월 우리말 우리글 공부를 통해 탐색했던 것을 한 번 더 형식적으로 학습하는 기회가 된다. 3월 진단활동 우리말 우리글 활동에서 다소 어려움을 겪었던 학생들은 대부분 이 시기를 거치면서 소리와 글자의 관계나 글자의 짜임에 대한 자기 이해를 구축하게 된다.

1회기: 계획

4월은 본격적인 교과학습이 시작되는 시기이다. 국어, 수학, 통합교과 등의 교과서를 배부하고 교과서에 이름을 쓰면서 교과서의 용도 등을 알려준다. 교과서를 살펴보면서 어떤 공부를 하게 될지 안내하고, 가장 재밌을 것 같은 내용을 찾아볼 수 있는 시간을 주기도 한다.

국어 교과의 경우 1학기 전반의 학습이 대체로 자모와 소릿값을 익히고, 글자의 짜임을 이해하는 활동으로 구성되어 이미 선행학습으로 기초 문식성을 익힌 학생들에게는 너무 쉬운, 이미 지난 학습영역이다. 그래서 교과서대로 수업을 진행하면 흥미를 느끼지 못하고 지루해하는 모습을 많이 보여준다. 반면, 배움이 느린 학습자는 교과서의 지문으로 등장하는 문자를 읽지 못하는 것에 좌절하며 글자에 주목하지 않으려는 회피 성향이 생기고 어려움을 겪는다.

이런 문제를 해결하기 위해 교과서를 기본에 두고 교수-학습 활동을 전반적으로 재구성하여 운영하는 것으로 방향을 잡았다. 교과서 구성처럼 차시별로 분절된 학습활동은 이미 익힌 학생들에게도, 배움이 느린 학생들에게도 매력적이지 못하다. 〈표 7〉은 1학년 1학기 국어 교과서 중 문자지도 관련 단원의 성취기준과 단원 학습목표, 차시별 학습목표를 정리하고 재구성의 방향을 정리한 것이다. 계획 단계에서는 이렇게 개략적인 방향만 담아서 정리했다.

〈표 7〉 자모의 소릿값과 글자의 짜임 관련 단원 성취기준과 재구성 계획

단원명	성취기준(밑줄은 지속 성취기준)	단원 학습목표	차시 학습 활동
2. 재미있게 ㄱㄴㄷ	[2국04-01] 한글 자모의 이름과 소릿값을 알고 정확하게 발음하고 쓴다. [2국03-01] 글자를 바르게 쓴다. [2국05-03] 여러 가지 말놀이를 통해 말의 재미를 느낀다.	자음자를 안다.	1-2. 자음자의 모양 알기 3-4. 자음자의 이름 알기 5-6. 자음자의 소리 알기 7-8. 자음자 쓰기 9-10. 자음자 놀이하기
	* 자음자의 모양, 이름, 소리를 알고 쓰는 것은 단 몇 차시 만에 숙달할 수 있는 것이 아니다. 3월 입학 적응기에 [우리말 우리글]로 한 번 배우고, 4월에 다시 배우는 식으로 재구성한다. * 교과서가 거의 필요 없다. 교사가 재구성한 자료나 학습지, 규칙기반 게임이나 활동 중심으로 운영하는 것이 좋다.		

3. 다함께 아야어여	[2국02-05] 읽기에 흥미를 가지고 즐겨 읽는 태도를 지닌다. [2국04-01] 한글 자모의 이름과 소릿값을 알고 정확하게 발음하고 쓴다. [2국03-01] 글자를 바르게 쓴다.	모음자를 안다.	1-2. 모음자의 모양 알기 3-4. 모음자의 이름 알기 5. 모음자 찾기 6-7. 모음자 읽기 8-9. 모음자 쓰기 10-11. 모음자 놀이하기
	* 글말학습을 할 때 대체로 홀소리인 모음을 먼저 배우도록 하는데 우리나라 국어 교과서는 아직도 자음을 먼저 가르친다. 모음을 배울 때 '아아아자가 들어가는 말 아빠 아버지 아이쿠 아이스크림 아기 아저씨'처럼 노래(리리리자로 시작하는 말)를 같이 만들어서 부르면 즐겁게 배울 수 있다. 교과서 학습을 할 때에도 3단원을 먼저 배울 수 있다. * 모음자의 모양, 이름 알기부터 막혀서 '아야어여'를 구분하지 못하는 아이들이 있다. 모음의 점 위치를 식별하지 못할 수도 있으니 색연필 등으로 표시해주면서 가르치면 도움이 된다.		

4. 글자를 만들어요	[2국02-01] 글자, 낱말, 문장을 소리 내어 읽는다. [2국03-01] 글자를 바르게 쓴다. [2국05-01] 느낌과 분위기를 살려 그림책, 시나 노래, 짧은 이야기를 들려주거나 듣는다.	글자를 읽고 쓸 수 있다.	1-2. 글자에서 자음자와 모음자 찾기 3. 글자에서 모음자가 있는 곳 알기 4-5. 글자의 짜임 알기 6-7. 글자 읽고 쓰기 8. 여러 가지 모음자 알기 9-10. 이야기 듣고 낱말 읽기
	* 자음과 모음이 만나서 글자가 된다는 것을 4단원에서 처음 도입해서 가르칠 필요는 없다. 3월 [우리말 우리글]을 하면서 자음과 모음이 만난 글자가 된다는 것을 노래나 놀이로 가르치는 것도 한 방법이다. 문자구성 원리를 분석적으로 접근하는 방식으로만 이해하기 어려운 경우도 있다. 통문자 읽기 학습법으로 문자를 읽는 어린이도 이후에는 분석적으로 이해할 수 있도록 해야 한다. * 3월 [우리말 우리글]에서 자음자를 배울 때 글자의 짜임을 가르칠 수 있다. 'ㄱ하고 ㅏ가 만나 가가 되고 가하고 ㄱ만나 각이 되고'(간다간다간다 노래)처럼 자음과 모음이 만나 글자가 만들어진다는 것을 먼저 노래로 익히도록 할 수 있다. 그런 다음 4단원에서 이를 분석적으로 이해할 수 있도록 설명하면 도움이 된다. * 교과서 부록을 제시된 자음과 모음 카드는 아이들이 뜯어서 정리하기도 힘들고 보관하기도 힘들다. 고리를 끼웠다가 자음 모음 놀이할 때 꺼냈다가 끼우면서 구멍이 망가지기 시작하면 답이 없다. 과감하게 다른 식으로 활용하는 방법을 찾는 것이 좋다. 자음 카드를 4절지에 순서대로 붙여서 자음자 말판놀이로 활용할 수도 있다. 자음과 모음이 만나는 글자의 짜임은 대체할 수 있는 여러 교구들이 있으니 학급운영비 등으로 구입해서 사용한다.		

6. 받침이 있는 글자	[2국02-01] 글자, 낱말, 문장을 소리 내어 읽는다. [2국03-01] 글자를 바르게 쓴다. [2국04-04] 글자, 낱말, 문장을 관심 있게 살펴보고 흥미를 느낀다.	받침이 있는 글자를 읽고 쓸 수 있다.	1-2. 글자를 정확하게 써야 하는 까닭 알기 3-4. 받침이 있는 글자의 짜임 알 5-6. 받침이 있는 글자 읽기 7-8. 받침이 있는 글자 쓰기 9-10. 받침이 있는 글자로 놀이하기
	* 3월 입학적응기의 [우리말 우리글] 한글 기초학습에서 자음, 모음, 글자의 짜임을 지나 낱말과 문장 읽기를 배우는 단원이다. 그러나 [우리말 우리글]이나 자음, 모음을 배울 때도 낱말이나 문장 속에서 자음 모음을 찾거나 해당 자음이 들어가는 낱말 찾기 등을 통해서 서로 중층적으로 얽히는 방식으로 학습을 하는 것이 중요하다. 자음-모음-낱자-낱말-문장처럼 단계적으로만 학습하는 과정은 이미 읽기 학습을 선행한 경우가 아니면 읽기 학습에 한계로 작용할 수 있다. * 받침이 없는 글자는 읽을 수 있지만 받침이 있는 글자는 읽지 못하는 아이들이 있다. 그럴 경우에는 받침을 가리고 읽은 후에 받침을 보이게 하고 읽도록 해서 소리의 차이를 의식적으로 인지할 수 있도록 하면 도움이 된다.		

1회기: 실행

실행과정은 주간학습 계획으로 구체화했다. '진단활동'과 마찬가지로 매일 수업이 끝나면 동학년 교사들과 협의회를 운영했고, 다음 주간학습 계획을 정리하고 점검했다. 3월 한 달간 진단활동을 성찰하면서 학생과 학부모를 위한 안내서의 기능을 우선에 둔 주간학습안내 자료 외에 교사를 위한 준비 자료 성격의, 구체화된 주간계획이 필요하다는 의견을 모았

우리 이렇게 공부할까?

4월 2일-4월 8일 (6주 주간학습안내)　　　서울OO초등학교 1학년 O반

	4/2(월)	4/3(화)	4/4(수)	4/5(목)	4/6(금)
9:00 ~9:40	〈국어〉 -바르게 듣는 자세 익히기 (주말 지낸 이야기/책 읽어주기) p.8~11	〈수학〉 -몇일까요?(1) -수를 써 볼까요?(1)	〈국어〉 -소리내어 낱말 따라 쓰기 p.18~19 -우리말우리글 공책에 쓰기(14~17쪽)	〈수학〉 -몇일까요?(2) -수를 써 볼까요?(2) -수익확인 -매쓰링크	〈국어〉 -낱말 따라 쓰기 p.24~27/p 8~9 우리말우리글에 쓰기
9:50 ~10:30	〈국어〉 -바르게 읽는 자세 익히기 (책 읽기) p.12~13	-수익확인 -매쓰링크	〈통합(봄)〉 몸놀이 -운동장 둘러보기 -술래잡기놀이 (날씨에 따라) -운동장에 있는 것 (p.22~23)	〈국어〉 -연필바로잡기 -선을 따라 그리기 p.20~23 -우리말우리글 공책 활용하기 -네모칸 활용해서 선그리기,색칠하기 등	〈통합(봄)〉 -노래를 담은 시집 "예쁘지않은꽃은 없다" -국어교과통합 바른 자세로 읽기, 쓰기
10:40 ~11:20	〈통합(봄)〉 몸놀이 -얼음땡 술래잡기	〈국어〉 -소리내어 낱말 따라 읽기 p.14~17/p.6~7 -낱말카드 만들기 -등에 써주기 -허공에 쓰기			
11:20 ~12:10	맛있는 밥상(1~2반 - 3~4반 - 5~6반)				
12:10 ~12:50	〈통합(봄)〉 -학교에 가면 "학교에 대해 궁금한 모든 것" -스무고개놀이(학교 하면 생각나는 것 종이에 적어 내고 붙어서 스무고개 놀이하기)	〈창체〉 숲메이커 -숲속산책 -날씨에 따라 -봄의 전령사 찾기 -내가 찾은 봄의 전령사 앞에서 사진 찰칵	〈통합(봄)〉 -이런 교실도 있어요 -말판놀이 (기존의 것 활용) -B4, A4 나눠주고 말판을 만들어도 됨	〈통합(봄)〉 -학교 가는 길 (말판만들기) -학교에 오는 길에 볼 수 있는 것들: 그림이나 글씨로 표현하기-B4, A4 나눠주고 8칸 혹은 16칸 만들어 활용) -짝과 말판놀이	〈통합(봄)〉 -친구야 안녕 혹은 "웃음꽃" -인사놀이 -원을 두 개로 만들어 짝지어 손뼉치고 노래가 끝나면 인사하고 헤어짐(반복)
1:00 ~1:40	하교, 방과후교실		하교, 방과후교실		
준비물	세탁한 실내화, 양치도구 운동화, 간편복 읽을 책 1권	운동화, 간편복 읽을 책 1권	운동화, 간편복 읽을 책 1권	운동화, 간편복 읽을 책 1권	운동화, 간편복 읽을 책 1권

[그림 10] 교사용 주간학습 계획서

다. 이후 주간학습계획은 계획 단계에서 교사용 수업계획을 먼저 만들고 이를 정리해서 학생과 학부모 안내용 자료를 만드는 방식으로 변경했다. [그림 10]은 교사용 자료로 정리된 주간계획이다.

교사용 주간학습 계획서에는 어떻게 교수-학습 활동을 재구성해서 진행할 것인지, 다른 교과와 어떻게 통합적으로 접근할 수 있는지 등을 간략하게 정리해 놓은 정보들이 담겨 있다. 이후 연구를 진행하면서 교사용 주간학습 계획서만 봐도 구체화된 교수-학습 활동이 파악되는 장점이 있다는 것도 알게 되었다.

자음과 모음, 소리와 글자 익히기 과정은 주로 추측하기 게임을 많이 활용하여 학생들의 참여도를 높였다. '모음자의 모양·이름·소리 알기' 및 '모음자 찾기와 모음자 쓰기' 활동이 차시별로 나열된 단원 학습을 진행할 때 매 차시 추측하기 게임을 한다. [그림 11]처럼 매 차시 모음을 칠판에 붙이면서 소리와 이름을 말하는 활동을 한다. 그리고 같은 모음자 카드를 비밀주머니에 넣고 교사가 모음자 하나를 뽑는다. 이 모음자는 어떤 소리가 날까요? 하고 물으면 학생들은 앉은 순서대로 돌아가며 추측한 소리를 말한다. 답을 맞히면 모음 카드를 정답 옆에 붙이고 해당 모음이 들어 있는 낱말을 찾아본다. 다음에는 정답자가 나와서 모음 카드를 넣고 게임을 계속한다.

이런 추측하기 게임은 글자의 짜임을 배울 때도 활용하는데 받침이 없는 글자의 짜임을 배울 때는 모음을 칠판에 나열하고 자음자 카드를 비밀주머니에 넣고 그 자음자가 모음에 붙으면 각각 어떤 소리가 나는지 찾는 방식, 거꾸로 자음을 여러 개 칠판에 나열하고 모음을 붙이면 어떤 소리가 나는지 찾는 방식으로 진행하기도 한다. 받침이 있는 글자의 짜임을 배울 때는 받침 글자를 비밀주머니에 넣고 그 받침을 칠판의 글자에 붙이면 어떤 소리가 나는지 찾아보는 활동을 한다. 추측하기 게임 하나를 매우 다양하게 변용할 수 있다. 그 예가 [그림 12]이다.

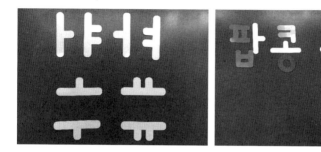

| [그림 11] 모음자 추측하기 | [그림 12] 받침소리 추측하기 |

동시에 국어 교과뿐 아니라 다른 교과 활동에서도 떠올린 낱말을 쓰는 활동을 시작한다. 내가 떠올린 말을 글자로 쓸 수 있다는 것을 기초적인 수준에서 확인하는 과정이다. 이 과정이 원활하게 진행되지 못하는 경우도 많아서 교과서를 나누어 줄 때 낱말 수첩도 함께 나누어 준다. 글자를 쓰고 싶은데 모르는 글자가 있으면 언제든지 교사에게 수첩을 들고 와서 도움을 청할 수 있다.

1회기: 관찰

국어 교과서를 이용한 기초적인 활동과 이를 재구성하여 운영한 여러 교수-학습 활동을 관찰한 결과 4월 초반에는 자모의 소릿값을 정확히 인식하고 이해하는 학생과 그렇지 않은 학생으로 나눌 수 있었다. 약 30%의 학생이 정확히 이해하는 수준이라면 50%의 학생은 어느 정도 이해하나 정확하게 인식하지는 못하는 상태였다. 20%의 학생, 약 8명의 학생은 이해가 불분명한 모습을 보여주었다.

이런 상황은 5월이 되면 상당히 달라지는데 정확히 이해하는 학생들이 40% 정도로 늘어나고, 어느 정도 인식하나 정확하게 인식하지 못하는 학생이 50% 정도라면, 여전히 이해를 못 하는 학생이 10%, 3명이었다. 이후 7월 말이 되었을 때 정확히 이해하는 학생은 70%, 어느 정도 인식하는 학생은 20%로 변화가 있었지만 여전히 이해도가 불분명한 학생 3명은 조금 나아지긴 했지만 어려움은 여전했다.

자모의 소릿값을 인식하더라도 상위인지전략을 사용하여 추측하기 게임에 참여할 수 있는 학생은 10% 이하의 매우 소수라는 것도 확인할 수 있었다. 상위인지전략 사용은 추측하기 게임에서 이미 오답으로 판정된 답을 개의치 않고 계속 외치는 학생과 이를 구분해서 찾아야 한다는 것을 이해한 학생, 그리고 기억의 보조 수단을 활용하여 이미 나온 답을 정답 목록에서 제외하는 전략을 사용하는 학생으로 구분해서 살펴본 결과이다.

한길이는 글자에 관심을 갖고 여러 활동에 참여하려는 모습을 보여주었다. 쉬는 시간에 칠판의 글자를 바라보며 읽으려고 애쓰는 모습을 보여주기도 했고, 여러 읽기 자료에서 아는 글자를 찾아 읽어보려고 했다. 우섭이는 가끔 학습 욕구를 외면하는 것인가 싶을 정도로 글자에 관심이 없었고 발음도 불분명했다. 쌍둥이인 우희에게 매우 의존적이고, 대부분의 의사소통은 우희를 통해서 하려고 했다. 그래서 학부모 상담을 통해 우희를 통하지 않고 직접 스스로 대화하고 전달하는 게 필요하다는 의견을 전했다.

1회기: 반성

1학년 1학기 국어(가) 교과활동을 재구성하여 진행했던 자음과 모음, 소리와 글자 익히기 활동을 통해서 먼저 3월 진단활동의 우리말 우리글을 통해 자모음과 소릿값, 글자의 짜임에 대한 기본을 익히는 과정이 기초문식성을 숙달하는 데 도움이 되었다고 평가했다. 그 근거는 별도의 과제 부여 없이 3월 활동 결과로 확인했을 때보다 중간 정도의 이해 수준을 보여주는 학생의 비율이 상당히 줄어들면서 이해 수준이 높아지고 있음을 확인했기 때문이다.

그러나 3월 진단활동 운영 결과 여러 면에서의 발달 지연이 확인된 학생은 배움의 속도가 매우 더디다는 것도 확인했다. 이를 해결하기 위해 자모의 소릿값과 글자의 짜임에 대한 학습이 교과활동만으로 숙달하지 못하는 경우 별도의 지원이나 과제 부여가 필요하다고 판단했다. 더불어 동일 연령의 학생들이지만 매우 다른 수준의 인지 전략을 사용하고 있음을 직접적으로 확인했다. 추측하기 게임 참여시 상위인지전략 사용을 모방할 수 있는 외적 계기를 도입하는 것도 한 방법이라고 생각했고, 이는 2회기에 반영하여 진행하기로 하였다.

2회기: 계획 수정

2회기 계획을 세우면서 1회기에 실행했던 국어과 교육과정 재구성 및 추측하기 게임 등을 동일하게 실행하되 교과서 활동을 더 과감하게 생략하는 것을 시도했다. 특히 한길이와 우섭이처럼 인지 발달이 늦은 학생을 위해 좀 더 세밀하게 자모음과 소릿값의 대응을 시각적으로 확인하게 할 수 있는 방법을 찾아보기로 하였다. 또한 상위인지전략 활용을 위한 외적 계기를 도입하였다. 추측하기 게임 초기에는 자연스러운 상태에서 학생들의 인지전략 사용 정도를 파악하고 한다. 중기에는 두 가지 외적 계기를 도입한다. 먼저, 칠판에 붙어 있는 정답 예시 중 오답으로 판명된 것은 떼어내거나 뒤집어 놓는 방식을 도입하여 전략 사용의 예시를 직접 교수한다. 둘째, 선택지를 학습지로 제작해 나누어주고 오답에 표시하는 식으로 정답의 범위를 좁혀가는 방법을 안내한다. 후기에는 아무런 외적 계기나 매개 없이 학생들의 전략 사용을 관찰하는 방식을 사용하고자 하였다.

2회기: 실행

1회기와 동일하게 실행하면서 배움이 느린 학습자를 위한 시각적 자극을 활용해서 교과서나 학습지 등의 글자에서 자모음의 위치 등을 찾고 표시하는 활동을 추가하였다. [그림 13]은 자음자 이름 알기용으로 제시된 교과서의 표를 써서 활동한 예시이다. 먼저 자음자 ㄱ의 모양을 따라 써 보고, 자음자 ㄱ의 이름 중 어디에 ㄱ이 있는지 찾아보고 동그라미로 표시하는 활동이다. 그렇게 ㄱ부터 ㅎ까지 같이 하면서 자음자는 첫소리와 받침소리에 온다는 것을 눈으로 확인하면서 동시에 의식적으로 확인하게 한다. 모음자 역시 마찬가지다. 모음자 이름에서 모음자 위치를 찾아서 동그라미를 해보고 자음자와 달리 오른쪽에 오는 것도 있고 아래쪽에 오는 것도 있다는 것을 확인한다.

[그림 14]은 이후 교과서를 사용할 때마다 지속적으로 자음자의 위치와 소릿값, 모음자의 위치와 소릿값을 확인하는 활동을 반복하여 숙달할 수 있도록 한 예시이다. 이런 실행과정의 변화는 특히 사랑이와 행복이에게 중점을 두고 진행했다. 다른 학생들은 스스로 할 수 있는 수준이었지만

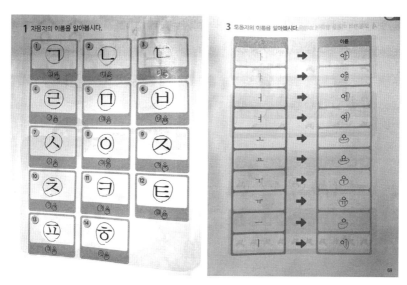

[그림 13] 자모음 위치 찾아 표시하기 활동 예-1

[그림 14] 자모음 위치 찾아 표시하기 활동 예-2

사랑이와 행복이는 자모음자와 소릿값을 연결하는 데 어려움이 많았다.

동시에 소릿값을 추측하는 게임을 반복하면서 초기에는 상위인지전략을 사용하는 학생이 얼마나 되는지 확인하고, 중기에는 이에 대한 전략을 학생들과 공유하고 매개 도구를 제공했다. 후기에는 매개 도구 없이 학생들의 전략 사용 숙달 정도를 파악하고자 했다. 그리고 이 과정에서 사랑이와 행복이의 모방 가능 여부, 참여 태도 등을 관찰했다.

2회기: 관찰

소릿값을 추측하는 게임을 반복하면서 초기에는 상위인지전략을 사용하는 학생이 얼마나 되는지 확인했다. 이미 오답으로 판명된 것을 다시 말하면 안 된다는 것을 인지하는 학생은 5~6명 정도였다. 추측하기 게임이 두세 번 반복되자 연필과 종이를 찾아서 오답이 된 것을 적어가는 학생이 한 명 있었다. 이후에는 ㄱ부터 ㅎ까지 써 놓고 친구들이 말한 오답을 지워가는 학생이 한 명 더 나타났다.

8회 정도 반복한 다음에는 어떻게 하면 답을 잘 맞힐 수 있을까에 대해 이야기를 나눈 다음 이미 오답으로 나온 것은 말하지 않아야 한다는 것과 친구들이 말하지 않은 것을 찾아야 한다는 것을 서로 확인했다. 그리고 친구들이 말한 답은 카드를 뒤집어 놓기로 약속했다. 그 후 게임은 시시한 것이 되었다. 왜냐하면 정답이 좁혀질수록 확률이 늘어나면서 누구나 답을 맞힐 수 있는 게임처럼 되었기 때문이다. 그다음에는 ㄱ부터 ㅎ까지 인쇄된 학습지를 나누어주고 카드를 뒤집지 않을 것이니 스스로 알아서 찾아보라고 했다. 이때는 고도의 집중력을 발휘해서 친구들이 말한 답을 하나씩 지워가야 하므로 다시 게임은 어려운 것이 되었다. 그럼에도 불구하고 두 가지 전략 사용에 모두 실패하는 학생도 20% 정도 있었다. 후기에는 도구를 제공하지 않았다. 다시 처음의 상태로 돌아간 셈이다. 매개 도구를 사용하는 학생들은 늘어났다. 그러나 사랑이와 행복이는 이를 실제로는 모방하지 못했다. 너무 먼 발달영역에 있다고 판단했다.

2회기: 반성

'진단활동' 프로그램을 통해서 자모의 소릿값을 익히지 못한 학생은 교과 학습이 시작되고 한 달이 지나도 별다른 향상이 확인되지 않았다. 1회기 연구 참여 학생이었던 한길이와 우섭이의 발달 특성과 2회기 연구 참여 학생인 사랑이와 행복이의 발달 특성은 전혀 다름에도 불구하고 비슷한 결과가 나왔다. 이는 특별한 장애가 없지만 인지 발달이 더딘 학생들이 일정 부분 존재하는데 이런 학생들은 1학기 국어과 교육과정에서 제시하는 문자구성 및 발음 중심 접근법에 따른 교과 수업을 모두 이수해도 자모음과 소릿값의 연결, 글자의 짜임에 대한 이해가 어렵다는 것을 확인하는 과정이었다. 그러나 추측하기 게임 활동을 통해 자모의 소릿값과 글자의 짜임을 학습해 가는 과정은 배움이 느린 학생에게도 수업활동에 흥미를 불어넣고 참여할 가능성을 열어주었다는 점은 의미가 있다.

상위인지전략 사용과 관련하여 보조 도구(매개)를 활용하는 방법을 배우면서 이를 숙달하는 학생이 나타났다는 것은 해당 학생들의 근접발달영역을 확대했다는 의미가 있는 것으로 해석할 수 있다. 그러나 자모의 소릿값에 대해 숙달하지 못한 사랑이, 행복이는 상위인지전략을 모방하는 것도 어렵다는 것을 확인하였다. 이는 1회기와 마찬가지로 별도의 지원 전략이 더 구체화되어야 하며 문제의 원인을 더 정확히 진단할 필요가 있음을 확인하는 과정이었다. 더불어 한길이와 우섭이, 사랑이와 행복이 같은 학생들이 일상적인 학습활동에서 소외되지 않고 참여할 수 있는 지원 방법에 대해 구상해야 한다는 과제도 확인하게 되었다.

<소릿값과 글자의 짜임 익히기 > 실행 결과 정리

입학 적응기의 진단활동을 마무리하고 4월부터 본격적으로 교과 학습을 시작하면서 1학년 1학기 국어 교과서에 기반한 자모음과 소릿값, 글자의 짜임 등을 학습하는 과정을 재구성한 프로그램을 2회기에 걸쳐 실행했다. 1회기 실행을 통해 반성한 점을 2회기 계획에 반영하고 실행하는 과정을 통해 배움이 느린 학생들이 겪고 있는 동일한 문제를 확인하는 과정이었다. 이를 정리하면 [그림 15]와 같다.

1회기는 기초 문식성 학습이 느린 학습자를 위해서 교과서 활동을 재구성하여 추측하게 게임을 다양하게 활용하는 방법을 중심으로 실행하였다. 그 결과 자모의 소릿값을 인식하는 학생과 그렇지 않은 학생으로 나뉘고, 상위인지 전략을 사용하며 게임에 참여하는 학생과 그렇지 못한 학생으로 나뉘었다. 이를 통해 동일 연령 학급이지만 인지 전략 사용에는 차이가 크다는 것과 이런 인지전략을 파악할 수 있는 외적 계기의 도입이 필요함을 확인했다. 또한 자모의 소릿값과 글자의 짜임에 대한 교과활동만으로는 숙달하지 못하는 학생이 있으며 별도의 지도가 필요하다는 것도 확인했다.

2회기는 1회기 활동을 반복하면서 교과서 중심의 활동을 과감하게 축약하고 상위인지전략을 위한 외적 계기를 도입했다. 더불어 배움이 느린 학습자를 방과 후에 별도 지도하는 계획도 세웠다. 2회기 실행을 통해

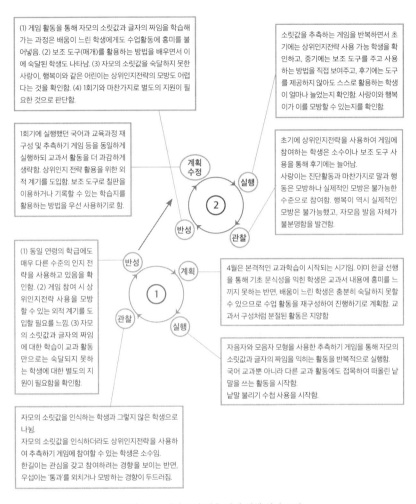

(1) 게임 활동을 통해 자모의 소릿값과 글자의 짜임을 학습해 가는 과정은 배움이 느린 학생에게도 수업활동에 흥미를 불어넣음. (2) 보조 도구(매개)를 활용하는 방법을 배우면서 이에 숙달된 학생도 나타남. (3) 자모의 소릿값을 숙달하지 못한 사랑이, 행복이와 같은 어린이는 상위인지전략의 모방도 어렵다는 것을 확인함. (4) 1회기와 마찬가지로 별도의 지원이 필요한 것으로 판단함.

소릿값을 추측하는 게임을 반복하면서 초기에는 상위인지전략 사용 가능 학생을 확인하고, 중기에는 보조 도구를 주고 사용하는 방법을 직접 보여주고, 후기에는 도구를 제공하지 않아도 스스로 활용하는 학생이 얼마나 늘었는지 확인함. 사랑이와 행복이가 이를 모방할 수 있는지를 확인함.

1회기에 실행했던 국어과 교육과정 재구성 및 추측하기 게임 등을 동일하게 실행하되 교과서 활동을 더 과감하게 생략함. 상위인지 전략 활용을 위한 외적 계기를 도입함. 보조 도구로 칠판을 이용하거나 기록할 수 있는 학습지를 활용하는 방법을 우선 사용하기로 함.

초기에 상위인지전략을 사용하여 게임에 참여하는 학생은 소수이나 보조 도구 사용을 통해 후기에는 늘어남. 사랑이는 진단활동과 마찬가지로 말과 행동은 모방하나 실제적인 모방은 불가능한 수준으로 참여함. 행복이 역시 실제적인 모방은 불가능했고, 자모음 발음 자체가 불분명함을 발견함.

계획 수정

실행

반성

관찰

②

(1) 동일 연령의 학급에도 매우 다른 수준의 인지 전략을 사용하고 있음을 확인함. (2) 게임 참여 시 상위인지전략 사용을 모방할 수 있는 외적 계기를 도입할 필요를 느낌. (3) 자모의 소릿값과 글자의 짜임에 대한 학습이 교과 활동만으로는 숙달되지 못하는 학생에 대한 별도의 지원이 필요함을 확인함.

반성

계획

관찰

실행

①

4월은 본격적인 교과학습이 시작되는 시기임. 이미 한글 선행을 통해 기초 문식성을 익힌 학생은 교과서 내용에 흥미를 느끼지 못하는 반면, 배움이 느린 학생은 충분히 숙달하지 못할 수 있으므로 수업 활동을 재구성하여 진행하기로 계획함. 교과서 구성처럼 분절된 활동은 지양함

자음자와 모음자 모형을 사용한 추측하기 게임을 통해 자모의 소릿값과 글자의 짜임을 익히는 활동을 반복적으로 실행함. 국어 교과뿐 아니라 다른 교과 활동에도 접목하여 떠올린 낱말을 쓰는 활동을 시작함. 낱말 불리기 수첩 사용을 시작함.

자모의 소릿값을 인식하는 학생과 그렇지 않은 학생으로 나뉨. 자모의 소릿값을 인식하더라도 상위인지전략을 사용하여 추측하기 게임에 참여할 수 있는 학생은 소수임. 한길이는 관심을 갖고 참여하려는 경향을 보이는 반면, 우섭이는 '통과'를 외치거나 모방하는 경향이 두드러짐.

[그림 15] 소리와 글자 대응 관계 실행 결과 요약

게임을 활용해 자모의 소릿값과 글자의 짜임을 배우는 과정은 배움이 느린 학습자도 흥미를 갖고 참여할 수 있음을 확인했다.

진단활동을 통해 연구 참여 학생으로 선정된 한길이와 우섭이는 입

말 의사소통 능력이나 손으로 하는 여러 조작 활동에 서툴렀고 소리와 글자 대응 관계를 교육과정상 정해진 시기에 맞추어 학습하는 데 어려움을 겪었다. 사랑이는 외국인이라는 특성으로 입말 의사소통에 어려움이 있었지만 일상적인 소통 의지는 오히려 한길이나 우섭이보다 나은 편이었다. 손이나 몸을 이용하는 조작활동도 매우 뛰어난 편이었다. 그런데도 소리와 글자의 대응 관계 학습은 어려웠다. 대부분 따라 그리기였다. 행복이는 의사소통은 원활하게 되는 거 같았지만 가끔 맥락에 맞지 않는 이야기를 한다거나 자모음의 발음 구분이 정확히 안 되는 것을 확인했다. 진단활동에서 내린 판단보다 더 어려운 상황임을 확인할 수 있었다.

3. 〈낱말 수첩〉의 활용

낱말 수첩은 쓰고 싶은 의미가 있는데 이를 어떻게 쓰는지 모르거나 확실하지 않다고 생각하는 어린이의 문자구성 활동을 지원하기 위해 구안된 것이다. 이 활동은 독자적으로 진행되는 프로그램이 아니라 이후 논의될 〈사진 보고 문장 만들기〉, 〈함께 쓰는 그림일기〉, 〈주제가 있는 글쓰기〉 활동과 결합하여 진행되기 때문에 회기 진행에 따른 분석도 세 활동과 연결해서 진행하고자 한다.

낱말 수첩은 실행 연구 교실에서 일 년 내내 함께하는 친구 같은 존재였다. 그 시작은 다음과 같은 과정을 거쳐서 안내된다.

학생 1   선생님!

연구자   네~

학생 1	근데 이 겸을 어떻게 해요? 겸을
학생 2	(이름에 겸이 들어감) 내 이름을 봐도 돼. 내 이름을.
연구자	'선생님, 엄마 아빠 이름 어떻게 쓰는지 모르겠어요'하는 사람 뭐 가지고 와서 물어보면 될까?
학생들	낱말 수첩
연구자	그렇지, 낱말 수첩 가지고 와서 물어보면 되지요.
학생들	(서로 보여주고 대화하면서 부모님 성함을 쓴다)
학생 1	(낱말 수첩을 보여주면서) 이겸후요.
연구자	(수첩에 글자를 써 주면서) 이, 겸, 후

2019년 4월 8일 수업 영상 중

국어 교과서에 나온 가족의 이름을 쓰기 활동 장면이다. 낱말불리기 수첩을 나누어주고 아직 사용법에 익숙하지 않은 학생들에게 사용법을 환기시켜주는 내용이 담겨 있다. 모르는 글자는 언제든지 선생님이 가르쳐주듯이 친구들끼리 서로 도와주면서 자기 이름을 보고 쓰라고 알려주는 모습도 확인할 수 있다.

지금까지 분석했던 내용이 보여주듯이 낱말 수첩의 사용 양상도 학생들마다 다르다. 행복이의 낱말 수첩과 비교군의 다른 학생들의 낱말 수첩의 사용 양상을 간략히 살펴보면 다음과 같은 차이가 있다.

[그림 16]은 2019년 두 학생의 낱말 수첩이다. 4~6월의 모습이지만 문자구성의 어려움은 낱말 수준으로 한정된다는 것을 알 수 있다. 실제 낱말 수첩은 30쪽이지만 두세 쪽 정도 사용한 학생들도 있고, 한 쪽도 사용하지 않은 학생도 있다. 그렇다고 문자구성, 맞춤법 등이 완벽한 것은 아

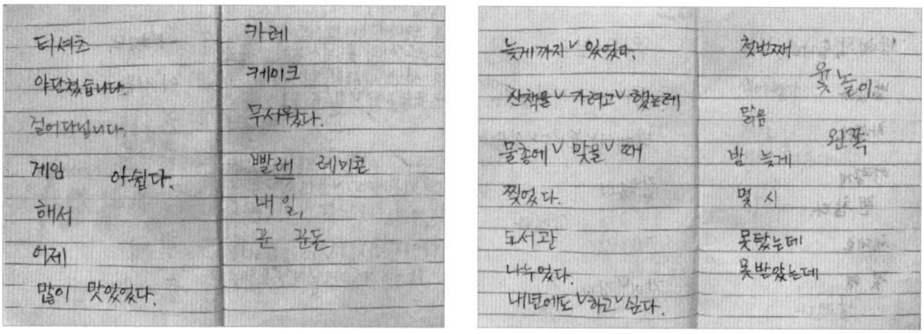

[그림 16] 4~6월 두 학생의 낱말 수첩

니다. 틀리면 검사받으면서 고쳐 쓰면 된다고 생각하는 경우도 있고, 알고 있지만 하나도 틀리지 않고 완벽하게 쓰고 싶어서 띄어쓰기까지 물어보는 경우도 있다.

[그림 17]은 행복이의 9월~10월 낱말 수첩의 모습이다. 행복이는 1학기에 사용하던 잃어버려서 2학기에 새 낱말 수첩을 받았다. 2학기 초반인 9월에는 대부분 문장 수준의 도움을 받았다. 그러다가 10월로 넘어가면서 점차 낱말 수준으로 변화되는 모습을 확인할 수 있다.

[그림 18]은 행복이의 학년말 낱말 수첩이다. 확연한 변화를 보여준다. '제기차기, 단청, 태극기, 무궁화, 사방치기'와 같은 낱말은 통합교과 시간에 배우는 내용으로 배운 내용을 글로 쓰면서 도움을 청한 것들이다.

낱말 수첩 사용은 별도의 회기별 분석을 하지는 않지만 의미구성 이후 문자구성을 지원하는 매우 효과적인 방법이라는 것을 2012년부터 사용하면서 확인했다. 처음에는 쪽지에 써 주던 것을 개인별로 누가하는 게 필요할 거 같아서 2012년 2학기부터 수첩을 이용하게 되었던 것이다. 글을 읽지 못해도 하고 싶은 말과 쓰고 싶은 말이 있다. 그 말을 문자로 기록하면서 의미중심 접근과 발음중심 접근이 통합된 언어교육으로서의 문식

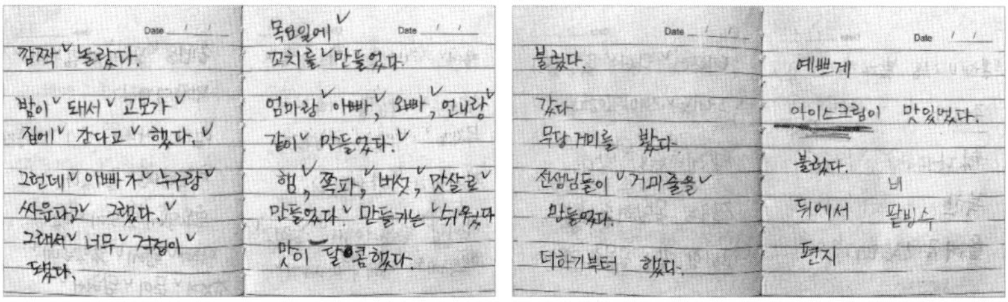

[그림 17] 9월과 10월 행복이의 낱말 수첩

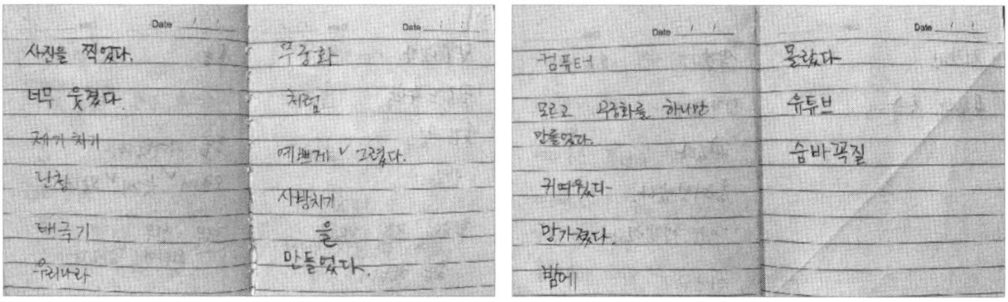

[그림 18] 11월과 12월 행복이의 낱말 수첩

성 교육이 가능하게 하는 주요한 기제로 작동할 수 있음을 확인하였다.

4. 〈주말 이야기 나누기〉

4월부터 본격적인 교과 학습이 시작되면 소리와 글자의 대응관계를 읽히는 학습이 본격화된다. 동시에 바른 자세로 말하기, 듣기, 읽기, 쓰기 등 앞으로의 학습활동에 꼭 필요한 기능에 대한 학습도 진행된다. 1학년 어린이들의 공개적이고 형식적인 말하기는 매우 격식화되어 있다. "저는 ○○○입니다. 제가 좋아하는 것은 ○○○입니다"처럼 예시 문장을 주고 주요 내용만 바꿔서 말하는 수준에서 아이들의 말하기는 그 억양과 리듬이 거의 동일하다. 이런 격식에서 벗어나 자유롭게 표현하는 사례가 간혹 있으며 이 두 문장의 표현도 하지 못하고 울먹이는 사례도 있다.

학령기 학습에 필요한 신형성은 지성화된 말, 지성화된 행동, 체험의 공동일반화이다. 이는 말할 것을 먼저 생각한 다음 말하고, 행동을 계획해서 하는 것이며, 나만의 경험을 그 맥락 속에 있지 않았던 타자들에게 이해시키기 위해 맥락을 일반화하는 것이다. 학교에서의 교수-학습을 통해 이런 정신 기능을 숙달할 수 있다. 〈주말 이야기 나누기〉는 이런 이론적 배경에서 도입한 활동이다. 나의 경험적 맥락을 일반화해서 표현하는 능력을 숙달해야 할 필요성과 이를 자연스럽게 학습활동에 도입하려는 의도를 지니며 구안한 것이다.

2012년 1학년 담임교사를 하면서 처음 시도했던 활동으로 초기에는 월요일마다 돌아가면서 모든 학생들이 주말에 있었던 일을 이야기했다. 이후 모든 학생들이 말하는 것을 다 듣는 것이 어렵다는 것을 확인하고 발표하는 학생의 수를 줄였다. 또한 한 학생이 말하는 동안 듣는 학생들의 주의를 집중시킬 필요가 있어서 말하는 내용을 문장으로 기록하고 이를 TV 화면으로 보여주는 방식을 사용했다. 2016년에는 아이들이 이야기한 내용을 출력해서 나눠주고 같이 읽는 읽기자료로 활용하고, 이를 책으로 만들어 교실 책장에 비치해 두었다.

1회기: 계획

주말 이야기 프로그램은 낱말 수첩 사용과 함께 가장 긴 교실 실행의 역사를 지니고 있다. 따라서 계획 단계부터 동학년 교사들에게 프로그램 구안 예시와 결과물 등을 보여주는 데 어려움이 없었다. 계획 단계에서는

4월부터 시작하고 한 학급에 4~5명씩 돌아가면서 발표하는 기회를 주고 이야기를 들어주는 과정임을 공유했다.

학생들이 개인의 경험을 자기 맥락 속에서 말하다 보니 청자들이 이해하기 어려운 상황이 발생하는 것은 일반적이다. 이때 교사의 개입을 통해서 그 맥락을 일반화할 수 있도록 지원하는 것이 중요하다. 발표 학생이 말하는 내용을 문장으로 만들어 컴퓨터에 입력하고 이를 나머지 학생들과 화면으로도 공유하는 과정은 말이 글이 된다는 예시를 보여주는 것임과 동시에 청자의 주의집중을 유지하는 데에도 도움이 된다. 4~5명의 이야기를 다 듣고 난 다음에 TV 화면을 보면서 친구가 발표한 내용을 함께 읽어본다. 초기에는 따라 읽기로, 중기에는 다 함께 소리 내어 읽기, 후기에는 혼자 읽기로 이행하는 것이 초기에 읽기가 어려운 학생들에게는 도움이 된다. 이런 내용들을 동학년 교사와 함께 공유하며 계획을 수립했다.

1회기: 실행

주말 이야기 발표자는 남자 2명, 여자 2명으로 보통 출석 번호 순서대로 돌아간다. 월요일 아침 교사는 오늘 주말 이야기를 발표할 친구가 누구인지 알려주고 어떤 이야기를 나눌지 생각해보라고 안내한다. 월요일 1교시가 시작되면 한 명씩 앞으로 나와서 주말에 있었던 이야기를 친구들에게 이야기한다.

> **한길이** 어. 야구장에 갔어요. 어 거기서 모자도 어, 샀고, 어… 야광 하는 것도 샀어요. 근데 어…. 그다음 뭘 했는지 모르는데, 어… 어. 밤에까지도 봤어요. 야구. 음… 재미있었어요.

연구자   그런데 누구랑 같이 갔어요?

한길이   어… 이름을 까먹었어요?

연구자   같이 간 사람이?

한길이   아빠 친구예요.

연구자   아하, 아빠 친구랑, 아빠도 갔어요?

한길이   네

연구자   누나는요?

한길이   누나도 갔어요.

연구자   엄마는요?

한길이   엄마랑도

연구자   밤까지 야구 봤는데 음식은 안 먹었어요?

한길이   음. 음식은 먹었어요.

연구자   뭐를 먹었어요?

한길이   어, 엄마가 치킨 사 줬어요.

연구자   또?

한길이   음. …그다음은 모르겠어요.

연구자   그다음은 모르겠어요. 밤늦게 끝났는데 지루하지 않았어요?

한길이   네

연구자   왜 지루하지 않았어요?

한길이   어… 자려고 하면 엄마가… 아이구, 그냥 모르겠어요. 재미있으니까…

연구자   재미있으니까 지루하지 않았던 거네요.

2018년 9월 17일 주말 이야기 중

위 자료는 2018년 9월 17일 한길이와 주말 이야기를 나누는 과정을 녹음하고 전사한 내용이다. 이런 대화가 오고 가는 동안 교사는 발표자가 하는 이야기를 문장으로 입력한다. 교사가 문장으로 전환해서 기록한 내용은 다음의 [그림 19]와 같다.

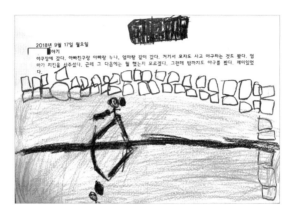

[그림 19] 한길이의 주말 이야기

교사가 TV 화면으로 입력하는 장면을 그대로 보여주면 아이들은 한길이의 이야기를 들으며 그 내용이 어떻게 글로 기록되는지 본다. 네 명의 이야기가 끝나면 화면을 함께 보면서 따라 읽기, 함께 읽기 등을 진행한다. 그리고 어떤 이야기가 재미있었는지 하나만 선택하라고 한다. 교사는 그 자리에서 아이들이 선택한 이야기를 출력해서 나누어준다.

내가 선택한 이야기를 받아든 아이들은 자리로 돌아가서 글을 읽고 뒷이야기를 상상해서 그림을 그리거나 만화로 그리거나 이야기를 따라 쓰거나 빈 여백에 하고 싶은 후속 활동을 한다. 이 활동을 통해 학생들은 모두 공동 창작자가 된다. 함께하는 듣기와 읽기 활동(수용)이 개인별 읽기와 창작(표현)으로 이행하는 과정이다. 4월 초에는 학생들의 읽기 능력의 차이가 있으므로 처음에는 아는 글자 찾아서 동그라미 하기로 시작한다. 이후에는 아는 낱말에 동그라미 하기, 모르는 글자에 찾아보기, 다 읽을 수 있으면 밑줄 그으며 읽어보기, 밑줄 긋지 않고 읽어보기 등 다양한 방법을 제시하고 학생이 자신에 맞는 방법을 선택해서 읽어보라고 한다.

[그림 20]과 [그림 21]은 모두 2018년 5월 8일 주말 이야기 작품이다. [그림 20]에는 개별 읽기의 흔적이 밑줄로 나타난다. 이 학생은 글을 읽는 데 어려움이 없는 사례이다. [그림 21]에는 글자나 낱말마다 동그라미 흔적이 남아 있다. 먼저 아는 글자에 동그라미를 하면서 읽고 그다음은 모르는 글자에 동그라미를 하면서 교사의 도움을 받아 읽은 것이다. 학생들이 이렇게 개별 읽기를 하는 동안 교사는 읽기 학습이 부족한 학생을 중심으로 돌아다니며 개별 지도한다.

세 번씩 소리 내어 읽어보고 종이의 빈 곳에 하고 싶은 활동을 한다. 그림을 그려도 되고, 글자를 써도 되고, 뒷이야기를 상상해서 써도 된다. 이렇게 개별 활동에 집중할 시간을 주면 교사는 도움이 필요한 학생을 개별 지도할 수 있는 시간적 여유를 갖게 된다. 그다음 모든 활동을 마무리

[그림 20] 5월 8일 주말 이야기-1

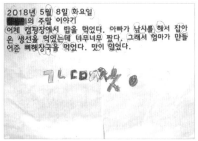

[그림 21] 5월 8일 주말 이야기-2

한 학생들의 작품을 모아서 책으로 만든다. [그림 22]는 26명 전체 학생의 작품을 모아서 풀로 붙인 다음 표지를 만들어 붙인 책의 모습이다. 제목 정도만 교사가 쓰고, 표지의 그림은 하고 싶은 학생들이 쉬는 시간 등 틈 날 때마다 자유롭게 그린다.

[그림 22] 주말 이야기 책

「주말 이야기」라는 제목이 있고, 이날 주말 이야기를 나누어준 학생들의 이름이 있다. 그리고 책을 만든 날짜를 적는다. 모든 학생이 함께 만들었다는 의미를 담아 "1학년 3반 친구들"이라고 적어놓는다. 이렇게 만들어진 책은 차곡차곡 교실 책꽂이에 꽂아둔다. 아이들은 선택활동 시간이나 쉬는 시간에 언제든지 이 책을 읽을 수 있다.

1회기: 관찰

4월부터 12월까지 매주 월요일이면 어김없이 진행했던 주말 이야기를 통해 학생들의 다양한 생활 경험뿐 아니라 기억, 회상, 표현 능력, 정서적 특성 등을 살펴볼 수 있었다. 특히 기억 능력과 관련해서 아이들의 많은 기억들이 의미화되지 않는다면 사라져버린다는 것, 의미화 과정의 연습이 왜 중요한지 등을 많이 깨달을 수 있었다.

우섭이   아무것도 안 했어요.

연구자   밥도 안 먹었어요?

우섭이   아뇨 밥은 먹었어요.

연구자   오줌도 안 눴어요?

우섭이   음. 모르겠어요.

연구자   세수도 안 했어요?

우섭이   세수는 원래 아침에는 안 하는데.

학생들   (아침에 세수하는 거 아니었어?)

연구자   오늘도 세수 안 했어요?

우섭이   아침에 양치할 때 했어요.

연구자   그러면 토요일에는 아침에 세수를 안 해요?

우섭이   네

연구자   아무것도 안 했는데 밥은 먹고 세수는 안 하고… 티비도 안 봤어요?

우섭이   음… 티비는 쪼금 봤어요.

연구자   뭐 봤어요? 티비에서.

우섭이   영화 봤어요.

연구자   영화가 무슨 내용이었어요?

우섭이   어, 이름은 몰랐어요.

연구자　누가 나왔어요?

우섭이　어… 몰라요. 왜냐면 이름을 몰라요.

연구자　재미는 있었어요?

우섭이　네

연구자　그러면 아무것도 한 일이 없는 거 아니네요. 밥도 먹고 영화도 보고. 아무것도

　　　한 게 없는 거예요? 한 게 있는데 기억을 못 하는 거예요?

우섭이　…

연구자　얘기해 보세요.

우섭이　저는 원래 모르겠어요.

2018년 9월 10일 주말 이야기 중

2018년 9월 10일 대화 내용이다. 우섭이는 앞에 나오자마자 아무것도 안 했다고 한다. 단순히 기억력의 부족이라기보다는 경험을 의미화하는 인지 과정이 발달하지 못한 상황임을 확인할 수 있다. 이런 경우에는 대화를 통해 의미화하는 연습을 할 수 있도록 해야 한다고 보았다. 1학기 학부모 상담을 통해 경험하고 소감 나누기 등을 계속해달라고 가족에게 부탁했는데도 경험의 의미화 발달이 매우 더디었다. 우섭이처럼 경험의 의미화가 어려운 학생들은 쓰기 활동을 할 때 보통 아무것도 하지 않는다. 무슨 말을 써야 할지 떠오르는 것이 없기 때문이다. 이런 경우에는 위의 대화처럼 학생이 의미화할 것을 자연스레 떠올릴 수 있도록 교사가 매개해 주어야 한다.

　반면 같은 9월 10일에 발표한 학생 중에는 교사의 개입이 전혀 필요 없을 정도로 자기의 이야기를 공동일반화해서 표현하는 학생도 있다.

S   토요일에 이상한 일이 있었어요. 뭐냐면 제가, 제가 막 일어났을 때 막 어지러웠거든요. 그런데, 그런데 몇 시간 동안 계속 어지러웠어요. 근데 차 타고 뭐 마카롱 사러 갔다가 (아니, 그게 아니라 '차 타고': 교사가 문장으로 입력하면서 오타를 내자 수정해줌) 집에 왔을 때 아빠가 요리할 동안 나는 막 몇 분만 잤는데 머리가 안 아파요. 머리가 안 아팠어요. 그게 이상했어요.

2018년 9월 10일 주말 이야기 전사자료

2018년 9월 10일 월요일

○○이 이야기

토요일에 이상한 일이 있었다. 내가 일어났을 때 어지러웠다. 그런데 몇 시간 동안 계속 어지러웠다. 차 타고 마카롱 사러 갔다가 집에 왔을 때 아빠가 요리할 동안 몇 분만 잤는데 머리가 안 아파졌다. 그게 나는 이상했다.

2018년 9월 10일 위의 대화를 교사가 문장으로 정리한 것

상단의 내용은 발표 학생의 이야기를 녹음한 후 전사한 것이고, 하단의 내용은 발표를 들으면서 바로 문장으로 기록한 것이다. 교사의 개입이 전혀 없어도, 오히려 교사가 '차 타고'를 '타 타고'라고 입력하니 오타까지 지적하면서 자기 체험을 일반화해서 발표한다. 이렇게 초등학교 1학년 교실에는 동일한 연령의 어린이로 구성되어 있음에도 실제적 발달 수준은 매우 다르다.

1학기 주말 이야기는 녹취와 전사 과정을 운영하지 않았으나 그 생생

한 과정을 기록할 필요가 있다고 판단하고 2학기부터 녹취와 전사를 시작했다. 전사를 하면서 순간적으로 지나갔던 많은 대화들이 지닌 의미를 발견할 수 있었다. 2학기가 되면서 아이들의 주말 이야기는 주제도 다양화되었고 내용도 많아졌다. 한길이는 경험을 의미화하고 맥락을 일반화하여 이야기하는 능력이 향상되었다. 글을 읽고 쓰는 능력도 더불어 향상되었다. 그러나 우섭이는 체험의 의미화에서 어려움을 지속적으로 보여주었다.

연구자　지난 주말에 무슨 일이 있었습니까?

우섭이　친구하고 놀았어요.

연구자　친구 이름은 뭐예요?

우섭이　채(나)

연구자　응? 채?

우섭이　나

학생 1　채원이?

우섭이　아니, 채나

연구자　채나?

우섭이　네

연구자　채나라는 친구가 있어요?

우섭이　네

연구자　어, 그렇군요. 그럼 뭐 하고 놀았어요?

우섭이　……(5초)

연구자　뭐 하고 놀았어요?

우섭이　……(8초)

연구자	어디에서 놀았어요?
우섭이	집에서요.
연구자	그 친구는 몇 학년이에요?
우섭이	…(3초)
연구자	채나는 몇 학년이에요?
우섭이	…(6초)
연구자	채나는 ○○초등학교에 다녀요?
우섭이	아니요.
연구자	그럼 몇 학년이에요?
학생 2	1학년이잖아요. 친구라고 했으니까
학생 3	1학년 아니어도 친구 할 수 있지.
학생 4	걔 여섯 살이래.
연구자	그러면 몇 살이에요? 채나는 몇 살이에요?
우섭이	(작은 소리로) 여섯 살
학생 5	그럼 친구 아니네.
연구자	그러면 채나가 우섭이 집에 놀러 와서 놀았던 거예요?
우섭이	네
연구자	재밌었어요?
우섭이	네

2018년 10월 4일 주말 이야기 중

10월 4일 우섭이의 주말 이야기는 "친구하고 놀았어요"라는 완성된 문장으로 시작되었다. 그러나 채나라는 친구와 무슨 놀이를 하고 놀았는지 기억해서 표현하지 못한다. 두 번의 질문에도 대답하지 못하는 걸 보고 이를 확인한 연구자는 어디에서 놀았는지 물으며 대화 주제를 변경한다. "집에서"라고 짤막하게 말한다. 채나가 몇 학년이냐고 묻지만 답을 하지 않는다. 연구자는 다시 "○○초등학교에 다니느냐"라고 묻는다. 대화가 지연되면서 교사가 되묻는 상황이나 청자인 학생들의 개입이 늘어나는 상황, 모두 우섭이에게는 쉽지 않은 상황이었을 것이다. 특히나 친구라고 했으니까 당연히 1학년이라는 반응을 보여주는 친구와 나이에 대해 답하지 않고 있는 상황에서 쌍생아인 우희를 통해 여섯 살이라는 정보를 듣고 이를 말해버리는 친구들의 반응이 심리적 위축을 초래했을 것이다.

일반적인 수준의 기억 및 회상 능력은 아닌 것인지, 심리적 위축 때문인지 확인하기 어려웠다. 1학기 말이 되면서 우섭이는 글을 더듬더듬 한 글자씩 읽기가 가능했다. 문자구성에 오류가 많았지만 경험을 떠올리고 글을 쓰는 것 역시 가능했다. 정확한 원인에 대한 판단은 유보했다. 이 대화를 전사하면서 우섭이가 답을 하지 못하고 머뭇거릴 때 좀 더 여유를 갖고 기다려줄 필요가 있다는 것을 깨닫게 되었다.

우섭이	어제, 고모가 놀러 왔어요. 고. 모.
연구자	그래서?
우섭이	…(7초)
학생들	(듣지 않고 계속 다른 이야기를 함)
연구자	고모가 와서 뭐 했어요?
우섭이	…(6초)
연구자	고모가 어디 살아요?

우섭이	멀리요.
연구자	고모가 왜 왔어요?
우섭이	나도 몰라.
연구자	아, 그럼 와서 같이 밥 먹었어요?
우섭이	네.
연구자	어디서 밥 먹었어요?
우섭이	우리 집
연구자	그러면 무슨, 뭐하고 밥 먹었어요?
우섭이	밥하고 반찬
연구자	반찬은 뭐가 있었어요?
우섭이	기억이 안 나요. 반찬은.
연구자	고모는 아침에 왔어요, 점심에 왔어요, 저녁에 왔어요?
우섭이	…(7초) 저녁?
연구자	저녁쯤에 왔어요?
우섭이	네
연구자	아침밥을 같이 먹었어요? 점심밥을 같이 먹었어요? 저녁밥을 같이 먹었어요?
우섭이	…(11초)
연구자	잘 모르겠어요?
우섭이	(끄덕이며) 네

2018년 11월 5일 주말 이야기 중

한 달이 지난 11월 5일 대화이다. "어제 고모가 놀러 왔어요."로 완결된 문장으로 시작하고, 교사의 입력이 지연되자 "고모"라고 다시 알려준다. 보통 연구자가 "그래서?"라고 물으면 학생들은 어떤 일이 있었는지 말을 한다. 그런데 우섭이는 답이 없다. 다시 질문을 구체화해서 "고모가 와서 뭐 했어요?"라고 물어본다. 다시 답이 없다. 고모가 어디에 사는지 묻는 것으로 질문을 바꾼다. "멀리" 사는 것은 알지만, 정확한 지명은 모른다. 대개는 '연남동이요, 인천이요'라는 식으로 답을 한다. 10월 4일 주말 이야기보다 답을 기다려주는 시간은 늘렸지만 우섭이의 '기억과 회상' 말하기에는 어려움이 여전했다. 간단히 해결되는 문제는 아니었다.

1회기: 반성

4월부터 12월까지 매주 월요일마다 진행된 주말 이야기는 학생 1인당 7~8회의 발표 기회를 주었다. 시간이 지남에 따라 학생들의 말하기 유창성은 향상되었고 발표하는 내용도 구체화되고 양도 늘어났다. 4월의 문장이 3~4문장 수준으로 학생별 양적 차이가 크지 않았다면 12월에는 5~15문장으로 그 차이가 좀 더 커졌다. [그림 23]을 보면 그 차이를 확인할 수 있다.

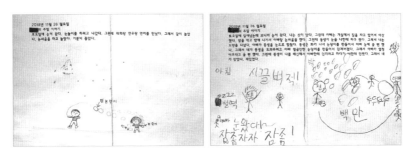

[그림 23] 2018년 11월 26일 두 편의 주말 이야기

주말 이야기의 양적 차이가 학생들의 인지 발달의 차이를 그대로 반영한다고 보기는 어렵다. 2학기부터 학생들의 말하기를 녹음하고 전사한 이유이기도 하다. 경험을 떠올리고 이를 표현하는 과정을 다시 확인하는 과정을 통해 해당 학생에 더 많이 생각하고 더 다양한 지원 방법을 실천할 수 있었다. 다만, 우섭이의 기억과 회상 능력 관련 별도의 진단이나 검사가 필요한지 판단하는 것은 쉽지 않았다. 우섭이의 주말 이야기를 통해 체험의 일반화 과정을 들여다보면 일정 부분 저발달이 보인다. 그럼에도 우섭이는 더디기는 하지만 글자를 읽고 쓸 수 있게 되었다. 우섭이는 분명 학습하고 있었고, 친구들과의 일상적인 대화에서는 큰 무리는 없었기 때문이다.

주말 이야기 활동을 통해 자신들의 이야기를 글로 만들고 각자 그림을 그려서 책으로 만들어 읽기 자료로 활용하는 과정은 듣기, 말하기, 읽기, 쓰기 활동의 통합적 접근으로 의미가 있다. 자기 맥락화된 이야기를 하는 학생에게 교사가 개입함으로써 공동일반화하는 과정은 학생들의 인지 발달에 의미화의 층을 구축하는 과정이었을 것이다. 그러나 우섭이의 사례처럼 인지 기능의 전반적 저발달로 별도의 진단이 필요한 상황으로 판단해야 할지, 발달이 느린 학생으로 보고 학교에서의 학습과 지원을 지속하면 가능하다고 판단해야 할지는 여전히 불분명하게 남았다.

2회기: 계획 수정

2회기에도 1회기와 동일한 방식으로 진행하는 것을 기본방향으로 정했다. 발표 학생이 말하는 과정에서 교사가 회상과 공동일반화를 위한 직접적인 지원을 강화해야 한다는 것을 협의했다. 특히 1회기의 우섭이처럼 체험의 개인적 의미화에 어려움이 있는 학생을 초기에 찾고 별도의 학습 과제를 꾸준히 제시하는 것을 기획했다. 주말 이야기 활동 이후 녹취한 것을 전사하는 과정이 필요하며 이를 통해 발표 학생의 특성에 대해 이해하고 진단하는 게 중요하다는 판단이었다. 진단 및 이해를 통해 발표 당시의 맥락 등을 고려한 교사의 적절한 개입이 무엇일지 예상하는 것은 어려운 일이었다. 그러나 우섭이와 같은 사례를 다시 만난다면 학부모 상담을 통해 좀 더 구체적으로 가정 학습 활동을 프로그램화해서 제시할 필요가 있다고 판단했다. '마주 이야기'처럼 그날 있었던 일에 관해 대화를 나누고 주요한 낱말을 수첩에 기록하는 활동 등을 권장할 계획이었다.

2회기: 실행

2회기는 1회기보다 학생 수가 3명이나 적었기 때문에 주말 이야기 활동을 비롯한 여러 교실 활동 실행이 상대적으로 수월했다. 1회기 실행을 분석하고 반성하는 과정을 거쳤기 때문이기도 하다. 월요일마다 4명의 학생이 주말 이야기를 나누고 교사가 문장으로 기록하여 청자들에게 보여주는 등의 과정이 별 무리 없이 잘 수행되었다. 특히 우섭이처럼 기억이 안 난다고 하면서 회상 및 경험의 의미화에서 저발달을 의심할 만한 학생은 발견되지 않았다. 2회기 연구 참여 학생인 사랑이와 행복이는 1학기가 끝날 때까지 자모의 소릿값과 글자의 짜임을 익히고 글자를 읽는 것을 어려워하는 것은 우섭이와 비슷한, 오히려 더 심각한 수준이었지만 회상에 있어서는 다른 모습을 보였다.

다음은 2019년 4월 15일 행복이가 친구들에게 들려준 주말 이야기를 전사한 내용과 이를 교사가 받아서 글로 기록한 내용이다. 누구와 어디에서 무엇을 했는지를 이야기하면서 내용을 풀어가고 있다. 우섭이처럼 기억이 안 난다거나 교사의 도움 질문이 없으면 이야기를 이끌어가지 못하는 특성은 나타나지 않는다.

> **연구자** 시작할까요?
>
> **행복이** 어제, 뭐지? 동생이랑 같이 엄마랑, 뭐지? 학교 뒤에 있는 놀이터를 갔어요.
>
> **연구자** 네~
>
> **행복이** 그다음에 집에 가서, 뭐지? 물 먹구 뭐지? 씻고 뭐지? 짜파게티 먹었어요.
>
> **연구자** 엄마랑 학교 뒤에 있는 놀이터에 가서 뭐 했어요?
>
> **행복이** 그냥 동생이랑 같이 놀고 올챙이 보면서 놀았어요.
>
> **연구자** 아하, 동생이랑 같이 올챙이를 보면서 놀았어요?
>
> **행복이** 네

2019년 4월 15일 행복이의 첫 주말 이야기 전사자료

2019년 4월 15일 월요일
〈행복이의 주말 이야기〉
어제 동생이랑 엄마랑 학교 뒤에 있는 놀이터에 갔다. 동생이랑 같이 올챙이를 보면서 놀았다. 집에 가서 물 먹고 씻고 짜파게티를 먹었다.

2019년 4월 15일 주말 이야기책

다음은 2019년 5월 13일 사랑이의 첫 주말 이야기다. 어디에서 누구랑 무엇을 했는지, 놀이의 이름까지 잘 회상해서 이야기를 하는 것을 확인할 수 있다. 우섭이처럼 기억이나 회상의 문제는 아님을 알 수 있다. 영어

만 쓰는 아빠와 우리말로 된 놀이를 하는 구체적인 과정에 대한 질문으로 들어가기 전까지는 비교 대상군인 또래 학생들과 큰 차이가 없다.

연구자 친구들 보고 이야기할까요?

사랑이 으응 놀이터에 아빠랑 놀러 가서 놀았어요.

연구자 그래서요?

사랑이 그래서 술래잡기 너무 재밌어서 다른 놀이 무궁화꽃이 했어요.

연구자 무궁화꽃이 놀이를 아빠가 알고 있어요?

사랑이 네

연구자 아빠는 어떻게 알아요?

사랑이 어, 저가 알려줬어요

연구자 아하! 그러면 사랑이는 무궁화꽃이 놀이를 어떻게 배웠어요.

사랑이 응 저가 알려주면서 무궁화꽃이 놀이를 하면 계속 깜박해서 저가 많이 알려줬어요.

연구자 아빠는 무궁화꽃을 한국말로 했어요? 영어로 했어요?

사랑이 영어

연구자 어떻게? 영어로 어떻게 했어요?

사랑이 저 이제 잘 모르겠어요.

연구자 음 그럼 아빠랑 놀 때 영어로 놀아요? 한국말로 놀아요?

사랑이 한국말도 있을 수도 있어요.

연구자 그래요. 주로 영어로 해요?

사랑이 네

2019년 5월 13일 사랑이의 첫 주말 이야기 전사자료

2019년 5월 13일 월요일

〈사랑이의 주말 이야기〉

놀이터에서 아빠랑 술래잡기를 하고 놀았다. 술래잡기가 너무 재미있었다. 그리고 다른 놀이 무궁화꽃이를 했다. 내가 아빠에게 무궁화꽃이 놀이를 알려주었다.

2019년 4월 15일 주말 이야기책

1회기에는 우섭이처럼 기억이 안 난다거나 잘 모르겠다는 아이들이 여럿 있었다. 그런 이유 때문에 주말 이야기를 4월부터 시작해서 12월까지 진행했다. 그러나 2회기에는 우섭이와 같은 특성을 보이는 학생이 없었기 때문에 1학기에만 진행하는 것으로 마무리하였다. 정해진 시기, 횟수보다는 실제 교수-학습 활동에 참여하는 학생들에 맞는 활동을 실행하는 것이 이 프로그램 구안의 실제적 의미라고 보았기 때문이다.

2회기: 관찰

사랑이는 학교와 피아노 학원에서만 한국어를 사용하는 외국인이다. 부모는 모두 한국어를 사용하지 않는다. 한국에서 2년 반 유치원 생활을 했기 때문에 입말 의사소통에는 큰 무리가 없는 것처럼 보였다. 한글을 읽거나 쓰는 것도 곧 학습할 수 있을 것이라 기대했다. 그러나 사랑이의 학습활동을 관찰하고 지원하면서 예상하지 못했던 여러 문제가 겹겹이 쌓여 있음을 확인하게 되었다.

[그림 24]는 사랑이의 주말 이야기 작품이다. TV 화면을 보면서 친구

들과 함께 읽었던 이야기 중에 사랑이는 ○○이의 이야기를 골랐다. 이제 개별 활동으로 자신이 고른 주말 이야기 글을 읽어야 하는데 아는 글자가 전혀 없다. 그래서 제일 처음에 '이'라는 글자를 알려주고 같은 글자를 찾아서 동그라미 표시를 하라고 했다. 그리고 '나, 너, 고기'를 찾아보라고 개별 지도했던 결과물이다. 이 시기는 국어 교육과정상 자모의 소릿값을 배우는 시기였기 때문에 이 정도의 어려움은 예상이 가능했다.

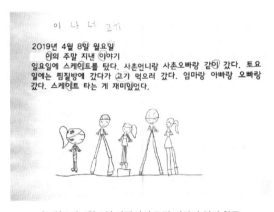

[그림 24] 4월 8일 사랑이의 주말 이야기 읽기 활동

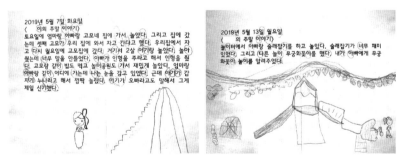

[그림 25] 5월 7일과 5월 13일 사랑이의 주말 이야기 읽기 활동

[그림 25]는 한 달 후인 5월 7일과 13일 사랑이의 주말 이야기 작품이다. 국어 교육과정에서는 글자의 짜임을 익히는 시기이다. 사랑이가 동그라미 표시한 글자는 '아, 이(일), 가, 기, 나, 너' 정도다. 이 글자도 스스로 했다기보다 연구자가 앞서 했던 글자를 하나하나 상기시켜준 다음에 보고 찾은 것이다. 주말 이야기 시간에만 이런 어려움이 있었던 것은 아니기 때문에 사랑이 보호자의 사전 동의를 받고 4월 22일부터 주 2회 방과후 보충학습을 시작했다. 보충학습은 '기적의 한글 학습 다지기' 기본자 학습(만 4세 이상)을 기본 교재로 사용했다. 그러나 큰 효과는 없었다. 다음 날 학교에 오면 어제 배운 글자는 완전히 까먹은 듯했다. 이런 상황이 지속되면서 '난독'이 아닐까 의심했다. 모음자를 배우는 1권을 넘어가기도 어려웠다. ㅏ와 ㅑ를 배웠는데 다음 날에도 ㅏ와 ㅑ로 시작해야 하는 날의 반복이었다.

6월이 되자 별도의 처방이 필요하다고 판단했다. '난독'에 대해 모 교육대학교 특수교육과 교수에게 자문을 구했다. 초등학교 1학년 1학기면 '난독' 판정을 확정하기에 아직 이르다는 답변을 받았다. 그러던 중 특수교육지원센터에 근무하는 모 교사로부터 난독 학생을 위한 한글 교육 앱인 '소중한글'을 소개받았다. 사랑이 부모님과 상담을 하고 스마트폰에 해당 앱을 설치해준 후 가정에서 스스로 30분씩만 학습할 수 있게 해달라고 부탁했다. 그리고 학교에서도 스마트패드를 이용해 점심시간 등을 이용해서 매일 10분씩 학습할 수 있게 지원했다.

[그림 26]은 사랑이가 6월 24일과 7월 1일에 친구들의 주말 이야기를 듣고, 그중 하나를 선택한 후 읽고 그림으로 표현한 것이다. 더 나아진 것으로 확인되지 않는다. '이, 일, 아, 나, 다, 너, 가' 등에만 표시가 되어 있다. 이 시기는 교육과정상 문장 수준의 읽기 쓰기 학습을 마치고 그림일

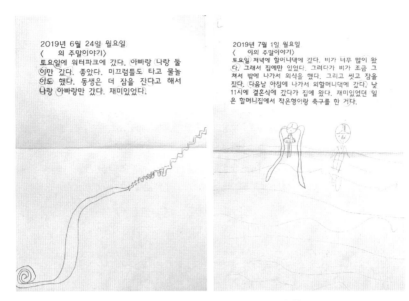

2019년 6월 24일 월요일
< 의 주말이야기>
토요일에 워터파크에 갔다. 아빠랑 나랑 둘
이만 갔다. 좋았다. 미끄럼틀도 타고 물놀
이도 했다. 동생은 더 잠을 잔다고 해서
나랑 아빠랑만 갔다. 재미있었다.

2019년 7월 1일 월요일
< 이의 주말이야기>
토요일 저녁에 할머니댁에 갔다. 비가 너무 많이 왔
다. 그래서 집에만 있었다. 그러다가 비가 조금 그
쳐서 밖에 나가서 외식을 했다. 그리고 씻고 잠을
잤다. 다음날 아침에 나가서 외할머니댁에 갔다. 낮
11시에 결혼식에 갔다가 집에 왔다. 재미있었던 일
은 할머니집에서 작은형이랑 축구를 한 거다.

[그림 26] 6월 24일과 7월 1일 사랑이의 읽기 활동

기 쓰기 학습을 해야 하는 시기다. 그러나 사랑이는 7월 2주부터 교외체
험학습을 사용하여 학교에 나오지 않고 9월이 되어 돌아왔다. 그 결과, 본
인의 이름을 한글로 쓰는 것도 다 잊어먹고 돌아왔다는 것이다. 2학기에
다시 시작해야 했다.

행복이는 사랑이와 다른 양상을 보여주었다. 내용에 대한 이해도가
높기 때문인지 단순하고 쉬운 글자보다는 '**의미에 집중하는 읽기 양상**'을
보여주었다. [그림 27]을 보면 4월 8일 작품에는 '동물농장을 봤다'에 동그
라미 표시를 하고 하단에 동일한 문장을 따라 쓰기도 했다. 4월 29일 작
품은 앞의 세 줄 정도만 읽어보려고 노력하고 바로 그림 그리기로 넘어간
것을 확인할 수 있다.

[그림 27] 4월 8일과 4월 29일 행복이의 주말 이야기 읽기 활동

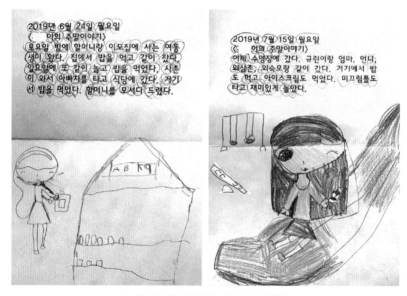

[그림 28] 행복이의 주말 이야기 읽기 활동

행복이는 1학기 후반으로 갈수록 더듬더듬 글을 읽어보려고 했다. [그림 28]을 보면 모든 글자에 동그라미 표시가 되어 있다. 행복이가 읽을 수 있는 글자로만 쓰인 것이 아니었다. 그럼에도 의미를 이해하고 읽기 위해

노력하는 모습을 보여주었다. 행복이도 5월부터 보호자의 동의를 구하고 방과후 보충학습을 시작했다. 교재는 '1학년 첫 배움책'을 활용했다. 가정학습이 가능한 조건이기 때문에 학교에서 별도의 학습과제(예:교재에 나온 동시 5번 소리 내어 읽기 등)를 주고 다음 날 확인하는 것과 병행했다. 모음 발음이 분명하지 않아서 초기에 어려움이 있었지만 꾸준한 향상을 보여주었다.

2회기: 반성

2018년 1회기 실행을 통해 주말 이야기 활동이 한길이 같은 일반적인 읽기 쓰기 부진 학생들에게 자신의 수준에 맞는 자연스러운 활동 참여를 보장해준다는 것을 확인한 바 있다. 경험을 의미화하고 맥락을 일반화하여 이야기하는 능력뿐 아니라 글을 읽고 쓰는 능력도 향상되는 걸 볼 수 있었다. 반면 우섭이처럼 경험을 회상하는 인지 능력상의 어려움이 보이는 경우는 10여 차례의 주말 이야기 활동으로 그런 능력을 향상시켜주지는 않는다는 것도 확인했다. 그러나 읽기와 쓰기 능력은 여러 요인의 복합적인 결과로 향상되는 것임을 확인했다. 2019년 2회기 실행에서 우섭이와 같은 사례는 발생하지 않았다. 행복이는 주말 이야기 활동을 하면서 자신의 그림 실력을 뽐내면서 글말학습을 진행할 수 있었다.

사랑이는 우섭이와 또 다른 어려움이 있었다. 경험을 의미화하고 맥락을 일반화하여 말할 수는 있었지만 낯선 외국의 문자인 한글을 읽고 이해하는 것은 거의 불가능해 보였다. 이뿐만 아니라 한국 학생들이 다 알고 있는 낱말이지만 유치원이나 1학년 수준의 일상대화에서는 나타나지 않는 낱말들은 전혀 몰랐다. 예를 들면 '요일, 등교, 하교, 교과서' 같은 낱말들이다. 월요일을 영어 단어로 알려주면 연결을 했지만, 다음 날

'Monday'를 한국말로 뭐라고 하는지 물어보면 알지 못했다. 이런 과정을 겪으면서 별도의 방과후 보충학습을 진행하고, 난독 어린이를 위해 개발했다는 한글학습 앱을 활용하여 학습 지원을 했지만 여름방학 중 두 달 가까운 외국 생활은 1학기에 배운 것들을 무력화했다. 더 안타까운 것은 영문 읽기도 알파벳 읽기 수준에 머물러 있었다는 사실이다. 한국에서 생활하지만, 부모가 한국어를 사용할 줄 모르는 외국인 학생의 경우 초기 문식성이 형성되지 않은 상태에서 기초 문식성으로 이행하는 과정이 얼마나 어려운 일인지 확인할 수 있는 사례였다.

<주말 이야기> 실행 결과 정리

교과 학습을 시작하는 4월부터 시작된 주말 이야기 활동은 국어과 교육과정의 발음 중심 접근법을 보완하기 위해 구안했다. 자음에서 모음, 글자, 받침이 있는 글자로 진행되는 상향식 글말학습을 역으로, 먼저 말하고 싶은 경험을 떠올리며 의미로 구성하고 이를 교사가 문자로 기록하여 글을 만들고 함께 읽어보는 과정, 한 글자씩 읽어보는 하향식으로 구성한 것이다. 이는 기초 문식성 교육에서 절충식 접근법을 취하고 있다고 하지만 발음 중심 접근법에 치중되어 있는 현행 교육과정을 절충식으로 보완하는 과정이었다. 1~2회기 실행결과를 정리하면 [그림 29]와 같다.

1회기 실행을 통해 시간적 인과적 흐름에 맞게 스스로 이야기를 풀어가는 학생들이 있는가 하면, 기억이 나지 않는다거나 자기 맥락 속에서 이야기를 하는 것이라 청자들이 이해하기 어려운 사례들이 초기에 발생함을 확인하였다. 체험의 의미화는 가능하지만 공동일반화에 어려움이 있는 학생들을 위해 연구자는 발표 학생에게 구체적인 질문(언제, 어디서, 누구와, 무엇

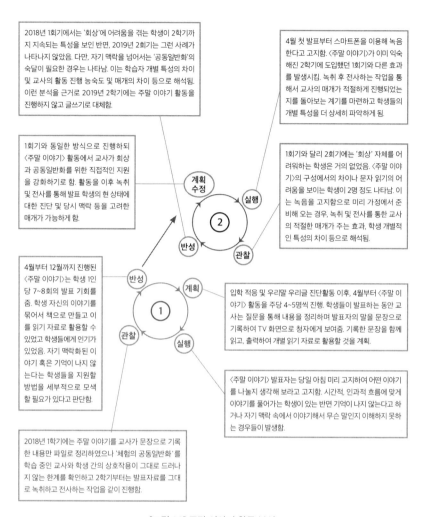

2018년 1회기에서는 '회상'에 어려움을 겪는 학생이 2학기까지 지속되는 특성을 보인 반면, 2019년 2회기는 그런 사례가 나타나지 않았음. 다만, 자기 맥락을 넘어서는 '공동일반화'의 숙달이 필요한 경우는 나타남. 이는 학습자 개별 특성의 차이 및 교사의 활동 진행 능숙도 및 매개의 차이 등으로 해석됨. 이런 분석을 근거로 2019년 2학기에는 주말 이야기 활동을 진행하지 않고 글쓰기로 대체함.

4월 첫 발표부터 스마트폰을 이용해 녹음한다고 고지함. 〈주말 이야기〉가 이미 익숙해진 2학기에 도입했던 1회기와 다른 효과를 발생시킴. 녹취 후 전사하는 작업을 통해서 교사의 매개가 적절하게 진행되었는지를 돌아보는 계기를 마련하고 학생들의 개별 특성을 더 상세히 파악하게 됨.

1회기와 동일한 방식으로 진행하되 〈주말 이야기〉활동에서 교사가 회상과 공동일반화를 위한 직접적인 지원을 강화하기로 함. 활동을 이후 녹취 및 전사를 통해 발표 학생의 현 상태에 대한 진단 및 당시 맥락 등을 고려한 매개가 가능하게 함.

1회기와 달리 2회기에는 '회상' 자체를 어려워하는 학생은 거의 없었음. 〈주말 이야기〉의 구성에서의 차이나 문자 읽기의 어려움을 보이는 학생이 2명 정도 나타남. 이는 녹음을 고지함으로 미리 가정에서 준비해 오는 경우, 녹취 및 전사를 통한 교사의 적절한 매개가 주는 효과, 학생 개별적인 특성의 차이 등으로 해석됨.

4월부터 12월까지 진행된 〈주말 이야기〉는 학생 1인당 7~8회의 발표 기회를 줌. 학생 자신의 이야기를 묶어서 책으로 만들고 이를 읽기 자료로 활용할 수 있었고 학생들에게 인기가 있었음. 자기 맥락화된 이야기 혹은 기억이 나지 않는다는 학생들을 지원할 방법을 세부적으로 모색할 필요가 있다고 판단함.

입학 적응 및 우리말 우리글 진단활동 이후, 4월부터 〈주말 이야기〉활동을 주당 4~5명씩 진행. 학생들이 발표하는 동안 교사는 질문을 통해 내용을 정리하며 발표자의 말을 문장으로 기록하여 TV 화면으로 청자에게 보여줌. 기록한 문장을 함께 읽고, 출력하여 개별 읽기 자료로 활용할 것을 계획.

〈주말 이야기〉발표자는 당일 아침 미리 고지하여 어떤 이야기를 나눌지 생각해 보라고 고지함. 시간적, 인과적 흐름에 맞게 이야기를 풀어가는 학생이 있는 반면 기억이 나지 않는다고 하거나 자기 맥락 속에서 이야기해서 무슨 말인지 이해하지 못하는 경우들이 발생함.

2018년 1학기에는 주말 이야기를 교사가 문장으로 기록한 내용만 파일로 정리하였으나 '체험의 공동일반화'를 학습 중인 교사와 학생 간의 상호작용이 그대로 드러나지 않는 한계를 확인하고 2학기부터는 발표자료를 그대로 녹취하고 전사하는 작업을 같이 진행함.

[그림 29] 주말 이야기 활동 분석

을, 어떻게, 왜)을 하면서 공동일반화를 도왔다. 그리고 이를 기록할 필요를 느껴 녹음 후 전사하는 과정을 통해 개별 학습자가 지닌 어려움을 확인할 수 있었다. 한길이의 경우 경험을 의미화하고 맥락을 일반화하여 말하고 읽고 쓰는 능력이 상당히 향상된 반면, 우섭이는 주말 이야기를 나눌 때마다 '기억이 나지 않는다'라는 말을 되풀이했다.

2회기 실행을 계획하면서 우섭이와 같은 사례에 어떻게 대처할지를 고민했지만 비슷한 사례는 나타나지 않았다. 행복이는 약간의 난독과 조음 장애가 있는 것처럼 보이긴 했지만, 이행적 쓰기 프로그램에 참여하면서 쓰기능력이 향상되었다. 우섭이나 한길이와는 다른 양상이었다. 외국인 학생인 사랑이의 결과는 또 다른 도전을 던져주었다. 방과 후 보충학습 등을 진행했지만 그 효과는 가시적으로 드러나지 않았다.

5. 〈겪은 일 소감 말하기〉

〈주말 이야기〉가 개인적 체험을 정해진 시간에 돌아가며 길게 말하는 형식적인 말하기·듣기, 읽기, 쓰기 활동이라면, 〈겪은 일 소감 말하기〉는 학교생활에서 함께 체험한 것에 대한 생각이나 느낌을 나눌 필요가 있을 때, 여유가 있을 때마다 한두 문장으로 모두가 표현하는 일상적인 활동이다. 함께 즐거운 경험을 하고 난 다음 생각이나 느낌을 표현하는 활동을 반복하면서 자연스럽게 경험을 의미화하고 표현하는 방법을 숙달하는 것이다. 의미화된 경험, 즉 페리지바니에를 구성해 가는 과정이다(Rey, 2016).

주말 이야기처럼 학생들이 표현한 것은 문장으로 기록되어 TV 화면으로 출력된다. 친구들이 표현한 문장을 함께 읽어보면서 자모에서 글자, 낱말, 문장으로 가는 상향식 접근이 아닌 의미에서 문장으로 가는 하향식 접근을 경험하도록 한다. 일상적으로 겪은 일에 대한 소감 말하기 활동을 하면서 경험을 의식적으로 돌아보고 언어적으로 의미화하는 과정을 연습한다.

1회기: 계획

이 활동은 네 가지 직접적인 목적을 지닌 활동으로 구안되었다. 첫째 목적은, 경험의 의미화를 숙달하는 것이다. 학교생활에서 함께 경험했던 여러 사건에 대해 생각이나 느낌을 나누는 것으로 의미화를 촉진하고자 했다. 둘째, 언어적 표현력 신장이다. 초등학교 1학년 교육과정의 주요 과업은 문자 학습이다. 일상적으로 생각이나 느낌을 자연스럽게 나눌 수 있는 환경을 조성하여 입말로 표현하는 것이 어렵다고 생각하지 않도록 하는 것이다. 셋째, 생각이나 느낌을 말로 표현하는 것과 글로 기록하는 활동 간의 이행과정을 보여주는 것이다. 학생이 말로 표현하면 교사가 글로 기록하는 과정을 보여줌으로써 의미의 문자구성 과정을 경험할 수 있게 한다. 이는 이후의 그림일기와 글쓰기 활동과 연결된다. 넷째, 경험의 정서적 공유이다. 함께 겪었던 일에 대해 서로 생각이 다르고 느낌이 다를 수 있다는 것을 표현하고 공유하는 과정에서 서로 확인할 수 있게 하는 것이다.

이런 목적에 대해 동학년 교사들과 함께 논의하면서 시간적 여유가 있을 때마다 될 수 있는 대로 자주 이 활동을 할 수 있도록 하자는 계획을 세웠다. 구체적인 방법은 주말 이야기 나누기와 유사하다. 다만, 주말 이야기는 앞에 나와서 이야기하는 것이라면 소감 말하기는 짧게 한 문장 정도로 돌아가면서 말하는 것이기 때문에 자기 자리에서 말하는 것으로 했다. 그리고 언제든지 '통과'라고 말할 수 있도록 자연스럽고 허용적인 분위기를 형성해야 한다는 것도 협의했다.

1회기: 실행

〈겪은 일에 대한 소감 말하기〉를 처음 할 때는 낯설어하거나 '통과'라고 말하는 학생들이 있었고, 시간도 예상보다 많이 걸렸다. 그러나 서너 번 경험한 후에는 시간도 단축되고 통과하는 학생들도 점점 줄었다. 주말 이야기 나누기를 할 때는 이야기가 길어져서 집중하기 어려웠던 학생들도 모두 돌아가면서 이야기를 하게 되고 속도감 있게 진행되니까 집중도가 높아졌다. 학생들이 말하는 속도를 교사의 기록이 따라가지 못하는 경우도 늘어났다. 이런 활동이 익숙해지면서 발표하는 학생들의 말도 자연스러워졌고 목소리도 커졌다.

다음은 2018년 5월 22일 학교 화단에 있는 앵두나무에서 앵두를 다섯 알씩 따서 먹고 소감 나누기 활동을 한 내용이다.

나는 처음에 안 먹고 싶었다.

앵두가 오동통했다.

나는 앵두가 먼지 몰랐다.

나는 오늘 앵두를 처음 먹었습니다.

앵두를 또 먹고 싶다.

새콤달콤했다.

기분이 좋았다.

나는 앵두나무를 처음 봤다.

나는 안 먹으려고 했는데 ○○이가 맛있다고 해서 먹었는데 맛있었다.

2018년 5월 22일 소감 나누기 중

다음은 2018년 6월 20일 상자 텃밭에서 방울토마토 다섯 알을 따서 26명이 나누어 먹고 소감을 나눈 내용이다. 학생마다 차이는 있지만 주말 이야기 나누기만큼 편차는 크지 않았다. 직전에 경험한 것을 바로 나누다 보니 표현이 더 생생하게 드러나는 것처럼 보인다.

> 토마토 5개가 26개가 되었습니다.
>
> 방울토마토는 맛이 새콤달콤했습니다.
>
> 근데 나는 아주 조금은 안 익은 느낌이 났었다. 그래도 맛있었다.
>
> 토마토를 나누어 먹으니까 더 맛있었습니다.
>
> 다음에도 또 먹고 싶다.
>
> 방울토마토를 먹었는데 '아이셔' 맛이어서 맛이 있었다.

2018년 6월 20일 소감 나누기 중

이렇게 친구들의 생각이나 느낌을 듣고, 문장으로 정리한 것을 함께 읽으며 공유하는 과정은 경험의 의미화, 표현력 신장, 말을 글로 기록하는 직접적인 예시, 친구들의 다양한 생각과 표현에 대한 공감 등의 효과가 있었던 것으로 보인다. 그러나 초기에 집중해서 시간을 확보하려는 의식적으로 노력했던 것이 약간 느슨해지면서 모두 돌아가며 소감을 나눌 시간적 여유를 만드는 것이 쉽지 않았다. 학습량이 늘어나는 만큼 학생들 간의 격차, 속도의 차이, 개별적으로 주어야 할 피드백의 차이가 커지면서 일주일에 한 번 정도 활동 시간을 가질 수 있었다. 동학년 교사들과 '아이들 이야기를 들을 시간이 점점 없어지는 것 같다'라는 이야기를 나누면서 조금 더 정례화할 필요가 있다는 것에 동의했다. 방법은 주간학습계획을 세우면서 소감을 나누면 좋을 만한 교수-학습활동이 있는 경우에는 시간을 좀 여유 있게 잡아서 그 시간만큼은 놓치지 않도록 노력하는 것이었다.

1회기: 관찰

〈주말 이야기 나누기〉는 개인만이 경험한 것을 회상하여 그 이야기를 친구들에게 전달하는 과정이라 개인별 편차가 두드러지게 나타나는 반면, 〈겪은 일 소감 말하기〉는 한 문장 정도로 표현하기 때문에 개인별 편차가 크게 나타나지 않았다. 활동의 진행 속도도 빠르고 대체로 기분 좋거나 재미있었던 경험을 한 다음에 소감을 나누는 거라 표현하고 싶은 '말'이 거의 준비되어 있었다. 준비가 되어 있지 않아도 친구들이 발표하는 것을 들으면서 한 문장 정도는 어려움 없이 모방할 수 있어서 한길이도, 우섭이도 큰 어려움 없이 이 활동에 참여했다.

다음은 2018년 9월 23일 '그림자밟기' 놀이를 하고 나눈 소감이다.

○○	그림자밟기 놀이가 조금 힘들었습니다.
○○	뒤에서 잡힐까 봐 무서워요.
○○	뛰어다니는 게 좀 힘들었습니다.
○○	나는 쉬고 싶습니다.
○○	물을 먹고 싶었습니다.
○○	그림자가 밟히는 게 재미있었습니다.
우섭	나는 엄청 더웠다.
○○	너무 너무 너무 힘들었습니다.
한길	그림자가 밟힐까 봐 무서웠다.

○○　운동장을 막 뛰어다니니까 재미있었습니다.

○○　그림자놀이는 정말 재미있습니다. 힘들었지만 재미있습니다.

○○　나는 ○○이한테 밟혔습니다. 너무 더웠습니다.

○○　나는 그림자놀이가 정말 정말 행복하고 재미있었다.

○○　심장이 터질 것 같았습니다.

○○　나는 막 물이 먹고 싶었습니다.

○○　나는 너무 지쳤습니다.

○○　너무 힘들어서 넘어질 거 같았다.

2018년 9월 23일 소감 나누기 중

소감 나누기 활동은 1학기 말에는 함께 쓰는 그림일기 활동으로, 2학기에는 주제가 있는 글쓰기 활동으로 연결된다. 그림자밟기 놀이를 한 소감을 나누고, 친구들이 나눈 소감을 듣고, 문장을 함께 읽어본 다음에 글쓰기 주제를 '그림자밟기 놀이'로 정해주는 식이다. 소감 나누기를 한 다음 글을 쓰는 것과 그냥 개별로 쓰라고 할 때 배움이 느린 학습자의 쓰기에는 차이가 발생한다. 이런 과정이 없어도 겪은 일을 잘 정리해서 쓰는 학생과 달리 우섭이처럼 의미화하고 회상하는 데 어려움이 있는 경우 무엇을 써야 할지 몰라서 가만히 있는 모습도 발견될 수 있다. 그런 경우에는 이런 공동 의미구성 활동이 일종의 브레인스토밍이 되는 셈이다. 한길이는 글자로 쓰기 어려운 낱말이 나왔을 때 낱말 수첩을 들고 와서 교사에게 도움을 청하지 않고 TV 화면에서 해당 글자를 찾으려고 노력하는 모습을 보여주었다.

1회기: 반성

주 1회의 〈주말 이야기 나누기〉 활동을 보완하기 위해 구안된 〈겪은 일 소감 나누기〉 활동은 먼저 비형식적이고 일상적인 활동으로 계획되었다. 그러나 활동을 반복하면서 하루에 한 번 이상은 학생들이 자신을 표현할 수 있게 기회를 주는 것이 필요하다고 판단하게 되었다. 그러나 학교생활이 교사가 의도한 대로만 흘러가지는 않는다. 갑자기 누가 아프거나 다치거나 긴급한 연락이 오는 경우 계획한 대로 활동을 진행하는 게 어렵다. 그런 경우에는 하교하기 전이라도 오늘 학교생활에서 가장 즐거웠던 일이나 기분이 안 좋았던 일을 말하는 시간을 주려고 노력하게 되었다. 체험의 의미화, 표현력 신장, 생각을 문자화하는 연습, 서로 다른 생각에 대한 이해와 같은 본래의 프로그램 구안의 목적보다 어쩌면 학생들이 매일 한 번씩 자기 목소리를 내는 활동 자체가 의미 있는 활동이라는 것을 깨닫게 되었다.

2회기: 계획 수정

다른 활동과 마찬가지로 소감 나누기 활동도 1회기와 동일하게 운영하는 것을 기본으로 하였다. 비형식적인 활동이지만 하루에 한 번 정도는 모든 학생들이 돌아가며 자신의 생각을 말하는 기회를 주도록 노력했다. 다만, 경험의 의미화를 숙달하기 위해 1학기에 좀 더 집중적으로 운영하고 2학기에는 글쓰기 활동과 더 연계하여 진행하는 식으로 약간의 변화를 주었다. 또한 단순히 소감만 나누는 것이 아니라 수식어를 넣거나 결과에 대한 원인도 덧붙이는 식으로 문장 표현을 좀 더 정교화하는 연습도 추가해 보기로 하였다.

이 활동도 아이들의 목소리를 녹취하고 전사하는 것이 필요한지 검토했지만 활동의 특성상 어려움이 많을 것으로 예상되었다. 앞에 나와서 이야기하는 주말 이야기와 달리 자기 자리에서 빠르게 돌아가면서 이야기하는 조건이다. 그러다 보니 교사 책상에 녹음기를 두면 녹음이 잘 되지 않을 것이고, 교사가 녹음기를 들고 돌아다니면 컴퓨터로 문장을 입력할 수 없는 점이 해결하기 어려운 걸림돌이었다.

2회기: 실행

하루에 한 번 이상 모든 학생의 목소리를 들어보자는 계획은 좀 더 의식적인 노력 덕분에 어렵지 않게 실행되었다. 3월부터 하교할 때마다 "오늘 가장 재미있었던 활동은?"하고 물으면 아이들이 돌아가면서 하나를 꼽는다. 한 학생이 "다!"를 외치면 그다음부터는 너도나도 "모두다!", "다! 다! 다!", "모두 모두", "전부다!"를 외치곤 하였다. 그 와중에 친구들이 쓰지 않은 새로운 표현을 찾으려고 궁리하는 아이들 모습도 보이기도 했다.

3월부터 습관처럼 자리 잡으니 어렵지 않은 활동이라는 것을 점점 체감하게 되었다. 학생들도 어떤 활동을 한 다음에는 "소감 나누기 안 해요?"하고 물어보기도 했다. "오늘은 시간이 3분밖에 안 남아서 못 할 거 같은데?" 하면 "그냥 해요.", "통과하면 돼요."하는 일도 있었다. 1학기에 집중적으로 노력하면서 1학기 말에는 그림일기 쓰기 활동과 연계하고 2학기에는 글쓰기 활동과 연계해서 진행하였다.

다음은 〈원인과 결과가 드러나게 기분 표현하기〉 활동을 한 자료이다. 지금 어떤 기분인지 그냥 말하는 것이 아니라 왜 그런 기분인지 그 원인을 생각해서 말하는 것이다.

○○ 2만 원을 받아서 기분이 좋아요.

○○ 여행을 다녀와서 기분이 좋아요.

○○ 2학년이 될 생각을 하면 기분이 좋아요.

○○ 날씨가 좋아서 기분이 좋아요.

○○ 2학년이 되어서 기분이 좋아요.

○○ ○○이가 내 장난감을 망가뜨려서 화가 나요.

○○ 어제 엄마랑 같이 못 자서 슬퍼요.

행복 엄마 친구가 돈을 줘서 기분이 좋아요.

○○ 크리스마스가 다가오니까 기분이 좋아요.

○○ 포켓몬 카드를 사서 기분이 좋아요.

○○ 어제 밥 먹고 동생이랑 놀아서 기분이 좋아요.

○○ 2학년이 되면 친구들이랑 같은 반이 안 될까 봐 걱정이 돼요.

○○ 어제 내가 ○○에게 뭘 해줬더니 그 친구가 나에게 돈을 준다고 해서 기분이 좋아요.

○○ 어제 아빠가 늦게 오셔서 아빠랑 못 놀아서 속상해요.

○○ 동생이 아파서 속상해요.

○○ 어제 엄마랑 놀기로 했는데 못 놀아서 속상해요.

○○ 발표회 때 ○○이가 뒤에서 몰래 때리고 간 게 속상해요.

○○ 사방치기할 때 말을 던지는데 구단계에 계속 안 들어가서 답답했어요.

○○ 어제 엄마한테 혼나서 속상해요.

○○ 어제 수영을 했는데 잘 안 돼서 힘들었어요.

사랑 아빠가 집에 빨리 안 와서 속상해요.

2019년 11월 14일 소감 나누기 중

이렇게 2학기에는 나누는 소감의 내용을 구체화하기 위해 국어 교육 과정에 따라 몇 가지 활동을 추가했다. 수식어를 넣는다거나 원인과 결과로 표현한다거나 흉내 내는 말을 추가해 본다거나 누가 어디에서 무엇을 하고 있는지로 표현해 보는 등의 활동이다. 이렇게 배운 내용은 글쓰기 피드백을 해줄 때도 유사하게 활용했다.

2회기: 관찰

3월부터 가장 재미있었거나 기억에 남는 것 말하기를 하면서 학생들이 자기 목소리를 낼 수 있도록 의식적으로 노력해서인지 상대적으로 1회기보다 학생들이 더 적극적으로 참여하는 특성을 보여주었다. 1회기와 달리 '통과'라고 말하는 학생이 거의 없었다. 1회기처럼 떠올려 말하는 것이 어려운 학생이 없었기 때문이기도 하고, 학급당 학생 수가 적어서 여유가 생긴 까닭이기도 하고, 1회기를 실행했던 연구자의 경험이 쌓인 덕분이기도 할 것이다.

10월 8일에는 교과서에 나오는 그림 한 장을 보고 문장 만들기 활동을 하면서 23명이 모두 다른 문장을 만들어야 한다는 과제를 주었다. 그렇게 돌아가면서 33개의 문장을 만들었다.

가족이 소풍을 왔습니다.
아빠가 김밥을 먹고 있습니다.
호수에 오리가 동동 떠다닙니다.
아빠가 김밥을 맛있게 먹고 있습니다.
사람들이 배를 타고 있습니다.

단풍이 빨갛게 물들어 있습니다.

가족이 공원으로 소풍을 갔습니다.

모두 즐겁게 하하호호 웃고 있습니다.

동생이 샌드위치를 먹고 있습니다.

가족들이 김밥을 맛있게 먹고 있습니다.

호수에서 배를 타고 있습니다.

엄마가 웃고 있습니다.

단풍나무가 그늘을 만들어주고 있습니다.

단풍잎이 떨어지고 있습니다.

여자아이가 김밥을 먹고 있습니다.

여자아이가 포크로 김밥을 찍어 먹고 있습니다.

가족들이 단풍나무 아래서 밥을 먹고 있습니다.

남자아이가 손으로 샌드위치를 먹고 있습니다.

엄마가 하하하 웃고 있습니다.

모두 다 즐겁게 웃고 있습니다.

가방 안에 단풍잎이 떨어지고 있습니다.

남자아이가 샌드위치를 냠냠 먹고 있습니다.

여자아이 발밑에 그림자가 있습니다.

남자아이가 웃고 있습니다.

가족들이 돗자리 위에 앉아 있습니다.

아빠가 맨손으로 김밥을 먹고 있습니다.

배에서 남자와 여자가 데이트를 하고 있습니다.

사람들이 호수에서 배를 타며 놀고 있습니다.

여자아이가 서서 김밥을 먹고 있습니다.

여자아이가 엄지를 들어 최고라고 하고 있습니다.

강물 위로 단풍잎이 떨어집니다.

남자아이가 맛있게 음식을 먹고 있습니다.

배 위에 있는 남자가 노를 젓고 있습니다.

2019년 10월 8일 모두 다른 문장 만들기

〈겪은 일 소감 나누기〉 활동에서는 모방을 허용했다. 학습에 있어 모방은 필수적인 부분이기 때문이다. 그러나 간혹 생각할 수 있는데 쉽게 친구들의 이야기를 따라 말하는 것은 아닌가 싶을 때가 있었다. 그래서 이런 활동을 해보았다. 집중해서 듣고 보고 생각해서 표현하는 활동의 한 사례로 게임처럼 진행해 본 것이다. 아이들이 엄청난 집중력을 발휘하는 것을 보면서 이미 지나온 학습영역이 아닌 가까운 학습영역에 있는 도전 과제가 지닌 의미를 확인할 수 있었다.

2회기: 반성

학교에서 함께 〈겪은 일에 대해 소감 나누기〉 활동을 통해 매일 하루에 한 번 이상은 학생들의 목소리를 들었다. 이 활동은 학생들이 경험을 의미화하는 능력과 표현하는 능력을 향상시켜 줄 뿐 아니라 긍정적인 학급 분위기 형성에도 큰 도움이 된다는 것을 확인하였다. 오늘 공부한 것 중에 가장 기억에 남는 것이나 가장 재미있었던 것을 돌아가며 말하는 활동을 하고 나면 즐거웠던 기억을 간직하며 하교하게 된다. 물론 오늘 가장 힘들었던 것을 말해보는 날도 있다. 그러나 아이들은 '하나도 없어요'라고 외치는 식으로 긍정의 기운이 가득했다. 자신의 목소리에 교사와 친구가 함께 귀 기울여준다는 것에 만족감을 느끼는 것은 아닐까 싶다.

2학기 소감 나누기 활동을 하면서 학생들의 문장 표현을 정교화하기 위한 노력이 좀 더 구체화되면 좋겠다고 평가했다. 이미 숙달된 지나온 학습영역이 아닌 가까운 학습영역을 지속적으로 생성해 가야 하는 과제가 언제나 교사 앞에는 놓여 있는 셈이다. 이런 과제를 확인하면서 앞으로 기회가 된다면 학생들의 말을 녹음하고 전사하면서 좀 더 분석적으로 접근할 필요가 있다는 것과 그런 기회를 만들고 싶다고 평가했다.

<겪은 일 소감 말하기> 실행 결과 정리

이 활동은 경험의 의미화, 언어적 표현력 신장, 입말이 글말이 되는 이행과정 교수, 정서적 경험의 공유를 통한 상호 이해를 목적으로 구안된 활동이다. 이상의 실행 결과를 분석 정리하면 [그림 30]과 같다.

1회기 실행과정을 통해서 개인 혼자의 경험을 회상하여 말하는 것에 어려움을 겪고 있던 우섭이도 소감 나누기 활동에는 어려움 없이 참여하는 것을 확인했고, 서로의 이야기를 들어보는 시간이 정서적 측면에서도 도움이 많이 된다는 것을 깨닫게 되었다. 그러나 이는 의식적으로 시간적 여유를 확보하지 않는 한 매일 지속하기는 어려운 활동이었다.

2회기에는 하루에 한 번은 의식적으로 모두의 목소리를 듣는 시간을 확보하려고 노력했다. 1학기에 좀 더 집중적으로 운영하고 2학기에는 주제가 있는 글쓰기 활동과 연결해서 활동하는 방식으로 변경했다. 또한 문장 표현을 정교화하고 다양화하기 위해 꾸미는 말, 흉내 내는 말, 결과에 대한 원인 말하기 등과 같은 활동을 덧붙였다.

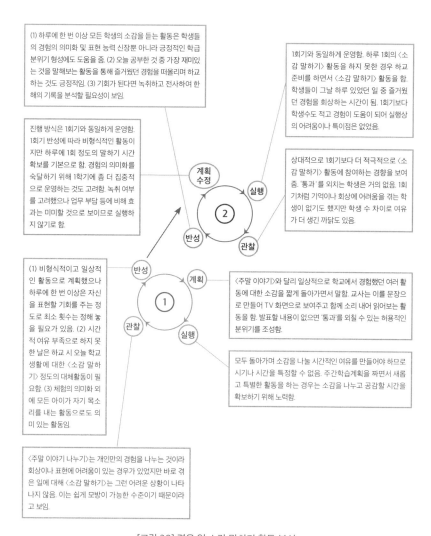

(1) 하루에 한 번 이상 모든 학생의 소감을 듣는 활동은 학생들의 경험의 의미화 및 표현 능력 신장뿐 아니라 긍정적인 학급 분위기 형성에도 도움을 줌. (2) 오늘 공부한 것 중 가장 재미있는 것을 말해보는 활동을 통해 즐거웠던 경험을 떠올리며 하교하는 것도 긍정적임. (3) 기회가 된다면 녹취하고 전사하여 한 해의 기록을 분석할 필요성이 보임.

1회기와 동일하게 운영함. 하루 1회의 〈소감 말하기〉 활동을 하지 못한 경우 하교 준비를 하면서 〈소감 말하기〉 활동을 함. 학생들이 그날 하루 있었던 일 중 즐거웠던 경험을 회상하는 시간이 됨. 1회기보다 학생수도 적고 경험이 도움이 되어 실행상의 어려움이나 특이점은 없었음.

진행 방식은 1회기와 동일하게 운영함. 1회기 반성에 따라 비형식적인 활동이지만 하루에 1회 정도의 말하기 시간 확보를 기본으로 함. 경험의 의미화를 숙달하기 위해 1학기에 좀 더 집중적으로 운영하는 것도 고려함. 녹취 여부를 고려하였으나 업무 부담 등에 비해 효과는 미미할 것으로 보이므로 실행하지 않기로 함.

상대적으로 1회기보다 더 적극적으로 〈소감 말하기〉 활동에 참여하는 경향을 보여줌. '통과'를 외치는 학생은 거의 없음. 1회기처럼 기억이나 회상에 어려움을 겪는 학생이 없기도 했지만 학생 수 차이로 여유가 더 생긴 까닭도 있음.

(1) 비형식적이고 일상적인 활동으로 계획했으나 하루에 한 번 이상은 자신을 표현할 기회를 주는 정도로 최소 횟수는 정해 놓을 필요가 있음. (2) 시간적 여유 부족으로 하지 못한 날은 하교 시 오늘 학교생활에 대한 〈소감 말하기〉 정도의 대체활동이 필요함. (3) 체험의 의미화 외에 모든 아이가 자기 목소리를 내는 활동으로도 의미 있는 활동임.

〈주말 이야기〉와 달리 일상적으로 학교에서 경험했던 여러 활동에 대한 소감을 짧게 돌아가면서 말함. 교사는 이를 문장으로 만들어 TV 화면으로 보여주고 함께 소리 내어 읽어보는 활동을 함. 발표할 내용이 없으면 '통과'를 외칠 수 있는 허용적인 분위기를 조성함.

모두 돌아가며 소감을 나눌 시간적인 여유를 만들어야 하므로 시기나 시간을 특정할 수 없음. 주간학습계획을 짜면서 새롭고 특별한 활동을 하는 경우는 소감을 나누고 공감할 시간을 확보하기 위해 노력함.

〈주말 이야기 나누기〉는 개인만의 경험을 나누는 것이라 회상이나 표현에 어려움이 있는 경우가 있었지만 바로 겪은 일에 대해 〈소감 말하기〉는 그런 어려운 상황이 나타나지 않음. 이는 쉽게 모방이 가능한 수준이기 때문이라고 보임.

[그림 30] 겪은 일 소감 말하기 활동 분석

6. 〈사진 보고 문장 만들기〉

6월이 되면 국어 교과 학습은 문장 쓰기 단계로 넘어간다. 배움이 느린 학생들이 어떤 주제에 대한 자기 생각을 문장으로 만들어 글로 쓰는 과정은 결코 쉬운 일이 아니다. 먼저 표현하고 싶은 내용, 즉 의미를 구성하는 것에서 어려움을 느낀다. 의미구성이 되었어도 어떻게 써야 할지, 글자가 떠오르지 않아 어려움을 느낀다. 의미구성과 문자구성의 두 계기를 분리해서 먼저 사진이나 그림을 보고 의미구성을 한 다음, 낱말 수첩을 통해 문자구성을 지원하는 방식으로 배움이 느린 학습자, 기초 문식성 학습자에게 도움을 주기 위해 구안했다.

1회기: 계획

2013년 처음 이 활동을 착안했을 때는 교과서 속 그림을 정해주고 문장을 만들어서 써 보는 활동으로 시작했다. 그래서 처음에는 〈그림 보고 문장 만들기〉 활동이라고 불렀다. 그러나 이 활동을 지속하는데, 교과서 그림은 한계가 있었다. 다른 적당한 그림 자료를 찾기도 어려웠다. 그래서 학생들이 활동하는 모습을 담은 사진을 인쇄해서 사용하기 시작했다. 교과서 그림보다 자기 모습이 나와 있는 사진에 학생들은 더 흥미를 느끼고 즐겁게 참여하는 것처럼 보였다. 문장의 내용도 더 다양해진다는 것을 확인했다. 이후 교과서 속 그림을 보고 연습을 한 다음 사진을 활용하는 것으로 활동을 구안하여 실행하였다.

이 활동은 자모에서 글자, 글자에서 낱말, 낱말에서 문장 쓰기, 문장 쓰기에서 그림일기 쓰기로 이행하는 국어 교육과정을 보완하기 위한 것이다. 그림과 사진을 보고 의미를 구성하고, 낱말 수첩을 활용해 문자구성을 교사가 지원해주는 것이 주된 활동 내용이다. 〈표 8〉은 말하고, 읽고, 쓰면서 문장 표현 방법을 학습하는 단원 구성 내용이다.

교과서를 보면 문장에 어울리는 낱말을 넣기, 그림 보고 문장 만들기, 문장으로 말하기, 문장 쓰고 읽기, 문장을 소리 내어 읽기가 두 차시씩 계획되어 있다. 그러나 이런 구성은 누군가에게는 이미 지난 학습영역이라 흥미를 잃기 쉽고 배움이 느린 학습자에게는 먼 학습영역이라 숙달을 위한 시간이 필요하다. 이런 이유 때문에 주말 이야기, 겪은 일 소감 말하기 등을 4월부터 꾸준히 진행했다. 본격적으로 문장 쓰기를 학습하는 5월 말이나 6월 초순 즈음에 사진 보고 문장 만들기를 시작하는 것으로 계획하였다.

〈표 8〉 문장 읽기 쓰기 재구성

단원명	성취기준(밑줄은 지속 성취기준)	단원 학습목표	차시 학습 활동
7. 생각을 나타내요.	[2국02-01] 글자, 낱말, 문장을 소리 내어 읽는다. [2국03-02] 자신의 생각을 문장으로 표현한다. [2국03-05] 쓰기에 흥미를 가지고 즐겨 쓰는 태도를 지닌다.	문장을 읽고 쓸 수 있다.	1-2. 문장에 어울리는 낱말 넣기 3-4. 그림 보고 문장 만들기 5-6. 문장으로 말하기 7-8. 문장 쓰고 읽기 9-10. 문장을 소리 내어 읽기
재구성 중점	* 낱말을 모아 문장으로 만들어보는 과정이나 그림이나 사진을 보고 문장을 만들어보는 과정은 읽기 학습뿐 아니라 쓰기 학습을 위해서도 꼭 필요한 과정이다. 다만 국어 교과서와 국어활동에 제시된 그림이나 예시 문장이 학생들이 스스로 하기에는 어려운 것들이 많다. 어느 정도 그림에 대한 사전지식을 요구하거나 서술어 자체가 어려운 경우들이 있다. 이런 경우에는 교과서의 활동은 교사와 함께하는 방식으로 진행해서 '어렵다'는 부정적 인식을 하지 않도록 하고, 좀 더 친근한 소재를 중심으로 문장 만들기 활동을 다양하게 해볼 수 있도록 지원한다. * 현장학습에 다녀온 사진이나 함께 활동했던 사진을 여러 장 인쇄해서 나누어주고 사진을 보고 문장 만들어 쓰기를 해보거나, 함께 읽었던 그림책의 한 장면을 활용할 수도 있다. 사진이나 그림을 보고 문장 3개 만들어 쓰는 활동을 3주 정도 거의 날마다 한다. 모르는 낱말은 언제든지 교사가 가르쳐준다. 친구들이 만든 문장을 돌려 읽기를 하는 활동과 함께 할 수 있다.		

1회기: 실행

활동에 필요한 그림과 사진, 그림일기 형식의 학습지는 교사가 미리 컬러로 인쇄해서 준비해 놓는다. [그림 31]은 그림이나 사진을 보고 문장 만들기 활동을 안내하는 주간학습 안내문이다.

2018년 6월 5일 두 차시를 할애해서 〈그림 보고 문장 만들기〉 활동을 처음 시작했다. 다른 활동과 마찬가지로 처음 도입할 때는 시간이 오래 걸리겠지만, 익숙해지면 시간이 단축된다는 것을 예상했기 때문에 처음에는 두 차시를 배정했다. 그다음부터는 다른 활동과 묶어서 진행할 수 있었다. 실행이 거듭되면서 과정마다 새로운 상황이 발생했고 그에 따라 운영 방식을 조금씩 변경했다.

먼저 활동을 도입한 초기에는 그림 보고 문장 만들기를 할 때 겪은 일 소감 말하기 활동을 접목해서 돌아가면서 생각나는 문장을 말하는 활동을 한 다음에 개별 활동으로 이행하는 방식을 사용했다. 즉, 공동 의미구성 활동 이후에 개별 의미구성 활동으로 넘어가도록 실행 방안을 구체화한 것이다. 둘째, 개별 활동으로 넘어가면 교사는 먼저 배움이 느린 학생에게 먼저 찾아가서 의미구성에 어려움은 없는지 확인하는 것을 우선으로 했다. 이미 주말 이야기 활동을 비롯한 여러 교수학습 활동을 통해 학생들이 겪는 어려움의 유무와 정도를 담임교사가 인지하고 있기 때문에 필요한 학생에게 도움을 주는 것이 중요했다. 셋째, 활동 초기부터 낱말 수첩 활용을 독려하고, 혹시나 잃어버린 학생은 없는지 점검했다. 수첩을 잃어버렸다면 같이 찾아보고 없으면 새것을 지급했다. 의미구성을 한 다음에도 글을 쓰지 않고 있는 학생에게 찾아가 개별 지원을 했다. 넷째, 학생들이 점차 이 활동에 익숙해지면 〈겪은 일 소감 말하기〉 방식의 공동 의미구성 활동은 생략하고 바로 개별 활동으로 넘어갔다. 이즈음에는 배움이 느린 학생들도 어려움 없이 30분 안에 활동을 마칠 수 있었다. 활동을

우리 이렇게 공부할까?

6월 4일-6월 10일 (15주 주간학습안내)　　　　　　　　　　　서울○○초등학교 1학년 3반

	6/4(월)	6/5(화)	6/6(수)	6/7(목)	6/8(금)
9:00 ~9:40	〈국어〉 - 주말 지낸 이야기 - 친구들 이야기책 읽기	〈창체〉 -꿈나무 재능대회	현충일	〈국어〉 - 문장을 소리내어 읽기 - 그림 보고 문장 만들기	〈국어〉 - 문장을 소리내어 읽기(그림책) - 사진 보고 문장 만들기
9:50 ~10:30					
10:40 ~11:20	〈통합(여름)〉 -몸놀이	〈통합(여름)〉 -리듬악기 합주		〈수학〉 - 덧셈과 뺄셈 마무리(2)	〈통합(여름)〉 노래를 담은 시집
11:20 ~12:10	맛있는 밥상			맛있는 밥상	
12:10 ~12:50	〈수학〉 - 덧셈과 뺄셈 마무리(1)	〈국어〉 - 그림이나 사진보고 문장 만들기		〈통합(여름)〉 -예절을 지켜요 - 가족 역할놀이	〈통합(여름)〉 - 마음을 표현해요 - 가족을 위해 할 수 있는 일
1:00 ~1:40	하교, 방과후교실				
준비물	수학익힘책 세탁한 실내화 양치도구, 편한복장	재능대회 준비물 운동화, 간편복 읽을 책 1권		운동화, 간편복 읽을 책 1권	운동화, 간편복 읽을 책 1권

[그림 31] 2018년 〈그림이나 사진 보고 문장 만들기〉 활동 안내

시작하고 10~15분 만에 활동을 끝내는 학생들도 있었다. 활동을 빨리 마치는 학생들에게는 띄어쓰기와 맞춤법 점검을 해주되 개별 학생의 문식성 수준을 고려하며 피드백을 해주었다. 그리고 몇 가지 선택활동(책 읽기, 그림 그리기, 퍼즐놀이 등)을 주고 나머지 시간을 조금 자유롭게 사용할 수 있도록 여유를 주었다.

1회기: 관찰

활동 초기에는 교과서에 나온 그림을 보고 문장을 만들었다. 이미 교과서 활동을 통해서 그림에 나오는 낱말을 찾아 쓰고, 낱말을 넣어 문장을 완성하는 활동을 했다. 이 활동을 하면서 돌아가면서 문장 만들기 활동을 했기 때문에 그림 보고 문장을 만들어서 쓰는 활동이 그다지 어렵지 않을 것이라고 예상했다. [그림 32]는 처음으로 〈그림 보고 문장 만들기〉

[그림 32] 그림 보고 문장 만들기

활동을 한 결과물이다.

 왼쪽은 우섭이가 만든 문장이다. 단순한 문장을 주어만 바꾸어 반복하고 있다. 낱말 수첩을 사용했고, 수첩에 띄어쓰기 표시까지 해주었기 때문에 맞춤법이나 띄어쓰기 오류는 나타나지 않는다. 주말 이야기 활동에서는 겪은 일을 떠올려 말하는 데 어려움이 있었지만, 그림 보고 문장 만들기에서 스스로 쓰기는 어렵지만 문장을 구성하는 데는 큰 문제가 없다는 것을 확인할 수 있다. 오른쪽은 다른 학생의 결과물이다. 낱말 수첩의 도움을 전혀 받지 않았지만 문장의 내용도 다양하고 구성도 더 복잡하게 나타난다. 다만 이런 학생들도 띄어쓰기 숙달은 어려운 과업임을 확인할 수 있다. 이미 읽기 쓰기에 숙달한 학생이기 때문에 띄어쓰기에 대한 피드백을 주었다.

 그림 보고 문장 만들기를 하면서 문장을 구성하는 데 시각 자료가 도

[그림 33] 한길이의 사진 보고 문장 만들기

움이 된다는 것을 주말 이야기 활동과 비교하면서 확인할 수 있었다. 또한 자기 맥락과 떨어진 교과서 속 그림보다 내가 활동했던 경험이 담긴, 즉 자기 맥락화된 사진 자료를 사용할 때 좀 더 다양한 어휘와 내용이 나타나는 경향이 있음을 알 수 있었다.

[그림 33]은 한길이의 〈사진 보고 문장 만들기〉 활동 결과물이다. 한 문장을 쓸 때마다 낱말 수첩을 활용해서 도움을 받았기 때문에 맞춤법이나 띄어쓰기 오류는 보이지 않는다. 문장의 내용이 다양하고 이에 따라 동사의 사용도 다양하게 나타난다. 왼쪽 사진에는 띄어쓰기한 곳마다 마침표를 찍었다. 이는 문장부호의 쓰임에 대해 배우고 있던 시기에 마침표를 찍어야 한다는 새로운 배움에 대한 적용 과정으로 보인다. 이에 대한 개별 피드백을 받고 난 다음에는 오른쪽 사진처럼 마침표는 정확한 자리에 표기하였다.

사진 보고 문장 만들기 활동을 시작하면서 '낱말 수첩' 활용도가 높아졌다. 평소에는 거의 사용하지 않던 학생들도 낱말 수첩을 가지고 나와서 도움을 청했다. 이는 학생들마다 다양한 양상을 보여주었다. 이미 어느 정도 알고 있는데도 정확하게 쓰기 위해 도움을 청하는 경우가 있는가 하면, 정확한 표기가 어려움에도 도움을 받지 않으려고 하는 사례들도 나타났다. 낱말 수첩을 사용하는 것은 자율 선택의 문제이므로 이에 대해서는 별도의 피드백을 하지 않았다. 다만 지속적인 오류를 보이는 학생에 대해서만 수첩을 가져와서 도움을 받는 게 좋겠다고 권했다.

5월 말부터 6월 말까지 사진 보고 문장 만들기 활동을 꾸준히 진행함에 따라 쓰기 활동을 하고 교사가 개별로 확인하기까지의 소요 시간이 점점 단축되었다. 30분 정도면 모든 학생들의 활동이 마무리되었다. 소요 시간, 내용이나 문장 구성에 있어서 학생별 격차가 나타나기는 하였지만,

[그림 34] 〈사진 보고 문장 만들기〉 포트폴리오

아직 글 읽기가 원활하지 않은 한길이나 우섭이도 큰 문제 없이 활동에 잘 참여하였다. 이렇게 활동했던 자료는 모두 묶어서 개인별 포트폴리오를 만들었고 이를 가정으로 보내 학습 진행을 확인할 수 있게 하였다. [그림 34]는 두 학생의 포트폴리오를 담은 것이다. 하트 모양 붙임쪽지에는 문장 만들기 활동지를 확인한 학부모의 자녀에 대한 격려와 칭찬 글을 받은 것이다.

1회기: 반성

개인적으로 2013년부터 활용했던 방법이지만 2018년에 처음으로 국어 교육과정에 접목하여 동학년 교사들과 함께 진행했던 활동이다. 쓰기 학습에 어려움을 느끼는 학생들도 쓰기 활동에 참여할 수 있는 가능성을 열어주는 활동이라는 것을 확인할 수 있었다. 말로 문장을 만드는 데 어려움이 있는 학생이 간혹 있지만 몇 번 반복하면 어려움 없이 세 문장 만들어서 쓰기가 가능하다.

1회기 활동을 관찰하고 분석하면서 〈그림 보고 문장 만들기〉 활동은 문장 쓰기에서 글쓰기로 이행하는 의미구성 단계에서 도움이 되는 활동이지만 학생들의 경험과 맥락을 담고 있는 〈사진 보고 문장 만들기〉 활동이 더 효과적임을 확인했다. 특히 배움이 느린 학습자의 경우 그림보다 사진에 더 흥미를 느끼고 적극적으로 참여하는 경향을 보여주었다. 교과서 그림을 활용한 결과인 [그림 32]에서 우섭이는 '있습니다'라는 동사를 반복하면서 주어만 바꾸는 '목록화'를 하지만, 비슷한 시기에 했던 [그림 33]에서는 주어도 서술어도 다양하게 나타나고 목적어도 나타나는 등 문장의 내용이 다양해지고 사용하는 어휘가 다양화된다는 것을 확인했다. 그러나 다른 학생들에게 나타나는 문장의 복잡화는 나타나지 않았다. 그래도 여러 쓰기 학습 활동에 소외 없이 참여할 수 있도록 지원하는 것만으로도 의미가 있다고 평가하였다.

2회기: 계획 수정

2회기는 1회기와 동일한 방식으로 진행하되 〈사진 보고 문장 만들기〉 활동으로 시작하는 것으로 변경하였다. 1회기 경험을 통해 학생들이 자신의 모습이나 경험이 담긴 사진에 더 흥미를 느끼고 문장의 내용이나 어휘가 다양해진다는 것을 확인했기 때문이다. 이에 사진을 좀 더 다양하게 준비하는 것으로 변화를 만들었다.

2회기: 실행

3월부터 학교에서 활동하는 모습을 담은 사진을 약 40여 종 준비하고 원하는 사진을 선택해서 글을 쓸 수 있게 하였다. 초기에는 같은 사진을 이용해서 공동 의미구성 활동 후에 개별 쓰기 활동으로 진행하고 익숙해지면 공동 의미구성 활동은 생략하고 바로 개별 활동으로 시작하는 방식으로 진행하려고 계획했다. 그러나 1회기 학생들과 달리 2회기에는 기억이나 회상, 의미구성 활동에 어려움이 있는 학생은 없어서 처음부터 사진을 선택하여 개별 활동으로 진행하는 방식을 사용하였다.

[그림 35]는 2019년에 실행한 본 활동 관련 주간학습 계획이다. 6월 10일 주말 지낸 이야기 활동 이후 〈그림 보고 문장 만들기〉 활동을 교과서를 중심으로 진행하였다. 1회기에 해당 그림을 오려서 학습지에 붙이고 새롭게 문장을 써 보는 방식을 생략하고 빈칸에 낱말을 넣어 문장을 완성

우리 이렇게 공부할까?

6월 10일-6월 16일 (16주 주간학습안내)   서울   초등학교 1학년

	6/10(월)	6/11(화)	6/12(수)	6/13(목)	6/14(금)
9:00~9:40 / 9:50~10:30	〈국어〉 - 주말 지낸 이야기 - 그림을 보고 문장만들기	〈수학〉 - 비교하기 놀이 - 무게비교	〈국어〉 - 문장으로 말하기 -사진 보고 문장 만들기	〈창체〉 - 숲 메이커	〈수학〉 - 넓이비교 - 들이비교
10:40~11:20	〈통합(여름)〉 -꼬리잡기	〈통합(여름)〉 - 해야 해야 나오너라	〈통합(여름)〉 -해 마을에 이런 일이	〈통합(여름)〉 - 해야 해야 나오너라	〈통합(여름)〉 노래를 담은 시집
11:20~12:10	맛있는 밥상				
12:10~12:50 / 1:00~1:40	〈통합(여름)〉 - 수업 만들기: 해 마을 이야기 하교, 방과후교실	〈통합(여름)〉 - 햇볕은 쨍쨍 - 여름철 생활모습	〈통합(여름)〉 - 해 마을에 이런 일이 하교, 방과후교실	〈국어〉 - 문장을 쓰고 읽기 -사진 보고 문장 만들기	〈통합(여름)〉 - 더위를 날려요 - 단오부채 만들기
준비물	독서표 운동화, 간편복 읽을 책 1권	운동화, 간편복 읽을 책 1권	운동화, 간편복 읽을 책 1권	숲메이커준비 운동화, 학급티, 모자	운동화, 간편복 읽을 책 1권 핀란드수학

- '우리 이렇게 공부할까?' (주간학습안내)의 내용을 꼼꼼하게 잘 살펴봐 주세요.
- 이번 주부터 매일 10분 소리내어 책 읽기 숙제를 하고 있습니다. 보내드린 독서표에 매일 10분씩 소리 내어 또박또박 책을 읽고 읽은 책의 제목을 해당 날짜에 적습니다. 독서표는 매주 월요일

[그림 35] 2019년 사진 보고 문장 만들기 주간학습 계획

하는 활동으로 마무리하였다. 6월 12일 문장으로 말하기 활동과 함께 〈사진 보고 문장 만들기〉 활동을 처음 시작하였다. 1회기 실행보다 수월하게 진행할 수 있었기 때문에 1회기보다 시간을 적게 편성했지만 시간이 부족하지는 않았다. 국어 7단원 학습 내용과 병행하며 진행하면서 '통합 교과' 시간 등을 활용해서 시간적 여유가 있을 때마다 사진 보고 문장 만들기 시간으로 활용하였다.

2회기: 관찰

1회기와 마찬가지로 활동에 소요되는 시간은 활동을 반복할수록 줄어들었다. 1회기에 비해 주말 이야기에서 회상하여 말하기에 어려움을 겪는 학생이 없었던 것과 같은 이유로 사진을 보고 의미구성을 하는 활동에

어려움이 있는 학생은 없었다. 더불어 세 문장 쓰기라는 최소의 제한 조건을 넘어서 더 많은 문장을 자유롭게 써서 제출하는 학생들은 늘어났다. 한글 읽기가 숙달되지 않은 학생들도 낱말 수첩 등의 도움으로 이 활동에 어려움 없이 참여했고 모든 학생이 주어진 과업을 완료했다.

[그림 36]은 6월 12일 처음으로 사진 보고 문장 만들기를 한 결과물이다. 왼쪽은 행복이의 작품이다. '맑음'을 '말음'이라고 쓴 오류는 보이지만 네 문장을 구성하고 낱말 수첩의 도움을 받아 맞춤법이나 띄어쓰기 오류 없이 적었다. 행복이는 이즈음부터 문자구성의 원리를 어느 정도 이해하면서 읽기 학습에서 눈에 띄는 변화를 보여주었다. 발음이 부정확한 부분은 있었지만 낱말 수첩의 문장을 옮겨 쓰면서 소리 내어 읽는 연습을 꾸준히 했다. 오른쪽은 다른 학생의 작품이다. 띄어쓰기 오류는 보이지만 낱말 수첩의 도움을 받지 않고 비교적 복잡하고 다양한 문장을 구사하고 있다.

[그림 36] 6월 12일 <사진 보고 문장 만들기> 결과물

[그림 37]은 행복이의 6월 13일, 6월 18일, 6월 25일 활동 결과물이다. 6월 13일 작품은 두 문장을 썼다. 그러나 첫 문장은 낱말 수첩의 도움을 받았고, 그다음 문장은 스스로 썼다. '하트'를 '하흐'로 썼지만 스스로 쓰려는 노력을 보이는 점을 칭찬했다. 6월 18일 작품 중 앞의 두 문장은 낱말 수첩의 도움을 받았다. 마지막 문장 "숭○○가 메롱을 하고 있다."는 숭○○을 잘못 표기했지만 수첩 없이 앞에서 도움받았던 내용을 활용하여 스스로 쓰려는 노력의 흔적이 담겨 있다. 하트를 하흐로, 숭○○을 숭○○으로 표기하는 것은 행복이의 발음 문제와 연결되어 있음도 확인했다. 말을 할 때 혀와 입의 모양이 정확하지 않음을 확인했고, 가정에서도 정확한 입 모양으로 발음하도록 지도해 달라고 부탁했다.

행복이의 진전은 눈에 띄는 반면 사랑이는 글자를 보고 문장을 그리는 수준을 넘어서지 못하였다. 주 2회 개별지도를 하고 있음에도 진전이 보이지 않았다. 이 활동이 과연 사랑이에게 의미 있는 활동인가를 동료 교사들과 협의하면서 이 시간에 '소중한글' 앱을 이용한 개별학습이 더 의

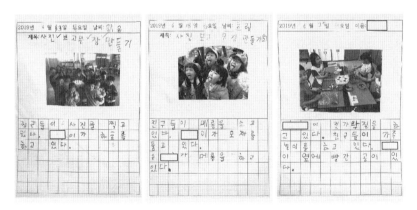

[그림 37] 독립적 쓰기 경향을 보이는 결과물

미 있을 거라고 판단했다. 그래서 개별활동 시간에 사랑이는 앱을 이용해서 소리와 문자 연결하기 학습을 반복했다.

2회기: 반성

〈사진 보고 문장 만들기〉 활동에서 의미구성은 두 가지 양태로 나타남을 확인하였다. 사진 속 동작을 묘사하는 문장과 사진의 맥락과 상황에 관해 설명하는 문장이다. 두 가지가 혼용되는 경우도 있고, 둘 중 한 가지만 나타날 수도 있다. 문식성이 우수할수록, 체험의 공동일반화가 가능한 학생일수록 후자의 의미구성이 두드러졌다. 배움이 느린 학생이나 문식성 발달이 느린 학생일수록 전자의 문장이 많이 나타났다.

전반적으로 1회기에 비해 2회기의 의미 및 문장 구성 내용이 더 다양화되고 양적으로도 더 늘어난 것을 확인할 수 있었다. 이는 학생 수의 차이, 학생의 개별적 특성의 차이에서 기인하는 것일 수도 있고, 연구자의 경험 누적에 따른 매개 변화의 효과로도 해석할 수 있을 것이다. 행복이의 의미구성과 문장구성에 적절한 효과를 발휘했지만, 초기 문식성 경험이 부족한 사랑이에게는 이 활동이 갖는 효과가 미미하다는 것은 한계로 남는다. 이 활동을 시작하는 시기까지 사랑이는 단모음자의 구분도 정확하지 않은 상태였다.

<사진 보고 문장 만들기> 실행 결과 정리

사진 보고 문장 만들기 활동은 자모에서 글자, 글자에서 낱말, 낱말에서 문장 쓰기, 문장 쓰기에서 그림일기 쓰기로 상향식, 발음 중심으로 구성된 국어 교육과정을 보완하기 위한 것이다. 그림과 사진을 보고 의미를 구성하고, 낱말 수첩을 활용해 문자구성을 교사가 지원해주는 것으로 하향식, 의미 중심 활동으로 구안했다. 이를 통해 배움이 느린 학습자들이 자모의 소릿값 대응과 문자의 짜임을 익히지 못한 상태에서도 의미구성과 문장 쓰기 활동에 참여할 수 있는 통로를 보장하고자 했다.

2회기에 걸친 실행 결과를 정리하면 [그림 38]과 같다. 1회기는 그림과 사진을 활용해서 의미를 구성하고 문자로 기록하는 활동으로 그림일기 쓰기 활동으로의 이행을 돕기 위한 활동으로 시작하였다. 이때 느린 학습자에 대해 어떻게 지원할 것인가를 구체적으로 논의하면서 초기에는 공동 의미구성 활동으로 시작하여 개별 의미구성 활동으로 이행하는 방안이나 낱말 수첩을 활용하여 문자구성을 지원하는 등의 방법을 실행하였다. 이후 실행과정을 관찰하여 적절하게 변화를 주었다. 실행이 지속됨에 따라 소요 시간은 단축되었고, 배움이 느린 학습자도 큰 어려움 없이 활동에 참여하고 결과물을 산출하였다. 이후 분석을 통해 그림보다는 사진이 더 효과적임을 확인하였다.

2회기는 1회기와 동일하게 진행하되 사진을 중심으로 활동을 구안하였다. 사진에 대해 이야기하는 공동 의미구성 활동이 학급 수준이 아닌 소집단별로 더 다양하고 자연스럽게 진행되었다. 1회기에 비해 소요 시간이 단축되고, 문장의 내용이나 구성도 다양화된 것을 확인할 수 있었다. 이는 학급 규모의 차이, 학생 특성의 차이에서 기인하기도 하고, 연구자의 경험 축적에 따른 매개의 차이로도 해석할 수도 있다. 이에 대한 좀 더 면밀한 분석이나 연구가 필요한 것으로 보인다.

2회기에 걸친 실행을 통해 사진을 통한 의미구성 지원이나 낱말 수첩을 활용한 문자구성 지원이 배움이 느린 학습자나 일반적인 학습자 모두에게 효과가 있음을 확인하였다. 다만, 초기 문식성 노출 자체가 빈약한 외국인 학생에게는 단기적인 효과가 나타나지 않음도 확인하였다.

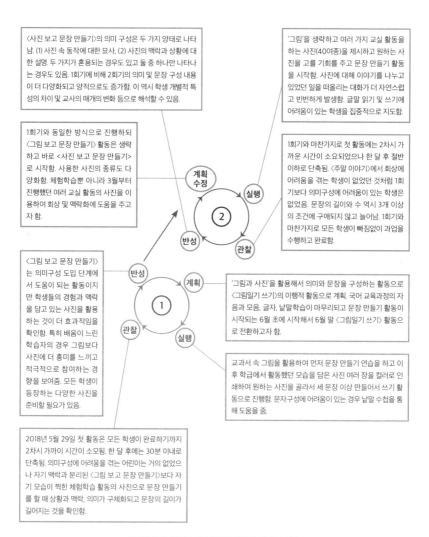

〈사진 보고 문장 만들기〉의 의미 구성은 두 가지 양태로 나타남. (1) 사진 속 동작에 대한 묘사, (2) 사진의 맥락과 상황에 대한 설명. 두 가지가 혼용되는 경우도 있고 둘 중 하나만 나타나는 경우도 있음. 1회기에 비해 2회기의 의미 및 문장 구성 내용이 더 다양화되고 양적으로도 증가함. 이 역시 학생 개별적 특성의 차이 및 교사의 매개의 변화 등으로 해석할 수 있음.

'그림'을 생략하고 여러 가지 교실 활동을 하는 사진(40여종)을 제시하고 원하는 사진을 고를 기회를 주고 문장 만들기 활동을 시작함. 사진에 대해 이야기를 나누고 있었던 일을 떠올리는 대화가 더 자연스럽고 빈번하게 발생함. 글말 읽기 및 쓰기에 어려움이 있는 학생을 집중적으로 지도함.

1회기와 동일한 방식으로 진행하되 〈그림 보고 문장 만들기〉 활동은 생략하고 바로 〈사진 보고 문장 만들기〉로 시작함. 사용한 사진의 종류도 다양화함. 체험학습뿐 아니라 3월부터 진행했던 여러 교실 활동의 사진을 이용하여 회상 및 맥락화에 도움을 주고자 함.

1회기와 마찬가지로 첫 활동에는 2차시 가까운 시간이 소요되었으나 한 달 후엔 절반 이하로 단축됨. 〈주말 이야기〉에서 회상에 어려움을 겪는 학생이 없었던 것처럼 1회기보다 의미구성에 어려움이 있는 학생은 없었음. 문장의 길이와 수 역시 3개 이상의 조건에 구애되지 않고 늘어남. 1회기와 마찬가지로 모든 학생이 빠짐없이 과업을 수행하고 완료함.

계획 수정 / 실행 / 반성 / 관찰 / ② / 반성 / 계획 / ① / 관찰 / 실행

〈그림 보고 문장 만들기〉는 의미구성 도입 단계에서 도움이 되는 활동이지만 바로 학생들의 경험과 맥락을 담고 있는 사진을 활용하는 것이 더 효과적임을 확인함. 특히 배움이 느린 학습자의 경우 그림보다 사진에 더 흥미를 느끼고 적극적으로 참여하는 경향을 보여줌. 모든 학생이 등장하는 다양한 사진을 준비할 필요가 있음.

'그림과 사진'을 활용해서 의미와 문장을 구성하는 활동으로 〈그림일기 쓰기〉의 이행적 활동으로 계획. 국어 교육과정의 자음과 모음, 글자, 낱말학습이 마무리되고 문장 만들기 활동이 시작되는 6월 초에 시작해서 6월 말 〈그림일기 쓰기〉로 전환하고자 함.

교과서 속 그림을 활용하여 먼저 문장 만들기 연습을 하고 이후 학급에서 활동했던 모습을 담은 사진 여러 장을 컬러로 인쇄하여 원하는 사진을 골라서 세 문장 이상 만들어서 쓰기 활동으로 진행함. 문자구성에 어려움이 있는 경우 낱말 수첩을 통해 도움을 줌.

2018년 5월 29일 첫 활동은 모든 학생이 완료하기까지 2차시 가까이 시간이 소모됨. 한 달 후에는 30분 이내로 단축됨. 의미구성에 어려움을 겪는 어린이는 거의 없었으나 자기 맥락과 분리된 〈그림 보고 문장 만들기〉보다 자기 모습이 찍힌 체험학습 활동의 사진으로 문장 만들기를 할 때 상황과 맥락, 의미가 구체화되고 문장의 길이가 길어지는 것을 확인함.

[그림 38] 사진 보고 문장 만들기 활동 분석

7. 〈함께 쓰는 그림일기〉

진단활동에서 자모의 소릿값과 글자의 짜임 익히기, 주말 이야기, 겪은 일 소감 나누기, 사진 보고 문장 만들기까지 1학기의 모든 문식성 관련 활동이 수렴되는 활동이 바로 그림일기다. 1학년 1학기 국어 교과서의 맨 마지막 단원 역시 그림일기 관련 내용이다. 교과서 수업 내용만으로는 그림일기 쓰기를 숙달하기 어렵기 때문에 보완 장치로 구안한 프로그램이다. 2018년 1회기에는 '그림일기'로 명명되었지만 1회기 실행을 통해 공동 의미구성 과정이 중요한 매개가 된다는 것을 확인하고 〈함께 쓰는 그림일기〉로 바꾸었다.

1회기: 계획

〈사진 보고 문장 만들기〉 활동을 한 달 정도 진행하면서 학생들이 어느 정도 숙달하면 그림일기 단원을 시작하는 시기가 된다. 〈표 9〉는 1학

〈표 9〉 1학년 1학기 9단원 학습목표 및 재구성 유의점

단원명	성취기준(밑줄은 지속 성취기준)	단원 학습목표	차시 학습 활동
9. 그림일기를 써요	[2국03-04] 인상 깊었던 일이나 겪은 일에 대한 생각이나 느낌을 쓴다. [2국01-05] 말하는 이와 말의 내용에 집중하며 듣는다.	겪은 일을 떠올려 그림일기를 쓸 수 있다.	1-2. 하루 동안에 일어난 일 말하기 3-4. 그림일기 읽기 5-6. 그림일기 쓰는 방법 알기 7-8. 겪은 일을 그림일기로 쓰기 9-10. 그림일기에서 잘된 점 말하기
재구성 중점	* 7단원에서 시작했던 그림이나 사진 보고 문장 만들기를 꾸준히 하면 그림일기 쓰는 것이 어렵지 않다. 어제 함께 했던 활동이 무엇이 있는지 나열하고, 자신이 가장 재미있었던 거나 기억하고 싶은 것을 고르도록 한 다음, 그림을 그리게 하고 그림을 보면서 하고 싶은 말을 글로 쓰도록 한다. * 교과서 활동만으로 그림일기 쓰기를 숙달하기 어렵기 때문에 별도의 학습지를 만들어 한 달 동안 꾸준히 연습해야 한다. 그래야 여름방학 그림일기 숙제가 엄마 숙제가 되지 않는다.		

년 1학기 국어 교과서 마지막 단원의 성취기준, 단원 학습목표, 차시 학습 목표, 재구성의 중점을 정리한 것이다. 교과서에 구안된 6차시까지의 활동으로 그림일기에 대해 학습하고, 7~8차시에 그림일기를 한번 써 보고, 서로 돌려 읽는 활동으로 마무리된다. 이런 구성은 느린 학습자에게 충분히 연습하고 숙달할 기회를 주지 못한다.

[그림 39]는 〈그림일기 쓰기〉 활동을 시작한 18주 주간학습 안내다. 가능하면 주 3회 이상 그림일기 쓰는 활동을 할 수 있도록 하며 학교 수업 시간에 충분히 연습할 수 있도록 지원하는 것으로 계획했다. 6월부터 시작한 사진 보고 문장 만들기 활동을 통해 익숙해진 틀 속에 사진을 붙이는 대신 함께 경험한 것을 떠올리고 한 장면을 그림으로 그리고 글을 쓰는 활동을 준비했다. 동학년 교사들은 지난 1학기 교수 및 협력 경험을

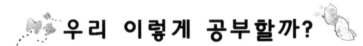

우리 이렇게 공부할까?

6월 25일- 7월 1일 (18주 주간학습안내)　　　　　서울○○초등학교 1학년 3반

	6/25(월)	6/26(화)	6/27(수)	6/28목)	6/29(금)
9:00~9:40	- 주말 지낸 이야기 그림일기 쓰기 - 친구들이 쓴 글을 소리내어 읽기	〈국어〉 -목소리 연극하며 그림책 읽기 -그림일기 쓰기	〈국어〉 - 하루동안 일어난 일 말하기 - 그림일기 쓰기	〈통합(여름)〉 우리 함께 해봐요	〈국어〉 - 그림일기 읽기 - 그림일기 쓰기
9:50~10:30					
10:40~11:20	〈통합(여름)〉 -몸놀이	〈수학〉 - 9 다음 수는 무엇일까요	〈수학〉 - 십 몇을 알아볼까요	〈수학〉 - 모으기와 가르기	〈통합(여름)〉 노래를 담은 시집
11:20~12:10	맛있는 밥상				
12:10~12:50	〈수학〉 - 비교하기(심화보충 활동)	〈통합(여름)〉 -해 마을에 이런 일이	〈통합(여름)〉 -더위를 날려요	〈통합(여름)〉 - 여름 날 더운 날	〈통합(여름)〉 물총놀이 (날씨에 따라 운영됩니다)
1:00~1:40	하교, 방과후교실		하교, 방과후교실		
준비물	실내화, 여벌옷 양치도구, 수학익힘책 편한복장	운동화, 간편복 읽을 책 1권 문장만들기책	패트병(2L) 운동화, 간편복 읽을 책 1권	운동화, 간편복 읽을 책 1권	독서표 운동화, 간편복 읽을 책 1권
	● 매일 10분 소리내어 책 읽기 숙제를 하고 있습니다. <u>독서표</u>는 매주 금요일 학교에 제출하여 담임선생님의 확인을 받습니다.				

[그림 39] 2019년 사진 보고 문장 만들기 주간학습 계획

통해 이미 주말 이야기, 소감 나누기, 사진 보고 문장 만들기 등을 통해 어떻게 의미구성 활동을 촉진하고, 어떻게 개별적인 피드백을 주어야 하는지 익숙해졌기 때문에 별 어려움 없이 그림일기 쓰기 활동을 계획하고 준비할 수 있었다.

1회기: 실행

2018년 6월 25일 첫 활동은 주말에 있었던 일을 그림일기로 써 보는 것이었다. 날짜와 요일을 쓰는 그림일기의 기본 형식은 사진 보고 문장 만들기 활동을 통해 익숙해졌기 때문에 어려움이 없었다. 그러나 예상했던 것과 달리 시간이 오래 걸렸고, 결과는 사진 보고 문장 만들기보다 퇴행한 것처럼 보였다. 우섭이처럼 개인적 체험을 의미화하는 것에 어려움이 있는 경우뿐 아니라, 그렇지 않은 학생들도 글의 내용이나 문장의 길이 등에서 차이를 보였다.

첫 주 활동을 한 후에 활동 결과를 분석했다. 주말 이야기를 그림일기로 쓰는 활동을 왜 어려워하는지 논의하고 다음과 같이 정리했다. 먼저, 체험의 공동일반화가 어려운 학생들이 여전히 있다는 점, 둘째, 개인적 체험을 그림일기로 쓰는 경우에는 교사의 적극적 지원에 한계가 있다는 점, 셋째, 공동 의미구성 활동에 도움을 받던 학생들을 위해 함께 경험한 내용을 중심으로 시작해야 한다는 것이다. 이를 통해 주말 이야기를 곧바로 글로 쓰라고 하기보다는 주말 이야기는 주말 이야기대로 진행하고, 그림일기 쓰기는 학교에서 함께 체험했던 활동을 주제로 해서 공동 의미구성 활동을 더 강화하여 지원하는 것으로 변경하여 실행하였다.

오늘 학교에서 있었던 일 중 기억에 남는 사건에 대해 이야기를 나눈

다거나 교사가 오늘 있었던 일 중 하나를 주제로 정해주고 그 주제에 대해 이야기를 나눈다. 학생들의 생각을 교사는 문장으로 만들어서 기록하고 이를 TV로 보여준다. 이렇게 공동 의미구성을 한 후에 개별 의미구성 활동으로 넘어간다. 그림일기 학습지에 그림을 그리고 글을 쓴다. 초기에는 공동 의미구성 활동의 비율이 높지만, 중기 이후로 넘어가면 개별 의미구성 활동에 더 비중을 두는 방식으로 진행하였다. 또한 초기에는 세 문장 이상 써야 한다는 조건을 제시하지만, 중기 이후로 넘어가면서는 그런 조건을 제시하지 않았다. 그림일기를 배우는 1학기 말이면 학생들은 낱말 수첩을 자연스럽게 사용하게 된다. 사진 보고 문장 만들기를 할 때처럼 낱말 수첩을 사용하라고 직접 지시하지 않아도 자신의 필요에 따라 사용하였다.

1회기: 관찰

〈그림일기 쓰기〉를 실행하면서 공동 경험을 토대로 공동 의미구성 활동을 강화할 필요가 있다는 협의를 토대로 실행 방식에 변화를 주었다. 6월 28일 수업 내용은 하루 동안 있었던 일을 이야기하고 그중에서 글감을 고르는 내용이다. 이때 어제 하루 동안 있었던 일 중 학교에서 있었던 일을 중심으로 이야기를 나누었다. 수업 시간에 어떤 공부를 했었는지, 점심시간과 놀이시간은 어땠는지 돌아가며 이야기를 나누고 원하는 주제를 골라서 그림일기 쓰기 활동을 했다.

[그림 40]은 6월 28일 활동 결과이다. 통합교과 시간에 배웠던 여름 이야기 책 만들기에 대해 쓰기도 하고, 점심식사로 나왔던 푸딩에 대해 쓰기도 하고, 점심시간에 딱지치기를 하며 놀았던 경험을 쓰기도 했다. 주말 이야기를 그림일기로 쓰라고 했을 때는 막막해했던 우섭이도 어려

움 없이 주제를 선택하고 낱말 수첩의 도움을 받아 그림일기를 썼다. 이를 통해 개인화된 주제보다는 공동 경험에 기반한 주제를 제시하고 공동 의미구성 활동을 통해서 경험을 공유하는 활동이 필요하다는 것을 확인하였다.

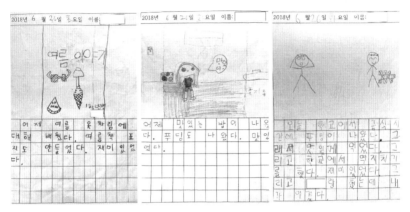

[그림 40] 하루 동안 있었던 일 중 주제를 정해 그림일기 쓰기

어제 하루 동안 있었던 일에 대해 이야기를 나누고, 주제를 선택하여 그림일기를 쓰도록 하는 활동과 함께했던 활동 중에 하나를 골라서 소감 나누기를 한 다음, 그림일기를 쓰는 활동도 병행하였다. [그림 41]은 학교에서 물총놀이를 하고 난 다음 바로 쓴 그림일기다.

왼쪽의 그림일기는 한길이의 작품이다. 조금 추웠다는 느낌과 교실로 돌아와서 옷을 갈아입은 일, 다른 친구들이 옷을 갈아입을 때까지 기다리며 안전교육 동영상을 보았던 일 등을 낱말 수첩의 도움을 받아서 썼다. 가운데 작품은 일반적인 아이들의 작품이다. 재미있었는데 생각해보니까 물총에 맞을까 무서웠던 느낌, 그래도 조금 재미있었다는 등의 내용을 썼

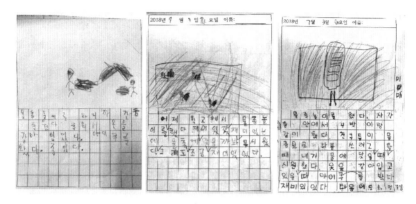

[그림 41] 물총놀이에 대한 학생들의 그림일기

다. 오른쪽 작품은 글쓰기를 비롯한 여러 능력이 우수한 학생의 작품이다. 누구와 어떤 방식으로 했는지, 무엇이 좋았는지 등을 기술하고 있다.

한길이나 우섭이처럼 기초 문식성을 형성해 가는 중인 학생들은 낱말수첩을 적극적으로 활용하기 때문에 개별 피드백은 주로 낱말 수첩을 통해 하고 싶은 말을 문장으로 기록해주는 것에 집중했다. 반면 가운데 작품처럼 기초 문식성 단계를 넘어서는 학생들에게는 완료한 작품을 확인하면서 맞춤법이나 띄어쓰기에 대한 피드백을 주는 것에 집중했다. 이런 학생들은 대부분 40분 활동 시간의 절반도 지나지 않아 작품을 완성하기 때문에 피드백해 준 내용을 다시 써 보라고 한다. [그림 42]는 그런 결과를 담은 것이다.

맞춤법이나 띄어쓰기는 실제 글쓰기 활동을 하면서 수정해줄 필요가 있다. 아직 기초 문식성을 형성하고 있는 중에 있는 학생들에게는 너무 먼 학습영역일 수 있기 때문에 낱말 수첩을 주로 활용했다면, 기초 문식성을 습득한 학생들에게는 좀 더 적극적으로 피드백으로 주고 의식적으로 고

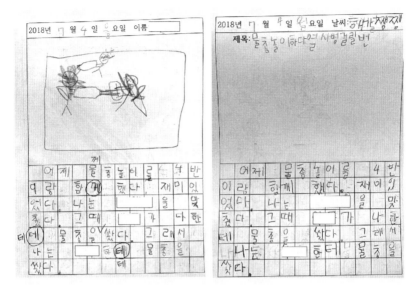

[그림 42] 피드백을 반영해서 수정한 작품

처 쓰는 활동을 지속하였다. 그 효과에 대해 양적으로 측정하지는 않았지만 학생들마다 편차가 있었다. 이런 개별 피드백을 의식적으로 수용하면서 고쳐 쓰려고 노력하는 학생도 있고 같은 오류를 지속적으로 반복해서 보여주는 학생도 있었다. 후자의 경우는 낱말 수첩에 같은 낱말을 세 번씩 써 보기 등으로 교정을 해주려고 시도했다.

1회기: 반성

1학년 1학기 국어 교과 학습의 종착점과 같은 그림일기 쓰기는 교과서 차시 배분처럼 10차시 학습으로 숙달할 수 있는 활동이 아니라는 문제의식을 토대로 그림일기 쓰기 활동을 구안했다. 겪은 일 소감 말하기와 주말 이야기, 사진 보고 문장 만들기 같은 활동을 배경으로 기초 문식성 발달이 더딘 학생들도 참여할 수 있는 방안을 찾아보려고 했다. 그러나 주말 이야기처럼 개별화된 체험을 떠올려 바로 그림을 그리고 글로 쓰는 활동은 배움이 느린 학습자에게는 먼 학습영역이라는 것을 확인했고, 공동의 체험에 기반한 공동 의미구성 활동을 좀 더 진행해야 할 필요가 있다고 판단하며 실행 방식을 변경했다.

이를 통해 기초 문식성 발달과정 중에 있는 소수의 학생과 어느 정도 완료한 다수의 학생들, 거의 완료한 것으로 보이는 소수의 학생들이 함께 의미구성 과정에 참여하고, 이를 토대로 개별 활동으로 그림일기 작품을 만들어가는 과정으로 구체화되었다. 각각의 모든 학생에게 맞춤형 피드백을 제공하려고 노력하는 과정은 학습자의 발달 특성에 맞는 학습 경험을 제공하려는 노력이었다.

2회기: 계획 수정

1회기는 프로그램을 실행하면서 의미구성 방식에 변화를 주었고 변경된 방식이 더 효과적이고 의미 있는 활동이었다는 것을 확인했다. 따라서 2회기 프로그램 역시 1회기에서 변경했던 방식을 그대로 사용하고, 개별화된 글쓰기 활동은 2학기 교육과정으로 넘기기로 했다. 그리고 이 활동의 명칭을 〈함께 쓰는 그림일기〉로 바꾸었다.

함께 쓰는 그림일기 활동을 학교생활에서 함께 겪었던 일을 주제로 주고 그 일에 대한 생각이나 느낌을 나누면서 공동 의미구성 과정을 강화한다는 의미를 담은 것이다. 서로의 생각이나 느낌은 교사가 문장으로 기록해 TV로 보여주거나 낱말 수첩을 활용해 문장구성을 도와주고, 개별활동으로 한 것 중 장면을 하나 떠올려 그림을 그리고 글을 쓰는 활동으로 계획하였다.

학생들의 생각을 교사는 문장으로 만들어서 기록하고 이를 TV로 보여준다. 이렇게 번거로운 과정을 되풀이하는 이유는 지난 회기의 경험에 비추어 봤을 때 '물총놀이'에 대해 글을 쓰라고 하면 느린 학습자의 경우 '물총놀이를 했다. 재미있었다' 이상의 내용을 생각해서 쓰는 것을 어려워했기 때문이다. 다른 학생들의 소감을 들으면서 겪은 일을 다시 회상하고 의미화하는 것을 돕는 과정과 같은 매개 활동이 중요하다는 것을 확인했다. 이는 동료 학습자의 의미화를 통한 협력, 발달의 최종 산물인 교사의 매개 활동을 통한 협력 활동이다.

2회기: 실행

이 활동의 2회기는 7월 5일(19주차) 실행을 시작했다. 1회기와 다른 점은 하루 동안 일어난 일 말하기 활동을 하고 난 다음 바로 그림일기 쓰기 활동을 시작하지 않고 1회기 활동했던 결과물을 서로 돌아가며 읽어보는 활동을 추가했다는 점이다. [그림 43]은 그다음 주의 주간학습계획이다.

하루 동안 일어난 일을 주제별로 정리해 보고 주제를 하나 선택해서 그림일기를 썼던 1회기의 작품을 보면서 배경지식과 간접 경험을 확장해 주고자 했다. 계획 단계에서는 없었던 부분인데 주간학습 계획단계에서 추가된 것이다. 7월 5일의 다양한 그림일기를 읽어보는 경험을 한 다음, 교과서를 통해 그림일기 쓰는 방법을 배우고 바로 이어 〈함께 쓰는 그림일기〉 활동을 진행하도록 계획되어 있다. 두 가지 보완 장치 덕분에 1회기 실행 초기에 나타났던 문제는 크게 드러나지 않았다. 이는 1회기에 비해 의미 구성에 어려움이 있는 학생이 없었기 때문이기도 하다. 낱말 수첩을 사용

우리 이렇게 공부할까?

7월 8일 - 7월 14일 (20주 주간학습안내)　　　　　　서울 ○○초등학교 1학년

	7/8(월)	7/9(화)	7/10(수)	7/11(목)	7/12(금)
9:00 ~9:40	〈창체〉 독서체험활동 - 공기	〈창체〉 독서체험활동 - 개구리네 한솥밥	〈창체〉 독서체험활동 - 종이붕지 공주	〈창체〉 독서체험활동 -오른발 왼발	〈창체〉 독서체험활동 - 겁쟁이 빌리
9:50 ~10:30					
10:40 ~11:20	〈통합(여름)〉 -몸놀이	〈통합(여름)〉 - 친구와 함께하는 여름 놀이	〈수학〉 - 수를 세어볼까요	〈통합(여름)〉 - 여름 나라 안녕 (여름책 마무리)	〈통합(여름)〉 노래를 담은 시집
11:20 ~12:10	맛있는 밥상				
12:10 ~12:50	〈수학〉 - 얼마나 알고 있나요	〈국어〉 -그림일기 쓰는 방법 알기 -그림일기 쓰기	〈통합(여름)〉 - 여름노래 부르기	〈국어〉 -겪은 일을 그림일기로 쓰기 -그림일기 쓰기	〈통합(여름)〉 -여름 나라 안녕(교실 꾸미기) -그림일기 쓰기
1:00 ~1:40	하교, 방과후교실		하교, 방과후교실		
준비물	운동화, 간편복 읽을 책 1권, 수익, 문장만들기책	운동화, 간편복 읽을 책 1권	운동화, 간편복 읽을 책 1권	운동화, 간편복 읽을 책 1권	운동화, 간편복 읽을 책 1권

- '우리 이렇게 공부할까?' (주간학습안내)의 내용을 꼼꼼하게 잘 살펴봐 주세요.
- 2019학년도 1학년 1학기가 마무리 되고 있습니다. 더운 학기말 학생들이 흥분되고 들뜬 마

[그림 43] 2019년 함께 쓰는 그림일기 실행 계획 예시

하여 도움을 주고, 개별 피드백 활동을 통해 띄어쓰기나 맞춤법을 점검해 주었다. 19주부터 22주까지 10회의 〈함께 쓰는 그림일기〉 활동을 실행하는 것으로 마무리했다.

2회기: 관찰

1회기에 비해 의미구성에 어려움이 있는 학생이 거의 없었기 때문에 공동 의미구성 활동을 점차 줄여나가는 방식으로 진행했다. 초기에는 돌아가면서 생각을 말하고 문장을 구성해서 TV 화면으로 보여주는 형식이었지만 중기를 넘어서면서는 문장을 구성해 TV 화면으로 보여주는 활동은 생략했다. 다만, 사랑이의 경우 3주간의 그림일기 쓰기 기간 중 1주만 참여하고 해외로 떠났기 때문에 의미 있는 활동 내용을 기록하는 데 한

계가 있었다. 낱말 수첩을 사용해서 세 문장을 쓰는 과정은 따라왔지만 이것을 쓰기 활동이라고 해야 할지, 그리기 활동이라고 해야 할지 판단하기 어려웠다. 7월 12일까지 단모음 글자도 식별하지 못하는 상태였기 때문이다.

[그림 44]는 두 번째 그림일기 활동 결과이다. 『종이봉지 공주』라는 그림책을 함께 읽고 활동했던 내용에 대해 소감을 나눈 다음 그림일기를 썼다. 왼쪽은 기초 문식성 형성이 어느 정도 완료되어 낱말 등의 도움 없이 스스로 완성한 결과물이다. 오른쪽은 행복이의 그림일기다. 한 문장 한 문장 낱말 수첩의 도움을 받아서 쓴 것이다. 그래서 그런지 문장과 문장이 이어지는 것이 아니라 끊어진다. 문장 단위 의미구성의 한계를 보여주는 부분이라고 판단했다. 그럼에도 여전히 한글 읽기가 안 되고 모음의 위치

[그림 44] 2019년 7월 11일 함께 쓰는 그림일기

에 따른 발음이 정확하지 않은 수준에서 이 정도의 그림일기를 쓸 수 있도록 지원했다는 점은 느린 학습자에게 의미 있는 접근법이라고 보았다.

[그림 45]는 1학기 마지막 그림일기 활동 결과이다. [그림 44]와 같은 학생이 쓴 그림일기다.

[그림 45] 2019년 7월 24일 함께 쓰는 그림일기

그날 있었던 일을 나열해보고 어떤 게 가장 기억에 남는지 돌아가며 소감 말하기를 했다. 그리고 주제를 하나 골라서 그림을 그리고 글을 썼다. 다만, 낱말 수첩의 도움을 받지 않고 그림일기를 쓰되, 모르는 글자는 낱말 수첩이나 전에 썼던 그림일기 등에서 찾아서 보고 쓸 수 있다고 했다. 오른쪽은 100개의 블록을 연결해서 높이 쌓기 활동을 했던 내용으로 썼다. 띄어쓰기나 맞춤법에 오류가 없는 수준이다. 왼쪽은 행복이의 그림

일기이다. 띄어쓰기나 '제묵, 야쉬웠다' 등의 오류가 나타나긴 하지만 한글 읽기가 유창하지 않고 정확하지 않아도 스스로 세 문장의 글을 쓸 수 있게 되었다는 점은 의미 있는 성과로 보인다.

2회기: 반성

2회기 활동은 1회기에서 나타났던 문제를 보완하는 방식으로 진행한 데다가 의미구성에 큰 어려움을 겪는 학생이 없었기 때문에 수월하게 진행할 수 있었고 나름의 성과도 확인할 수 있었다. 10회의 활동을 통해 모든 학생들이 나름의 성취를 보여주었다. 다만, 사랑이는 먼저 기술했던 것처럼 3주의 활동 중 1주만 참여하고 학교에 나오지 않아 그 결과를 확인하지 못하였다. 결과를 확인하지는 못했지만 행복이와 같은 성취를 보여주지는 못했을 거라는 예측은 가능했다. 초기 문식성이 형성되지 않은 외국인 학생의 경우 교실 활동만으로는 기초 문식성 발달이 거의 불가능한 것은 아닌지, 이를 단순히 담임교사의 책무성이나 전문성의 문제로 돌려서는 안 된다고 생각했다. 여러 다문화 관련 프로그램들을 찾아보았지만 지원 대상이 아니었고, 서울시교육청의 학습도움센터에 신청을 했지만 1학년인 데다 인원이 적다는 이유로 지원 프로그램에 선정되지 못했다.

<함께 쓰는 그림일기> 실행 결과 정리

〈주말 이야기〉는 개인화된 주제, 즉 개인적 맥락 속에 존재하는 내용을 회상하여 말하고 글로 쓰고 함께 읽는 활동이라면, 〈함께 쓰는 그림일기〉는 〈겪은 일 소감 말하기〉나 〈사진 보고 문장 만들기〉처럼 공동으로 경험한 것에 대한 서로 다른 생각이나 느낌을 나누고 문장과 글로 구성해

보는 활동이다.

[그림 46]은 2회기로 진행된 실행 결과를 정리한 것이다. 그림일기 쓰기 활동은 그간의 주말 이야기, 소감 말하기, 사진 보고 문장 만들기 활동

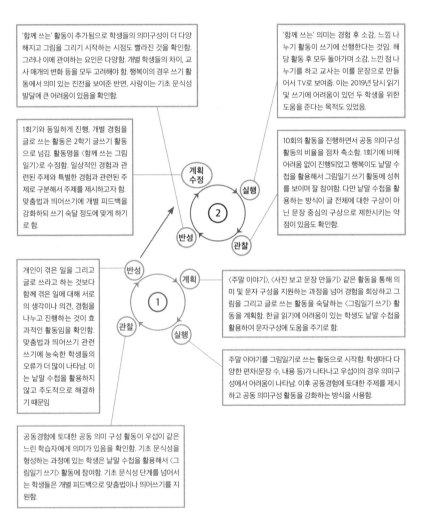

'함께 쓰는' 활동이 추가됨으로 학생들의 의미구성이 더 다양해지고 그림을 그리기 시작하는 시점도 빨라진 것을 확인함. 그러나 이에 관여하는 요인은 다양함. 개별 학생들의 차이, 교사 매개의 변화 등을 모두 고려해야 함. 행복이의 경우 쓰기 활동에서 의미 있는 진전을 보여준 반면, 사랑이는 기초 문식성 발달에 큰 어려움이 있음을 확인함.

'함께 쓰는' 의미는 경험 후 소감, 느낌 나누기 활동이 쓰기에 선행한다는 것임. 해당 활동 후 모두 돌아가며 소감, 느낀 점 나누기를 하고 교사는 이를 문장으로 만들어서 TV로 보여줌. 이는 2019년 당시 읽기 및 쓰기에 어려움이 있던 두 학생을 위한 도움을 준다는 목적도 있었음.

1회기와 동일하게 진행, 개별 경험을 글로 쓰는 활동은 2학기 글쓰기 활동으로 넘김. 활동명을 〈함께 쓰는 그림일기〉로 수정함. 일상적인 경험과 관련된 주제와 특별한 경험과 관련된 주제로 구분해서 주제를 제시하고자 함. 맞춤법과 띄어쓰기에 개별 피드백을 강화하되 쓰기 숙달 정도에 맞게 하기로 함.

10회의 활동을 진행하면서 공동 의미구성 활동의 비율을 점차 축소함. 1회기에 비해 어려움 없이 진행되었고 행복이도 낱말 수첩을 활용해서 그림일기 쓰기 활동에 성취를 보이며 잘 참여함. 다만 낱말 수첩을 활용하는 방식이 글 전체에 대한 구상이 아닌 문장 중심의 구상으로 제한시키는 약점이 있음도 확인함.

계획 수정 / 실행 / ② / 반성 / 관찰

반성 / 계획 / ① / 관찰 / 실행

개인이 겪은 일을 그리고 글로 쓰라고 하는 것보다 함께 겪은 일에 대해 서로의 생각이나 의견, 경험을 나누고 진행하는 것이 효과적인 활동임을 확인함. 맞춤법과 띄어쓰기 관련 쓰기에 능숙한 학생들의 오류가 더 많이 나타남. 이는 낱말 수첩을 활용하지 않고 주도적으로 해결하기 때문임

〈주말 이야기〉, 〈사진 보고 문장 만들기〉 같은 활동을 통해 의미 및 문자 구성을 지원하는 과정을 넘어 경험을 회상하고 그림을 그리고 글로 쓰는 활동을 숙달하는 〈그림일기 쓰기〉 활동을 계획함. 한글 읽기에 어려움이 있는 학생도 낱말 수첩을 활용하여 문자구성에 도움을 주기로 함.

주말 이야기를 그림일기로 쓰는 활동으로 시작함. 학생마다 다양한 편차(문장 수, 내용 등)가 나타나고 우섭이의 경우 의미구성에서 어려움이 나타남. 이후 공동경험에 토대한 주제를 제시하고 공동 의미구성 활동을 강화하는 방식을 사용함.

공동경험에 토대한 공동 의미 구성 활동이 우섭이 같은 느린 학습자에게 의미가 있음을 확인함. 기초 문식성을 형성하는 과정에 있는 학생은 낱말 수첩을 활용해서 〈그림일기 쓰기〉 활동에 참여함. 기초 문식성 단계를 넘어서는 학생들은 개별 피드백으로 맞춤법이나 띄어쓰기를 지원함.

[그림 46] 함께 쓰는 그림일기 실행 결과

과 1학기 국어 교과 교육활동을 수렴하는 과정으로 개인의 경험을 회상하고 그림을 그리고 글로 쓰는 활동으로 구안되었다. 실행과정에서 배움이 느린 학습자에게 공동 의미구성 활동이 필요함을 인지하고 공동 의미구성 활동을 강화하는 방식으로 변경하였다. 이를 통해 기초 문식성이 형성 중인 학생들이 좀 더 수월하게 그림일기 쓰기 활동에 참여할 수 있음을 확인하였다.

2회기에는 공동 의미구성 활동에 방점을 두고 〈함께 쓰는 그림일기〉로 명칭을 변경하였다. 실행과정에서 공동 의미구성 활동의 비율을 점차 축소하고 마지막 10회 활동에서는 낱말 수첩의 사용도 생략하고 진행하였다. 이를 통해 행복이의 쓰기능력이 향상된 점, 낱말 수첩에 의존하지 않고 글을 쓸 수 있다는 자신감을 주게 된 점을 확인할 수 있었다. 다만, 사랑이의 경우 외국인이라는 한계, 초기 문식성 발달이 이루어지지 않는 문제 등이 여전히 큰 어려움으로 작용한다는 것도 확인했다.

그림일기를 함께 쓴다는 것은 '공동을 경험한 사건에 대한 공동 의미구성'을 강조하기 위한 의미를 담은 것이다. 함께 경험한 일에 대한 서로의 생각이나 느낌을 나누면서 체험을 의미화하는 과정을 공유함과 동시에 교사가 주말 이야기처럼 문장으로 기록하는 과정을 공유함으로써 문자구성 과정을 지원한다. 이런 구안은 배움이 느린 학습자의 상호작용과 협력 활동을 지원하기 위한 것이다. 두 회기의 실행을 통해 이들이 배움이 느린 학습자에게 의미 있는 활동이었음을 확인하였다.

8. 〈주제가 있는 글쓰기〉

주제가 있는 글쓰기는 1학기에 실행되었던 여러 활동을 토대로 본격적인 글쓰기를 학습할 수 있도록 구안된 프로그램이다. 2학기가 시작되면 '그림이나 사진이 없는' 글쓰기를 집중적으로 연습한다. 글의 주제는 주로 학교에서 배운 내용 중 하나를 교사가 정해서 안내한다. 초기에는 학교에서 함께 시작하고 어느 정도 익숙해지면 주 2~3회 가정학습 과제로 제시한다. 이 시기에도 낱말 수첩이 필요한 학생이 있다. 아직 맞춤법이나 띄어쓰기 등을 배워가는 시기이기 때문이다.

1회기: 계획

〈주제가 있는 글쓰기〉 활동은 이행적 쓰기 활동 프로그램의 종착점으로 구안되었다. 1학기에 진행했던 〈주말 이야기〉, 〈사진 보고 문장 만들기〉, 〈그림일기 쓰기〉를 넘어 글쓰기에 숙달하기 위한 최종활동이다. [그림 47]은 2018년 2학기 3주의 주간학습 안내이다.

그림일기처럼 교사가 주제를 제시하고 이에 대해 그림 없이 글을 쓰는 활동으로 주 2~3회 숙제로 제시하거나 수업 시간에 여유가 있을 때마다 활용하는 방향으로 계획했다. 8월 말 2학기가 시작되고 2주간 학교에서 함께 10칸 국어 공책을 활용한 글쓰기 공부를 함께했다. 2학기 3주부터 주 2회 글쓰기 숙제를 냈다. 맞춤법과 띄어쓰기는 아이들의 쓰기능력에 따라 가정에서 도움을 줄 것, 아직 쓰기가 어려운 경우는 쓰는 것에 중점을 두고 지도해야 한다는 점을 안내하였다. 그림이나 사진 없이 글을 쓰는 활동을 위해 처음 2~3주간은 학교에서 교사와 함께 글쓰기를 하고 어느 정도 익숙해지면 숙제로 해올 수 있도록 지원하는 이행적 시기를 배치하였다. 글쓰기의 주제는 학교에서 있었던 여러 활동 중 한 가지를 정해서 그날그날 알려주거나 여러 가지 주제 중 선택하여 글을 쓸 수 있도록 했다.

우리 이렇게 공부할까?

9월10일-9월16일(3주 주간학습안내)　　　　　　　　서울○○초등학교 1학년

	9/10(월)	9/11(화)	9/12(수)	9/13(목)	9/14(금)
9:00 ~9:40 9:50 ~10:30	〈국어〉 -주말 지난 이야기	〈국어〉 -소리나 모양을 떠올리며 시 읽기	〈통합(가을)〉 •클레이로 추석 음식 만들기	〈국어〉 - 소리나 모양을 떠올리며 글 읽기	〈창체〉 - 시설물을 이용한 놀이
10:40 ~11:20	〈통합(가을)〉 -몸 놀이	〈수학〉 - 얼마나 알고 있나요	〈수학〉 - 내 자리를 찾아볼까요	〈수학〉 - 보충학습 - (어느 수가 더 클까요)	〈통합(가을)〉 노래를 담은 시집
11:20 ~12:10	맛있는 밥상				
12:10 ~12:50	〈수학〉 - 짝수와 홀수를 알아볼까요	〈통합(가을)〉 •맛있는 먹거리를 가꾸시는 분 알기 •가을열매	〈안전〉 골목길 안전교육	〈통합(가을)〉 •감사하는 마음 •차례와 성묘	〈통합(가을)〉 •콩주머니 모으기 놀이
1:00 ~1:40	하교, 방과후교실	•추수의 즐거움과 어려움	〈창체〉 1,3,5반 수업나눔	〈창체〉 2,4,6반 수업나눔	
숙제 준비물	글쓰기 운동화, 간편복, 읽을 책 1권	글쓰기 운동화, 간편복, 읽을 책 1권	스스로 수학 운동화, 간편복, 읽을 책 1권	스스로 수학 운동화, 간편복, 읽을 책 1권	없음 운동화, 간편복, 읽을 책 1권

● 주 2회(월,화) 글쓰기 숙제, 주 2회(수,목) 수학학습지 과제를 잊지 않도록 도와주세요. 글쓰기는 월, 화요일에 쓰고, 다음 날(화, 수요일) 제출, 수학학습지는 목, 금요일에 제출합니다. 맞춤법, 띄어쓰기는 아이들의 쓰기 능력에 따라 도움을 주시면 좋습니다. 아직 쓰기가 어려운 경우는 쓰는 것에 중점을 두고 지도합니다.

[그림 47] 2018년 2학기 3주 주간학습안내

1회기: 실행

10칸 국어 공책을 준비해서 표지를 만들고 글쓰기 공책이 무엇인지 이야기하는 것으로 시작했다. [그림 48]은 학생들이 직접 만든 글쓰기 공책 표지이다. 공책의 표지를 만든 다음 공책 사용법을 설명하며 함께 '글쓰기'라는 주제로 글을 썼다. [그림 49]는 2018년 9월 3일 글쓰기를 함께 했던 내용이다. 공책을 가로로 놓고 날짜와 주제를 쓰고 그 주제에 대해

[그림 48] 글쓰기 공책 표지　　　　　　　　[그림 49] 9월 3일 글쓰기

세 문장 이상 글을 쓰는 법을 함께 공부했다. 첫 문장은 모두 똑같이 쓰고 다음 문장은 자기 생각을 쓰도록 안내했다.

　아침에 등교하면 글쓰기 공책을 제출한다. 교사는 학생들의 글쓰기 공책을 읽고 피드백을 준다. 피드백 내용은 크게 두 가지였다. 글의 내용에 대해 공감하거나 정보를 주는 것과 맞춤법이나 띄어쓰기, 문장구성에 대한 교정이다. 자기 생각이나 말을 글로 쓰는 것이 막힘이 없는 학생들에게는 맞춤법과 띄어쓰기를 학습할 수 있게 교정을 해 주고, 글쓰기가 익숙하지 않은 학생에게는 글의 내용에 대해 격려 위주의 피드백을 해 주었다. 한 권의 공책을 다 쓰면 새 공책을 마련해서 기존 공책에 붙이는 형태로 포트폴리오를 만들었다. 한 학기 동안 대부분의 학생이 2권 이상의 공책을 사용했고 일부는 3권 이상의 공책을 사용하기도 했다.

1회기: 관찰

　교실 활동으로 문장 만들기를 하거나 그림일기 쓰기를 할 때는 교사를 매개로 한 동료 학습자와의 공동 의미구성 활동과 낱말 수첩의 도움이 있었지만 가정학습 과제로 글쓰기를 할 때는 이 과정이 생략된다. 교실에서 교사와 동료 학습자와의 상호작용이 어느 정도 균질하게 이루어진다면 가정에서의 지원이나 상호작용은 학생 간 편차가 크게 발생했다. 도움이 필요한 학생이지만 가정에서의 지원이 부족한 경우와 과한 개입으로 글쓰기에 대한 흥미를 떨어뜨리게 되는 경우들이 나타났다. 이는 학교생활 모습만으로는 알기 어려운 여러 측면들을 확인하는 계기가 되기도 하였다.

학교에서는 어려움 없이 글을 잘 쓰는 학생인데 글쓰기 공책에 지우고 다시 쓰고 고쳐 쓴 흔적이 너무 많이 나타나는 경우가 있다. 이는 글쓰기에 대한 외적 개입이 과한 경우다. 심한 경우는 스스로 쓸 수 있게 하고 맞춤법이나 띄어쓰기 등은 학교에서 개별로 수정할 수 있도록 지도하고 있으니 아이가 도움을 요청하는 경우에만 도와주시면 좋겠다고 전했다. 반면, 직접적인 도움이 필요한데 가정에서 도움을 주지 않는 경우도 있다. 그런 사례에 대비해서 글쓰기 숙제를 안 했으면 아침에 학교에 와서 쓰도록 했다. 그러면 교사와 낱말 수첩의 도움을 받을 수 있어 어렵지 않게 1교시 전에 글쓰기 숙제를 마치는 경우가 대부분이었다.

주제가 있는 글쓰기 활동을 진행하면 할수록 맞춤법과 띄어쓰기는 정확하지 않아도 자기가 쓰고 싶은 말을 글로 써오는 데는 모두 어려움이 없게 되었다. 우섭이도 한길이도 빠짐없이 숙제를 해 왔고, 간혹 안 했을 때는 아침열기 시간을 활용해서 숙제를 마쳤다. 그러나 활동을 진행하면서 맞춤법과 띄어쓰기 학습이 일대일 피드백으로 완전하게 학습이 가능한지에 관한 의문이 생기기도 했다.

[그림 50]은 학생들의 글쓰기 과제를 확인하면서 개별로 맞춤법과 띄어쓰기에 대해 피드백해 준 흔적이다. 자기 생각이나 말을 글로 쓰는 것에 능숙하지만 띄어쓰기는 의식적인 노력을 거의 하지 않는 것처럼 보이는 경

우도 있고, 유사한 맞춤법의 오류를 계속 반복해서 드러내는 경우도 있다. 띄어쓰기의 경우는 교과서를 읽을 때 띄어 쓰는 부분에 V표시를 하면서 읽어보는 것을 연습하고 띄어쓰기에 의식적으로 주목할 수 있게 했다. 맞춤법은 틀린 글자를 가르쳐주고 고쳐서 써 보는 수준으로 지도했다.

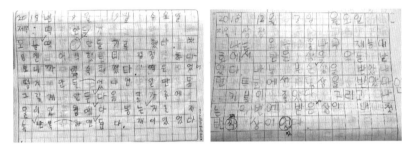

[그림 50] 맞춤법과 띄어쓰기 오류에 대한 피드백

이행적 쓰기 프로그램이 거의 마무리될 무렵 기존의 선행연구에서 보여주었던 학생들 간의 편차를 확인해 볼 필요가 있다고 판단했다. 글쓰기 과제는 각 가정에서 진행되는 것이라 외적 요인이 개입할 가능성이 있어서 2018년 11월 12일 '내가 좋아하는 시간'이라는 주제를 주고 20분간 글쓰기 활동을 진행했다.

[그림 51]은 우섭이와 한길이의 글쓰기 결과물이다. 수업 시간에 배운 내용을 주제로 제시했던 글쓰기 숙제에 비해 맞춤법이나 띄어쓰기 오류가 거의 없었다.

(우섭) 내가 좋아하는 시간: 아침 열기

우리반에는 아침열기 시간이 있다. 그 다음은 1묶음이다. 근데 친구가 숙제를 갖고 왔

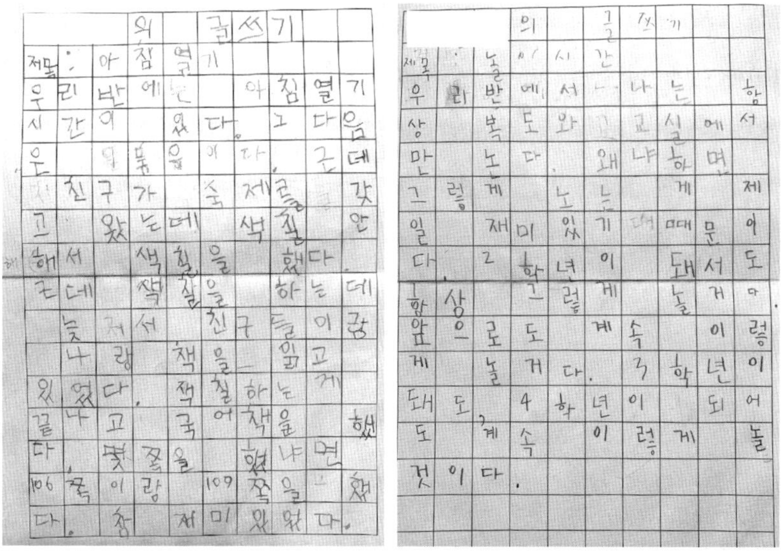

[그림 51] 맞춤법과 띄어쓰기 오류에 대한 피드백

는데 색칠 안해서 색칠을 했다. 근데 색칠을 하는데 늦어서 친구들이랑 나랑 책을 읽고 있었다. 색칠하는 게 끝나고 국어책을 했다. 몇 쪽을 했냐면 106쪽이랑 109쪽을 했다. 참 재미있었다.

(한길) 내가 좋아하는 시간: 놀이시간
우리반에서 나는 항상 복도와 교실에서만 논다. 왜냐하면 그렇게 노는 게 제일 재미있기 때문이다. 2학년이 돼서도 항상 그렇게 놀 거다. 앞으로도 계속 이렇게 놀 거다. 3학년이 돼도, 4학년이 되어도 계속 이렇게 놀 것이다.

18명의 학생이 쓴 글을 전산입력하고 기술통계를 내 보았다. 당시 독감이 유행 중이라 6명의 학생이 결석을 했고, 2명의 학생이 교외체험학습으로 등교하지 않아서 모든 학생들이 참여하지는 못했지만 통계 결과는 〈표 10〉과 같다.

우섭이는 169자, 43개의 낱말, 7문장의 글을 썼다. 한길이는 127자, 32개의 낱말, 5문장의 글을 썼다. 문장당 글자 수는 글자 수에 비해 문장 수가 많은 경우는 단문이 많이 나타나고, 문장 수가 적은 경우는 복문이 많이 나타나는 특징이 있는 것을 확인하기 위해 값을 구해본 것이다. 우섭이와 한길이 모두 문장당 글자 수는 중앙값인 26.1에서 큰 차이가 나지 않음을 확인할 수 있었다.

〈표 10〉 2018년 11월 12일 글쓰기 기술통계

	우섭	한길	평균	표준편차	중앙값	최대값	최소값
글자수	169	127	147.9	20.9	138	174	113
낱말	43	32	37.3	5.8	36.5	49	29
문장수	7	5	5.8	1.7	5	10	4
문장당 글자수	24.1	25.4	27.1	7.3	26.1	43	17

학생들은 모두 113~174자, 29~49개의 낱말, 4개~10개의 문장을 사용하여 글을 썼다. 이는 2학기 말에 한 문장도 쓰지 못하는 어린이의 비율이 1%로 감소하긴 하나 세 문장 이하로 생성한 학생의 비율은 2학기 말이 되어도 11.1%에 달한다는 유승아(2019)의 연구와 다른 결과로, 배움이 느린 어린이도 이행적 쓰기활동 프로그램에 따라 어느 정도의 쓰기능력을 발달시킬 수 있다는 것을 보여주는 결과라 할 수 있다.

1회기: 반성

학교 수업을 통해 글쓰기를 연습하고 가정학습 과제로 글쓰기 주제를 제시한다는 것은 두 가지 측면에서의 도약이 필요하다. 하나는 공동으로 함께했던 경험을 중심으로 주제를 제시하지만 공동 의미구성 활동이 생략되어 있다는 점이다. 주어진 주제에 대해 어떤 내용의 글을 써야 할지 쓰고 싶은 말을 떠올리는 과정을 이제 학습자 혼자 해야 한다. 또 하나는 학교에서는 낱말 수첩을 통해 쉽게 도움을 받을 수 있었던 것과 달리 가정에서는 혼자서 해결해야 한다. 이는 소리 나는 대로 글자를 쓰는 오류를 보이기도 했지만 독립적으로 문자를 구성해서 글을 쓰는 연습을 할 수 있는 기회가 되기도 했다.

이 과정에서 맞춤법이나 띄어쓰기에서 가정의 도움이 없는 경우와 과하게 개입한 흔적이 간혹 보이면서 이에 대한 다른 해결 방법이 필요하다는 걸 확인했다. 맞춤법과 띄어쓰기는 1학년에 완성될 수 없으며, 쓰고 싶은 말과 생각을 쓰는 활동의 숙달이 중요하다는 것을 가정과 소통해 가는 것이 필수적인 과정이라는 것을 다시 확인하는 과정이기도 했다. 낱말 수첩이나 교사의 피드백에 의존하고 의식적인 자각과 숙달의 노력이 부족해 보이는 사례에 대한 고민도 더해졌지만 글쓰기 과제를 지속하면서 눈에 띄는 향상도 확인할 수 있었다.

2회기: 계획 수정

2회기를 계획하면서 국어 읽기 학습 초기부터 띄어쓰기에 대한 시각적 인지를 강화하는 방법을 도입하기로 했다. 1학기 중반 이후 문장부호에 대해 학습할 때부터 국어 교과서 등을 읽을 때 띄어 쓴 곳에 쐐기(∨) 표시를 하면서 글을 읽는 방법을 사용했다. 또한 맞춤법에서 지속적으로 같은 실수를 하는 경우 글쓰기 공책의 여백에 틀린 글자 3번 써 보기 같은 과제를 부여하는 것도 논의했다. 좀 더 의식적으로 익히려는 노력을 할 수 있게 교사가 독려하는 방법을 추가한 것이다. 또한 글쓰기 숙제에 대해 학부모들에게 좀 더 자세한 안내를 드렸다. 주간학습으로 안내하는 것보다 전달력이 좋은 문자 메시지를 활용하여 글쓰기 숙제를 하는 이유, 가정에서의 낱말 수첩 활용법, 도움을 청할 때 도와주는 것이 좋다는 내용 등이었다.

2회기: 실행

1회기와 마찬가지로 2학기가 되어 10칸 국어 공책을 준비하여 표지를 만들고 이행적 단계로 먼저 글쓰기 공책 사용 방법을 배우는 것으로 시작했다. [그림 52]는 2019년 9월 3일과 11월 21일 글쓰기 작품이다.

[그림 52] 9월 3일과 11월 21일 글쓰기

9월 3일은 글쓰기를 처음 함께했던 날이다. '학교에서 베짜기를 했다' 라는 문장만 주고 이어지는 내용을 쓰라고 했다. 세 문장 이상 쓴 어린이들은 한 명씩 검토를 받았다. 발음을 잘못하고 있거나 맞춤법이 틀린 경우는 개별 쓰기능력에 맞게 피드백을 주었다. '헷갈렸다'를 여백에 3번 더 써 보라고 하거나 '가르치다'와 '가리키다'의 차이를 알려주고 연습하라고 하는 식이었다. 이런 피드백은 2학기 내내 지속되었다.

1회기에 대한 반성을 기반으로 시간적 여유가 있을 때마다 이미 학습한 국어 교과서를 읽고 내가 쓰기 어려운 낱말에 O표 하는 활동, 띄어 쓴 곳마다 V표 하는 활동을 추가해서 실행했다. 1학기부터 도입하여 맞춤법과 띄어쓰기에 의식적 주의를 기울이도록 한 것이다. 이런 방법적 변화 때문이라고만 할 수는 없겠지만 1회기보다 띄어쓰기 오류가 눈에 띄게 줄어들었다.

그날 있었던 일 중 하나를 정해서 글쓰기 주제를 주고 가정학습 과제는 될 수 있는 대로 스스로 글쓰기 숙제를 하라고 안내했다. 도움이 필요한 경우 학교에서 하는 것처럼 가정용 낱말 수첩을 활용하라고 했다. 학생들의 글쓰기 숙제를 읽고 피드백하는 활동은 동일하게 진행하였다. 반복되는 오류에 대해서는 다시 써 보기 등의 별도 과제를 부여하는 방식으로 피드백을 강화하였다.

2회기: 관찰

1회기에 비해 글쓰기에서 띄어쓰기 오류가 현저하게 줄었다. 글을 읽으며 의식적으로 띄어 쓴 부분에 주목하도록 쐐기 표시를 하라고 한 것이 어느 정도 유효했다고 해석할 수 있다. 더불어 자주 반복되는 맞춤법 오류를 교정하기 위해 틀린 글자를 3번씩 따라 써 보도록 한 것 역시 일부 효과가 있었다. 그리고 1회기에 비해 반복되는 오류가 줄었다.

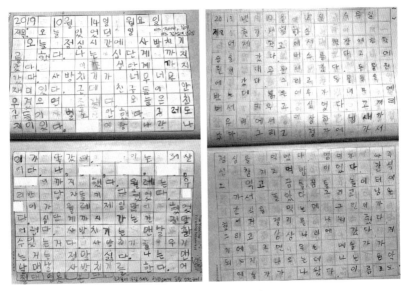

[그림 53] 글쓰기의 양적 증가

낱말 수첩을 활용할 때도 똑같은 낱말을 계속 물어보러 나오지 말고 수첩에서 찾아보고 못 찾겠으면 나와서 도움을 청하라고 지도했던 것도 효과가 있었다. 특히 행복이의 낱말 수첩 의존도는 2학기 중반을 넘어서는 확연히 줄어들었고 학기 말에는 그런 도움 없이 글을 쓰려고 했다.

[그림 53]은 쓰고 싶은 말이 너무 많아 두 쪽, 세 쪽을 넘겨 쓴 사례들이다. 대부분의 학생들이 10월 중순부터 한 쪽을 넘기는 글을 쓰게 되었다. 개인 간 편차보다는 주제별 편차가 더 컸다. 관심 있는 주제나 즐겁게 참여했던 주제면 자연스럽게 두세 쪽을 넘기는 글쓰기를 했다. 몇 명만 그런 게 아니라 대부분의 아이들이 본인의 관심사나 흥미에 따라 두 쪽을 넘기는 것이 일반적이었다. 어떤 경우는 네 쪽까지 쓰는 아이들도 있었다. 행복이도 11월 1일 '가게 놀이'를 한 다음 글쓰기를 할 때는 두 쪽을 채워

쓰더니 이후 '재능대회, 태블릿 피씨로 그림 그리기' 같은 주제에서는 두 쪽을 넘기기도 했다.

행복이가 어떻게 글쓰기 활동에 참여했고 변화되었는지 글쓰기 작품을 보면서 분석해 보았다. [그림 54]는 9월 3일 글쓰기 작품과 낱말 수첩이다.

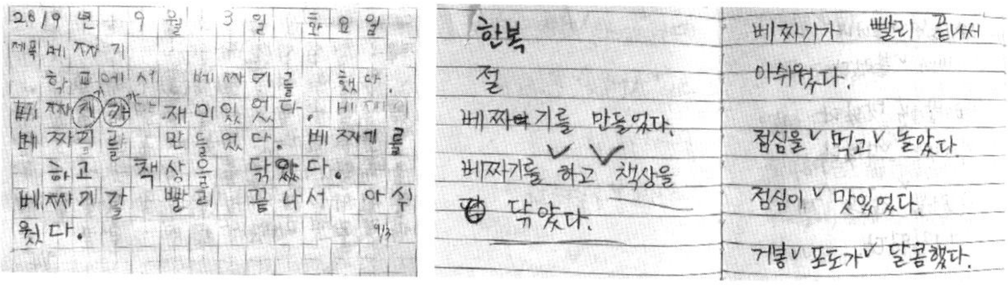

[그림 54] 2019년 9월 3일 행복이의 첫 글쓰기와 낱말 수첩

단문 중심의 짧은 문장으로 5개로 구성된 것으로 문장당 낱말의 수는 평균 3.2개다. 첫 문장은 공통 문장으로 제시한 것이고 '베짜기'라는 낱말을 TV 화면으로 제시하는 상황이었는데도 낯선 낱말이라 그런지 거의 그리듯이 썼다. '베짜기가 재미있었다'라는 문장을 제외한 나머지 문장은 모두 낱말 수첩의 도움을 받아서 썼다. '재미있었다'는 여러 번 반복해서 썼기 때문에 도움 없이 쓸 수 있었던 것으로 보인다.

행복이에게 수첩 하나를 더 주고 이 낱말 수첩은 집에서 언니나 오빠, 엄마, 아빠에게 글쓰기 숙제를 하다가 모르는 글자가 있으면 도움을 받을 때 사용하라고 알려주었다. 쓰고 싶은 말은 많은데 글자를 몰라서 쓰는 것을 중단하는 일이 생기지 않게 하려는 의도였다. 이후 행복이는 학교에서 글을 쓸 때는 교사의 도움으로, 가정에서 글을 쓸 때는 가족들의 도움으로 글을 썼다. 그런데 학교에서의 글쓰기보다 가정에서의 글쓰기에서 맞춤법 오류가 더 빈번하게 나타난 것으로 보아 가정환경상 학교에서만큼 원활하게 활용되지 못했던 것으로 판단된다.

[그림 55]는 9월 24일과 10월 2일 글쓰기다. 9월 24일은 수학시간의 덧셈 놀이를 주제로 제시했다. 단문 위주의 짧은 문장 6개로 구성된 글로 문장당 낱말의 수는 평균 3.2개로 9월 3일의 글과 차이가 없다. 글의 내용을 보면 지우개로 덧셈 뺄셈을 어떻게 했는지 독자가 이해하기 어렵다. "학교에서 사방치기 판으로 덧셈 놀이를 했다", "사방치기로 덧셈 놀이를 했다. 지우개를 던져서 하는 놀이다"라는 내용을 쓴 다른 학생들의 글과 차이가 있다. 즉 맥락적 설명을 통한 체험의 공동일반화가 아직 어려운 수준임을 확인할 수 있었다.

10월 2일 글쓰기를 통해 정확한 발음과 낱말에 대한 선행지식이 부족하다는 것도 확인할 수 있었다. '회장[37]'을 "해정"으로, '잘 해'를 "자래"로, '단계를'을 "단개을"로, '잘해야지'를 "잘해야즈"로 썼다. '자래'와 '단개', '을/를'과 같은 오류는 1학년 학생들에게 빈번하게 나타나지만 '회'를 '해'로, '지'를 '즈'로 쓰는 오류는 흔하지 않다. 소리 나는 대로 쓰는 습성이지만 그 소리가 정확하지 않아서 나타나는 오류인 것으로 판단했다. 발음 오류는 자

[그림 55] 9월 24일과 10월 2일 행복이의 글쓰기

주 관찰했던 터라 청력 검사가 필요한 것은 아닐까 판단했지만 1학년 건강 검진에서 청력은 이상이 없는 것으로 나왔다. 발음이 정확하지 않으니 발음을 정확하게 할 수 있게 가정에서도 도와달라고 1학기 상담 시에 부탁드리기는 했지만 쉽게 교정되지는 않았다.

[그림 56]은 행복이가 처음으로 두 쪽까지 글을 쓴 사례이다. 통합교과의 이웃 주제를 중심으로 필요하지 않은 물건을 가져와서 가상화폐(블록)를 사용해서 판매도 하고 수익금을 기부하는 활동이었다.

다른 학생들은 10월이 되면서 자연스럽게 글쓰기의 폭발이 일어나고 두 쪽, 세 쪽 쓰는 것이 일반적인데 행복이는 늦은 편이었다. 가게 놀이가 행복이에게 특별히 재미있고 의미 있는 활동이었다는 것은 글 내용을 통해 확인할 수 있다. 240자, 59개의 낱말과 15개의 문장으로 문장당 낱말 수는 3.9개로 변화가 있다. 내용상 체험의 공동일반화는 진전이 있지만 여전히 부족하다는 것을 알 수 있다. "어제는 그림을 그렸고"는 가게 놀이 준비 단계로 자신의 가게 이름을 정하고 가게 표지판을 만드는 활동을 의미

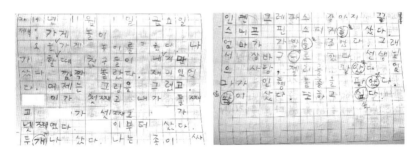

[그림 56] 11월 1일 행복이의 글쓰기

---

37) 회장은 그날 학급을 위해 봉사하는 어린이로 남녀 한 명씩 두 명이 매일 하루씩 돌아가면서 담당한다.

한다. "엄마가 가방을 주었다"는 팔 물건을 가방에 담아오고 그 물건 가방을 장바구니처럼 활용하고 그 가방에 다시 산 물건을 담아가게 했다는 것이다. "엄마가 인형, 물총을 팔았다"라는 것은 엄마가 인형과 물총을 팔라고 주셨다는 의미다. 그럼에도 글쓰기의 폭발이 일어났다는 것은 쓰기능력 도약을 위한 발판이 만들어졌다는 점에서 높이 평가할 수 있다. 이후 행복이의 글쓰기에 대한 피드백도 바뀌었다. 맞춤법이 틀린 글자를 고쳐서 다시 써 보도록 지도하기 시작했다.

[그림 57]은 학교에서 했던 글쓰기 결과다. 11월 25일에 쓴 글은 95자, 8문장으로 된 주말 이야기다. 문장당 낱말 수는 2.9개다. 2회기에는 함께 하는 주말 이야기는 1학기로 마치고 2학기에는 글쓰기 공책을 통해 개인 글쓰기로 진행했다. 1회기의 우섭이처럼 개인적인 체험을 회상하고 말하는 것을 어렵게 느끼는 학생이 없기 때문이었다. 행복이는 "겨울왕국 2를 보러 갔다, 엘사, 머리끈을 풀렀다, 예뻤다, 조금 슬펐다, 올라프가 너무 웃겼다"를 쓸 때 낱말 수첩의 도움을 받았다. 토요일에 누구와 어디서 영화를 봤는지, 어떤 상황에서 엘사가 머리끈을 풀렀는지, 어떤 장면이 슬펐는지에 대한 맥락 설명이 빠져 있다. 단편적으로 떠오르는 내용을 글로 쓰

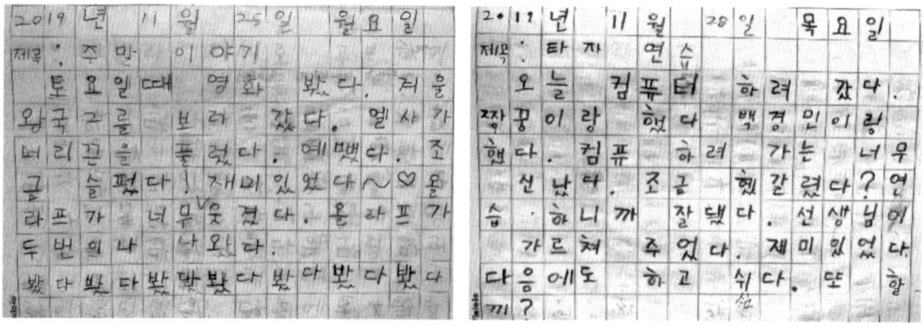

[그림 57] 11월 25일과 11월 28일 행복이의 글쓰기

고 있는 '연상적 쓰기' 수준(가은아, 2011; 박태호 외, 2005)임을 확인할 수 있었다. 혼자서 쓴 "봤다"에 오류가 있어 본문을 고쳐 쓰고 반복해서 연습한 흔적이 남아 있다.

11월 28일 글쓰기는 낱말 수첩의 도움 없이 쓴 것이다. 113자, 10문장으로 여전히 단문 중심이고 문장당 낱말 수는 2.9개다. "하려, 짱꿍, 컴퓨하려, 갈렸다, 잘 댔다, 하고 쉬다"의 오류가 보이지만 도움 없이 자신의 경험이나 생각을 글로 쓰는 능력은 어느 정도 숙달되어 있음을 확인할 수 있었다. 그러나 불분명한 발음으로 인한 정확도의 오류는 여전히 나타나고 있고, 컴퓨터로 짝꿍이랑 무엇을 했는지, 무엇이 헷갈렸는지에 대한 맥락적 설명이 생략되어 있다. "오늘 1교시에 컴퓨터실에서 타자 연습을 했다. 처음 할 때는 자판을 보면서 했다. 근데 하다 보니 쉬웠다. 3단계까지 갔다. 1단계는 너무 쉽고 2단계는 조금 어렵고 3단계는 2단계보다 좀 더 어려웠다. 재미있었다"라고 쓴 글과 비교하면 행복이가 보여주는 체험의 공동일반화에서 근접발달영역을 확인할 수 있었다.

행복이와 달리 사랑이는 글쓰기 과제를 전혀 수행할 수 없었다. 여름 방학 전후 기간을 합쳐 두 달간 해외 생활을 하고 돌아온 사랑이는 등교 첫날 "저 이름 쓰는 거 까먹었어요."라고 했다. 한글이 전혀 없는 곳에서 두 달을 생활하고 오다 보니 자기 이름을 한글로 쓰는 것도 잊은 것이다. 처음부터 다시 시작해야 했다. 국어 수업 시간에 교과서 수업을 따라가기는 힘들었고 글자 그리기 수준으로 돌아간 것처럼 보였다. '소중한글' 앱을 사용해서 별도로 지도했고, 방과 후에는 주 2회 한글과 수학 보충지도를 했다. 그리고 글쓰기 숙제 대신 1학기에 개별지도 했던 '기적의 한글 학습 다지기'를 하루에 한 장씩 과제로 부여했다. 가정의 도움을 기대하기 어려

운 조건에서 글쓰기를 숙제로 해오라고 하는 것 자체가 비교육적이라고 판단했기 때문이다.[38]

2회기: 반성

2회기 주제가 있는 글쓰기 활동을 계획하면서 띄어쓰기 오류를 줄이기 위해 국어 읽기 자료를 활용하여 띄어 쓴 곳에 쐐기(∨) 표시를 하는 방법을 사용하여 시각적으로 인지하고 의식적으로 확인하는 외적 계기를 도입했다. 그 결과 1회기처럼 띄어쓰기에 빈번한 오류를 보이는 학생은 현저하게 줄었다. 맞춤법 역시 공책의 여백을 활용해서 학생의 쓰기능력에 맞게 다시 써 보거나 수정할 기회를 제공하였고 의미 있는 효과를 거두었다.

글쓰기 과제와 관련하여 완벽한 글을 원하는 것이 아니라는 점, 글 쓰는 것을 두려워하거나 어려워하지 않고 즐겁게 쓸 수 있도록 지원하는 것이 중요하다는 점, 가정에서도 낱말 수첩 등을 활용할 수 있다는 점 등을 안내했다. 1회기처럼 박박 지워진 공책, 눈물 자국이 난 공책을 보는 일은 없었다.

행복이의 글쓰기는 여전한 한계는 있었지만 점차 향상되고 있었고 낱말 수첩의 도움이 없이도 자기 생각을 글로 쓰는 데 막힘이 없었다. 다만 맥락적 이해와 설명 능력이 부족하다는 것, 자기의 맥락 속에서 글을 쓴다는 것, 발음상의 문제로 추정되는 독특한 맞춤법 오류가 나타난다는 점

---

38) 이런 경우 음성 입력기를 활용하는 방안을 고민해 보기도 했다. 한국말을 할 수 있는 상황이므로 쓰고 싶은 내용을 말로 하면 한글로 자동입력이 되고, 이를 보고 따라 쓰는 방안이다. 그러나 당시 구글 문서의 한글 자동 인식 및 입력 수준은 기대에 못 미치는 수준이었고, 1학년 어린이가 하기에 어려운 점도 있고, 입력 오류를 수정해줄 어른의 도움을 기대하기도 어려운 상황이라 포기하였다. 관련 학습용 앱이 개발되면 좋겠다는 생각을 하고 있다.

등은 여전히 과제로 남은 상황이었다. 행복이의 글쓰기를 분석하면서 확인하게 된 것은 배움이 느린 학습자일수록 본인이 즐겁게 경험했던 것에 대해 더 적극적인 글쓰기가 이루어진다는 점이다. 이런 부분을 고려한 글쓰기 주제를 제시하는 것도 개선 방법 중 하나일 것이다.

사랑이는 단자음+단모음이 있는 간단한 글자 정도를 읽을 수 있는 상태로 2학년이 되었다. 한쪽에서는 국어 수업을 진행하면서 한쪽에서는 사랑이의 한글 기초학습을 지원했다. 사랑이는 주로 '소중한글' 앱을 사용해서 한글 공부를 했다. 그러나 글쓰기 대신 제시한 한글 학습지는 거의 해 오지 않았다. 가끔은 학교에서 했던 모든 한국말과 글이 가정에 가면 다른 세상의 말과 글이 되는 것은 아닐까, 그런 생각을 했다. 한국에 살면서 '한글'을 익히지 않는 부모와 사는 것이 외국인 학생의 문식성 발달에 어떤 영향을 주는지 여전히 물음표로 남아 있다.

<주제가 있는 글쓰기> 실행 결과 정리

〈주제가 있는 글쓰기〉는 1학기 동안 진행했던 쓰기 숙달을 위한 모든 활동이 수렴되는 활동으로, 경험과 생각 말하기가 쓰기로 이행하는 이행적 쓰기활동 프로그램의 종착점이다. 10칸 국어공책에 날짜와 제목을 쓰고 겪은 일에 대해 글을 쓴다. 초기에는 세 문장 이상 쓰는 것을 기본으로 하고 어느 정도 익숙해지면 그런 경계를 두지 않는다.

[그림 58]은 2회기로 진행된 실행 결과를 정리한 것이다. 한 학기 동안 진행했던 말하기에서 쓰기로의 이행적 프로그램의 마지막 단계로, 주제를 정해주고 숙제로 관련 내용에 대한 글을 써 오는 활동이다. 그림일기처럼 주제를 정해주지만 그림 없는 글쓰기 활동으로 10칸 국어 공책을 활

용한다. 초기에는 학교에서 연습할 기회를 주고 낱말 수첩도 활용한다. 필요한 경우 가정용 낱말 수첩을 활용할 수 있도록 안내한다. 글쓰기 결과는 교사가 매일 읽고 학생의 쓰기 발달 수준에 맞게 개별 피드백을 준다.

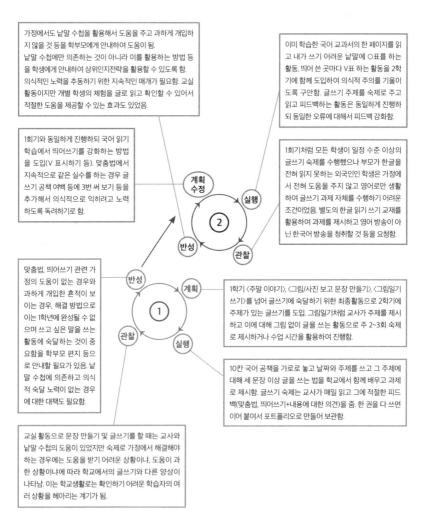

가정에서도 낱말 수첩을 활용해서 도움을 주고 과하게 개입하지 않을 것 등을 학부모에게 안내하여 도움이 됨.
낱말 수첩에만 의존하는 것이 아니라 이를 활용하는 방법 등을 학생에게 안내하여 상위인지전략을 활용할 수 있도록 함. 의식적인 노력을 추동하기 위한 지속적인 매개가 필요함. 교실 활동이지만 개별 학생의 체험을 글로 읽고 확인할 수 있어서 적절한 도움을 제공할 수 있는 효과도 있었음.

이미 학습한 국어 교과서의 한 페이지를 읽고 내가 쓰기 어려운 낱말에 ○표를 하는 활동, 띄어 쓴 곳마다 V표 하는 활동을 2학기에 함께 도입하여 의식적 주의를 기울이도록 구안함. 글쓰기 주제를 숙제로 주고 읽고 피드백하는 활동은 동일하게 진행하되 동일한 오류에 대해서 피드백 강화함.

1회기와 동일하게 진행하되 국어 읽기 학습에서 띄어쓰기를 강화하는 방법을 도입(V 표시하기 등). 맞춤법에서 지속적으로 같은 실수를 하는 경우 글쓰기 공책 여백에 3번 써 보기 등을 추가하도록 의식적으로 익히려고 노력하도록 독려하기로 함.

1회기처럼 모든 학생이 일정 수준 이상의 글쓰기 숙제를 수행했으나 부모가 한글을 전혀 읽지 못하는 외국인인 학생은 가정에서 전혀 도움을 주지 않고 영어로만 생활하여 글쓰기 과제 자체를 수행하기 어려운 조건이었음. 별도의 한글 읽기 쓰기 교재를 활용하여 과제를 제시하고 영어 방송이 아닌 한국어 방송을 청취할 것 등을 요청함.

맞춤법, 띄어쓰기 관련 가정의 도움이 없는 경우와 과하게 개입한 흔적이 보이는 경우, 해결 방법으로 이는 1학년에 완성될 수 없으며 쓰고 싶은 말을 쓰는 활동에 숙달하는 것이 중요함을 학부모 편지 등으로 안내할 필요가 있음. 낱말 수첩에 의존하고 의식적 숙달 노력이 없는 경우에 대한 대책도 필요함.

1학기 〈주말 이야기〉, 〈그림/사진 보고 문장 만들기〉, 〈그림일기 쓰기〉를 넘어 글쓰기에 숙달하기 위한 최종활동으로 2학기에 주제가 있는 글쓰기를 도입. 그림일기처럼 교사가 주제를 제시하고 이에 대해 그림 없이 글을 쓰는 활동으로 주 2~3회 숙제로 제시하거나 수업 시간을 활용하여 진행함.

10칸 국어 공책을 가로로 놓고 날짜와 주제를 쓰고 그 주제에 대해 세 문장 이상 글을 쓰는 법을 학교에서 함께 배우고 과제로 제시함. 글쓰기 숙제는 교사가 매일 읽고 그에 적절한 피드백(맞춤법, 띄어쓰기+내용에 대한 의견)을 줌. 한 권을 다 쓰면 이어 붙여서 포트폴리오로 만들어 보관함.

교실 활동으로 문장 만들기 및 글쓰기를 할 때는 교사와 낱말 수첩의 도움이 있었지만 숙제로 가정에서 해결해야 하는 경우에는 도움을 받기 어려운 상황이나, 도움이 과한 상황이냐에 따라 학교에서의 글쓰기와 다른 양상이 나타남. 이는 학교생활로는 확인하기 어려운 학습자의 여러 상황을 헤아리는 계기가 됨.

[그림 58] 주제가 있는 글쓰기 실행 분석

맞춤법이나 띄어쓰기, 주술 호응 등에 대한 개별지도도 하고, 해당 내용에 대한 교사의 생각이나 느낌을 적어주기도 한다. 한 권을 다 쓰면 새 공책을 붙여서 포트폴리오로 만든다.

1회기 실행과정에서 가정의 도움을 받기 어려운 경우와 도움이 과도한 경우로 양극화된 사례들을 관찰할 수 있었다. 이를 통해 글쓰기 활동의 목적과 지도 방법 등에 대한 상세한 사전 안내의 필요를 확인했다. 또한 자신의 생각이나 경험을 쉽게 글로 쓰지만 띄어쓰기 오류는 쉽게 개선되지 않는 사례들을 보며 이에 대한 방법을 모색하게 되었다. 낱말 수첩에 의존하여 동일한 맞춤법 오류를 반복하는 현상 역시 마찬가지였다. 의식적으로 띄어쓰기를 확인하고 의식적으로 맞춤법에 맞게 글을 쓰려는 노력을 기울일 수 있도록 교사의 개입이 필요하다는 것을 확인했다. 우섭이와 한길이의 글쓰기는 학년 초에 우려했던 것보다 큰 발전을 보여주었다.

2회기는 글쓰기 숙제에 대한 상세한 사전 안내와 개별적인 안내를 준비했다. 학생들이 읽기에 어느 정도 익숙해졌을 때부터 띄어 쓴 부분에 쐐기표시를 하는 연습을 하면서 띄어쓰기에 의식적으로 주목할 수 있게 했고, 맞춤법이 틀린 경우 공책의 여백 등을 활용해 고쳐서 다시 써 보는 연습을 하도록 했다. 띄어쓰기나 맞춤법 오류가 1회기보다 줄었다는 것을 확인했지만 그 원인은 여러 가지로 생각할 수 있다. 행복이의 글쓰기는 몇 가지 한계는 있었지만 지속적으로 향상되었고 주제에 맞게 일정한 수준의 글쓰기가 가능했다. 반면 사랑이는 2학기 개학 이후 한글 읽기와 쓰기 공부를 처음부터 다시 시작해야 하는 상황이었고, 단자음과 단모음으로 구성된 글자 정도를 읽고 쓰는 수준에서 1학년을 마무리하였다.

4장

어린이 발달과
쓰기 학습의 길항 관계

초등학교 1학년 어린이에게 쓰기는 의미구성과 문자구성이라는 이중의 추상화 과정을 의식적으로 진행해야 하는 새로운 정신 활동이다. **자신의 경험이나 생각을 글로 쓰는 활동을 어려워하는 대부분의 아이들은 무엇을 써야 할지(의미구성) 몰라서 어려움을 겪고, 그다음 떠올린 낱말이나 문장을 어떻게 써야 할지(문자구성) 어려움을 겪는다.** 이중의 추상화 과정을 지원하기 위해 '이행적 쓰기 활동'을 구안하고 2018년부터 2019년까지 2회기에 걸쳐 실행 연구를 진행하고 분석하였다. 실행과정 및 분석 결과를 중심으로 '이행적 쓰기' 프로그램이 어린이 발달과 어떤 길항 관계를 갖는지 살펴보자.

이행적 쓰기 프로그램과 아동학적 발달의 의미

아동학은 어린이에 대한 과학이며, 연구대상은 어린이 발달이다. 어린이 발달은 새로운 것의 출현에 의해 성취되는 인격 형성의 과정이며, 신형성은 앞선 발달에 의해 준비된 것이 사회적 상황의 변화에 따라 분화되고 재구조화되면서 나타나는 것으로, 신체적·기능적·심리적 변화를 의미한다. 사회적 상황의 변화는 어린이가 환경과 맺는 관계의 변화로 성장과 발달에 따라 어린이의 인격이 작용하는 방식이 질적으로 달라지고 그 범위도 넓어지면서 나타나게 된다. 초등학교 1학년 어린이를 위해 구안된 이행적 쓰기 활동은 이런 아동학적 발달의 법칙을 근거로 한 것으로 그 발달적 의미를 다음과 같이 숙고할 수 있을 것이다.

체험에 기반한 의미 중심 접근법으로서의 이행적 쓰기

비고츠키는 인간 발달에 대한 전성설이나 사회적 행동주의를 모두 비판하며 어린이와 환경 사이에 존재하는 관계의 변화에 주목해야 함을 역설한다. 이런 관계를 분석하는 최소단위는 '체험'이다. 체험은 환경 속의 그 무언가에 대한 나 자신의 느낌을 겪고 의미화하는 것이다. 소득, 학력 등의 지표로 존재하는 환경이 아니라 어린이가 그 환경을 어떻게 체험하느냐에 본질이 있다. 동일한 체험을 해도 어린이의 발달 연령에 따라 그 의미가 달라지기도 하고, 어린이의 개별적 인격에 따라 달라지기도 한다. 즉, 체험은 어린이의 인격적 특성(주관적, 인격적)과 상황적 특성(객관적, 환경적)이 통합되어 나타난다. 비고츠키는 인격 형성이라는 발달과정에 연령기마다 다른 특이점이 있다는 것을 밝히고 이를 안정적 연령기와 위기적 국면으로 정리했다. 위기적 국면은 날카롭게 집중된 주요한 변화와 단절이 드러나는 시기다.

초등학교 1학년 어린이는 7세의 위기에 있다. 물론 어린이마다 발달의 속도가 다르기 때문에 이미 위기적 연령기를 통과한 어린이도 있을 것이다. 일반적인 어린이는 7세의 위기를 통해 '지성화된 말과 행동, 체험의 공동일반화, 원시적 자아'라는 신형성을 산출한다. 이 과정에는 학교 입학이라는 새로운 사회적 상황이 주요하게 작동한다. 발달의 최종산물로 존재하는 교사와 협력적 모방의 대상이 되는 또래 학습자, 그리고 문화적 산물로 제시되는 교육과정과 교수-학습, 그리고 이런 사회적 상황을 겪어가는 나(어린이)의 체험이 상호작용하는 것이다.

이행적 쓰기 활동을 구성하는 8개의 프로그램은 모두 어린이의 체험을 주요 텍스트로 하는 학습자 중심 교육을 지향한다.

① 입학적응기 진단활동에서 진행하는 '우리말 우리글' 기초학습은 어린이의 경험에서 나오는 말을 토대로 진행되는 학습활동이다. 평창 동계 올림픽이 끝난 지 얼마 안 되는 시점이었던 2018년에 모음 ㅕ를 배울 때는 '영미'를, 자음 ㅍ에서는 '평창, 평화'를, ㅌ을 배울 때는 '트럼프, 볼턴'을 외치곤 했다.

② 자모의 소릿값과 글자의 짜임을 배울 때는 이미 지난 학습영역에 있는 학생들과 아직 먼 학습영역에 있는 학생들도 즐겁게 참여할 수 있도록 추측하기 게임을 차용하여 실행하였다.

③ 낱말 수첩은 어린이의 체험에 기반한 의미구성 활동을 존중하고 그 의미를 기록할 수 있도록 문자구성을 지원하기 위해 개발된 활동이다.

④ 겪은 일 소감 말하기 역시, 어린이가 공동의 체험을 의미화하고 이를 문자로 기록하는 과정을 교사의 매개 활동을 통해 간접 교수하기 위한 것이다.

⑤ 주말 이야기는 어린이 개인의 체험을 의미화하고 이를 친구들 앞에서 말로 이야기함으로써 공동일반화하는 과정을 지원하는 활동이다.

⑥ 사진 보고 문장 만들기는 공동의 체험을 담은 시각자료(사진)를 매개로 체험을 회상하고 의미화하는 활동이다.

⑦ 함께 쓰는 그림일기는 그리기라는 매개 활동을 통해 체험을 회상하고 의미화하여 기록하는 활동이다.

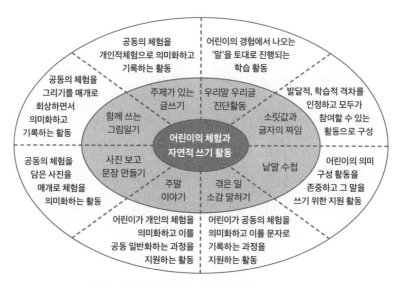

[그림 59] 어린이의 체험에 기반한 이행적 쓰기 활동 구성

⑧ 주제가 있는 글쓰기는 공동의 체험을 매개 활동 없이 개인적 체험으로 의미화하고 기록하는 활동이다. 이를 그림으로 정리하면 [그림 59]와 같다.

이런 과정 전반에서 1학년 쓰기 학습의 객관적 계기들, 즉 교육과정과 교과서로 구현된 학습 내용들이 통합되어 실행된다. 교사는 어린이가 체험을 의미화하는 모든 과정에서 어린이의 발달과 학습 상황을 진단하며 근접발달영역을 사회적으로 구성해내기 위해 노력하고, 동료 학습자는 상호적이며 협력적인 모방을 통해 학습하며 발달하는 관계를 맺는다. 어린이는 이 과정에 참여하면서 개인적 체험을 공동일반화하거나 공동의 체험을 개인적으로 의미화하는 과정에 대해 숙달하며 쓰기 활동으로 외현화한다. 이는 교과서의 내용 구성이 어린이의 체험 '외적'으로 존재하기 때문에 구현하기 어려운 의미 중심 접근법을 교실 현장에서 실천할 수 있는 접근법이라고 볼 수 있다.

개인 간 기능에서 개인 내 기능으로의 이행적 쓰기

비고츠키는 인간의 모든 심리적 기능은 무대에 두 번 나타난다고 역설한다. 먼저 사회적으로, 정신 간 범주로 나타났던 것이 내재화되면서 개인적으로, 정신 내 범주로 나타난다는 것이다. 외부에서 내부로 전이되는 내재화는 복사의 과정이 아니라 개인의 심리 구조와 기능 자체를 변화시키는 과정이다. 어린이가 가정에서, 교실에서 경험하는 모든 사회적 관계와 기능은 어린이가 어린이 자신과 맺는 내적 관계와 기능으로 재구조화된다.[39]

이는 고등정신기능의 발달을 이끄는 학습에서도 동일하게 적용된다. 학습과 발달이 분리된 별개의 현상이 아니라 학습을 통해 정신 기능 발달을 이끄는 상호적 관계이기 때문이다. 이러한 인간의 문화적 발달의 법칙을 문식성 발달을 위해 구안된 이행적 쓰기 프로그램 개발에서도 적극적으로 차용하였다. 이행적 쓰기 프로그램은 각기 서로 다른 양상으로 사회적 활동을 구축하고 이를 기반으로 개인별 활동으로 이행할 수 있는 구조로 설계되었다.

〈표 11〉은 이행적 쓰기 활동이 어떻게 사회적 기능에서 개인적 기능으로 이행하도록 구안되었는지를 보여준다.

① 우리말 우리글 진단할동은 교사와 학생들이 함께 하나의 자모음자에 대한 소릿값을 익히고 해당 자모가 들어간 낱말 찾기 활동으로 시작한다. 교사는 학생들이 찾는 낱말을 칠판에 기록하고 자모가 글자의 어느 부분에 있는지 시각적으로 한 번 더 확인해주는 매개 활동을 한다. 이후 학생들은 개인 공책에 해당 자모가 들어간 낱말을 그림으로 그리거나 글자로 쓰는 과정을 거친다.
② 자모의 소릿값과 글자의 짜임을 익히기 위해 구안된 추측하기 게임을 하면서 어떤 자모가 들어갈지 추측하고 정답을 찾는 활동에 참여한다. 교사는 정답 찾기에 필요한 상위인지전략 사용법을 여러 방식으로 매개해준다. 이후에는 교사의 매개 활동 없이 스스로 상위인지전략을 사용하여 참여하도록 한다.

---

39) 비고츠키는 문화적 발달의 일반적 발생 법칙을 다음과 같이 공식화했다. "어린이의 문화적 발달에서 모든 기능은 무대에 두 번, 두 국면에서, 즉 처음에는 사회적으로, 그런 다음 심리적으로 나타난다. 처음에는 사람들 사이에서 정신 간 범주로, 그런 다음 어린이 내에서 정신 내 범주로 나타난다. 이것은 자발적 주의, 논리적 기억, 개념 형성 그리고 의지 발달에 동일하게 적용된다. 우리는 표현된 입장을 하나의 법칙으로 간주할 권리가 있다. 그러나 물론 외부로부터 내부로의 전이는, 구조와 기능을 변화시킴으로써 과정 자체를 변형시킨다. 모든 고등 기능과 그 기능 간 관계의 배후에는 발생적으로 사회적 관계 즉 사람들 사이의 실제 관계가 존재한다."(Vygotsky, 1997:106; Vygotsky, 2013:488)

(점선 테두리와 음영 표시는 해당 활동의 초기에만 활성화되거나 상황에 따라 생략되는 활동이라는 의미임)

	정신간(사회적) 활동	이행적 활동	정신내적(개인적) 활동
우리말 우리글 진단활동	교사, 학생들과 함께 자모별 소리가 들어간 낱말 찾기	함께 찾은 낱말을 칠판에 기록하고 읽어보기	개인별 공책에 자모별 소리가 들어간 낱말 의미를 그리거나 쓰기
자모의 소릿값 글자의 짜임	추측하기 게임을 하면서 자모의 소릿값에 맞는 글자 찾기	정답 찾기에 필요한 상위인지전략 매개하기	매개활동 없이 스스로 상위인지전략 사용하기
낱말 수첩	다른 활동을 통해 체험에 대한 공동 의미 구성에 참여하기	구성된 의미를 담은 글말을 교사가 기록해주기	교사의 기록을 보고 스스로 쓰기 숙달하기
겪은 일 소감 말하기	공동으로 겪은 일에 대한 소감을 나누는 활동에 참여하기	문장으로 기록하는 과정을 학생들에게 보여주기	교사의 기록 과정에 집중하며 쓰기 과정에 간접적으로 참여하기
주말 이야기	개인 경험을 공동 일반화하여 소개하거나 청자로 참여하기	공동일반화를 위한 매개 과정 지원하기	이야기를 선택하여 읽고 개인적 의미를 담아 그리거나 쓰기
사진 보고 문장 만들기	공동의 경험을 담은 사진 선택하고 이야기 나누기	낱말 수첩으로 글쓰기 지원하기	개인적 의미를 담은 문장을 만들어 쓰기
함께 쓰는 그림일기	공동의 경험에 대해 이야기 나누기	낱말 수첩 활용 및 정확성 지원을 위한 피드백	개인적 의미 구성에 따라 그림을 그리고 글로 쓰기
주제가 있는 글쓰기	주제에 대한 경험, 소감 나누기	낱말 수첩 활용 및 정확성 지원을 위한 피드백	개인적 의미 구성에 따라 글쓰기

③ 〈낱말 수첩〉은 사진 보고 문장 만들기나 함께 쓰기는 그림일기, 글쓰기를 하면서 체험에 대한 공동 의미구성에 참여하고 교사는 도움이 필요한 학생에게만 문자로 기록하는 방법을 알려준다. 학생은 교사가 기록해준 문자를 보고

글을 쓰면서 숙달하는 과정을 거친다.

④ 〈겪은 일 소감 나누기〉는 공동으로 체험한 것에 대한 개인적인 소감을 나누는 활동이다. 교사는 그 내용을 문장으로 기록하는 과정을 TV 화면을 통해 보여주고 교사의 쓰기 과정에 학생들은 간접적으로 참여하는 구조다.

⑤ 〈주말 이야기〉는 개인적인 경험을 공동일반화하면서 친구들에게 소개하거나 다른 친구의 소개 활동에 청자로 참여한다. 교사는 공동일반화를 위한 매개 과정을 지원한다. 친구들의 이야기 중 하나를 선택하고 이야기를 읽고 개인적 의미를 담아서 다양한 읽기 후 활동을 한다.

⑥ 〈사진 보고 문장 만들기〉는 공동의 경험을 담은 사진을 선택하고 이야기를 나눈 다음 개인적 의미를 담은 문장을 만들어 글로 쓴다. 글말로 기록하기 어려운 학생들을 위해 낱말 수첩을 사용한다.

⑦ 〈함께 쓰는 그림일기〉는 공동의 경험에 대해 이야기를 나누고 개인적 의미구성에 따라 그림을 그리고 글로 쓴다. 교사는 낱말 수첩을 활용하거나 정확성을 위한 피드백으로 지원한다.

⑧ 〈주제가 있는 글쓰기〉는 아주 초기에만 주제에 대한 경험이나 소감 나누기 활동을 도입한다. 개인적 의미 구성에 따라 글을 쓰고 교사는 정확성을 위한 피드백을 지속한다.

〈표 11〉에서 점선 테두리에 음영이 들어간 것은 해당 활동의 초기에만 활성화되는 활동이거나 상황과 맥락에 따라 생략될 수도 있는 활동이라는 것을 의미한다. 사진 보고 문장 만들기, 함께 쓰는 그림일기, 주제가 있는 글쓰기 같은 정신간(사회적) 활동은 초기에만 주로 집중해서 진행하고 이후에는 생략된다. 이는 어린이의 쓰기능력이 어느 정도 자리 잡았기 때문에 의미구성을 위한 공동 활동이 불필요해지고 배경으로 물러나게 되었음을 의미한다. 자모의 소릿값과 글자의 짜임을 익히는 이행적 활동으

로 답을 찾기 위한 상위인지전략에 대한 직접 교수 역시 활동 초기에는 관찰 중심으로 생략하고, 중기에 등장했다가 후기에는 다시 생략하게 된다. 이는 인지 전략 사용에 대한 근접발달영역을 진단하기 위한 측면이 강하다. 겪은 일 소감 말하기에서 교사가 아이들의 말을 문장으로 기록하는 과정을 보여주는 매개 활동 역시 아이들이 소감 말하기나 문장 쓰기를 어느 정도 숙달한 후기에는 생략하는 활동이다.

　사회적 의미 구성 활동으로 시작해서 교사의 매개 활동을 거쳐 개인 내적 활동으로 이행하는 과정을 통해 근접발달영역과 근접학습영역을 사회적으로 구성하는 과정이 바로 이행적 쓰기 활동이다. 이는 교실 안에서 역동적으로 펼쳐지며 상황 맥락에 따라 다사다난하게 전개되는 과정이다. 이 과정에서 무엇보다 중요한 것은 어린이의 체험을 중심에 두고 정신 기능 발달뿐 아니라 정서 발달에도 주의를 기울이는 것이다. 부족한 것을 배워가는 과정이 긍정적인 성취의 기쁨을 체험하는 것으로 이어질 수 있도록 해야 한다. 어린이의 발달과 학습에 대한 아동학적 이해를 통해 교사는 더 긴 호흡으로 학생들과 만나고 그들의 배움을 지원하는 과정을 효과적으로 구성할 수 있을 것이다.

근접발달영역의 사회적 구성으로서의 이행적 쓰기

　근접발달영역은 비고츠키의 가장 대표적인 개념으로 어린이의 정신 발달에서 실제적인 발달 수준과 잠재적인 발달 수준 간의 거리를 의미한다고 흔히 알려져 있다.[40] 그러나 선행연구를 통해 살펴보았듯이 근접발달영역은 어린이 발달에 대한 분석의 한 부분으로 도입되었기 때문에 비고츠키가 말한 '학습이 아닌 발달'이라는 의미를 먼저 이해해야 한다. 비고츠키는 어린이 발달의 과정이 심리적 구조, 심리적 기능(지각, 기억, 말하기, 생각하기) 간의 통합적 관계뿐 아니라 어린이가 자신의 환경과 맺는 관계에 대한 설명도 가능하도록 통합된 온전체로서의 어린이(whole child)를 탐구해야 한다는 것을 강조한다(Vygotsky, 2015, 2016 등). 이를 다양한 실험 등을 통해 탐구하면서 어린이 발달은 유아기부터 청소년기까지 상대적으로 긴 단계적 시기의 연속물로 짧은 위기적 국면과 번갈아가며 나타난다고 제안했다. 각 연령기에는 특정한 발달의 사회적 상황이 있고, 그에 따른 모순을 해결하기 위해 정신 기능의 재구조화가 일어나면서 신형성이 발생한다는 것이다. 각 연령기에 생성된 신형성은 아직 발달하지 않은 정신 기능과 관련된 발달의 사회적 상황, 그리고 어린이가 상호작용한 결과이며, 어린이의 정신 기능을 재구조화하는 데 기여하는 활동을 '선도적 활동'이라고 했다. 활동 자체가 어린이를 발달하게 만들지 않는다. 오히려 선도적 활동을 실행하기 위해 그 활동에 요구되는 정신 기능을 사용하게 되고 그 정신 기능이 현 연령기의 모순을 해결할 수 있는 근접발달영역에 있을 때 해당 정신기능을 숙달하면서 신형성으로 나타나는 것이다(Vygotsky, 2016; Chaiklin, 2003).

이러한 채클린(Chaiklin, 2003)의 논의에 따라 근접발달영역은 한 연령기에서 다음 연령기로의 이행에 필요한 발달 중인 정신 기능을 밝히기 위한 것이며, 다음 연령기로의 이행에 필요한 발달 중인 기능과 연관된 어린이

---

40) '근접발달영역'이라는 용어는 1962년 '생각과 말' 영문판에서 처음 사용되었지만 1978년 비고츠키의 주요 저작을 편역한 '마인드 인 소사이어티' 6장을 통해 영어권 독자나 연구자들에게 관심을 끄는 개념으로 자리 잡게 되었고, 이 시기부터 단순화된 형태로 교육 연구 집단에 널리 알려지게 되었다(Chaiklin, 2003).

의 현재 상태를 확인하기 위한 것임을 확인할 수 있다. 채클린은 근접발달영역을 '객관적 근접발달영역'과 '주관적 근접발달영역'으로 구분하여 논의를 진행한다. 객관적 근접발달영역은 다섯 번의 위기와 여섯 번의 안정적 연령기로 나타나는 일반화된 발달의 과정을 지칭한다면, 주관적 근접발달영역은 개별 어린이 발달의 현 상태를 의미한다(Chaiklin, 2003).[41]

실제 발달 수준의 진단은 다음 발달 수준을 예비하기 위한 것이고 그것이 바로 근접발달영역이다. 어린이의 주관적 근접발달영역은 '모방'을 통해 확인할 수 있다. 모방은 이해를 수반하는 내용과 형식에 대해서만 가능하기 때문이다. 모방이라는 협력적 매개의 주요 초점은 어린이가 이런 매개의 이점을 취할 수 있어야 한다는 것이다. 현재 발달 중인 기능을 모방을 통해 숙달하는 과정으로 진행되어야 한다(Chaiklin, 2003; Vygotsky, 2016;).

근접발달영역은 어린이의 발달을 효과적으로 지원하기 위한 개념으로 구안되었다고 볼 수 있다. 이미 발달된 것이 아니라 발달 중인 정신 기능에 초점을 둔 교수-학습을 통해 다음 연령기로의 이행을 지원하기 위한 것이다. 초등학교 1학년 교실은 7세의 위기 국면을 이미 지나 학령기로 진입한 어린이, 7세의 위기를 지나고 있는 어린이, 아직 전학령기에서 7세의 위기로 진입하지 못한 어린이 등으로 다양하게 구성되어 있다. 이 연구는 교실 속 어린이의 주관적 근접발달영역을 진단하고, 그에 맞는 교수-학습 활동을 통해 학령기로 이행할 수 있도록 지원하는 선도 활동으로 쓰기 학습을 선정하고, 이행적 쓰기 프로그램을 구안했다.

7세 위기의 신형성인 지성화된 말, 지성화된 행동, 체험의 공동일반화를 통해 원시적 자아의 출현이 가능하도록 학교생활의 여러 경험에 대해 생각하고 말하고, 듣고 생각하고, 말하고 듣고 생각한 것을 쓰는 활동을

[그림 2]와 같이 구조화했다. 초기 쓰기 학습은 의미구성과 문자구성이라는 이중의 추상화를 요구하는 정신적 과업으로 서로 중첩되고 연결되는 여덟 가지 활동으로, 시기와 상황에 따라 중심적 활동과 주변적 활동으로 재구조화되며(《표 6》 참조), 교실 속 어린이의 주관적 근접발달영역에 따라 변주된다. 주관적 근접발달영역을 확인하고 다음 연령기로의 이행을 촉진하기 위해 교사와 동료 학습자를 통한 모방 기능을 적극적으로 차용한다. 체험에 대한 느낌이나 생각 공유하기, 낱말 수첩 사용 전략, 추측하기 게임에서 전략의 사용 등이다.

비고츠키의 아동학적 논의에 비추어 볼 때 초등학교 1학년 교실에서 쓰기 학습은 단순히 쓰기 '기능'의 학습이 아니라 어린이의 체험을 중심에 둔 어린이의 '말과 생각 발달'을 지원하는 과정이 되어야 한다. 어린이의 체험을 중심에 두어야 하는 이유는 어린이가 자기-인식으로 진술하는 체험 자체가 바로 어린이의 인격과 환경이 통합되어 나타나는 주관적 근접발달영역으로 보여주기 때문이다. 이는 곧 어린이의 말과 생각에 주목하는 교수-학습 활동이 필요한 이유이기도 하다.

---

41) 비고츠키는 '연령의 문제'라는 논문에서 다음과 같이 진술한다. "연령기의 문제는 아동학 이론 전체의 핵심적 질문일 뿐 아니라 아동학적 실천의 핵심적 열쇠이기도 하다. 이 문제는 어린이 발달 연령기의 진단과 직접적이고 매우 밀접한 연관이 있다. 어린이 발달의 진단은 대개 아동학 연구에서 어린이가 도달한 실제 발달 수준을 규정하는 과업에 이용되는 특별한 체계를 가리킨다(Vygotsky, 1998:199; Vygotsky, 2016:105)".

배움이 느린 학생들의 활동 참여 과정 및 결과

이행적 쓰기 프로그램을 구안하고 2년간 실행연구를 진행하면서 진단활동을 통해 연구 참여 학생을 선정하고, 각 프로그램을 진행하면서 다른 학생들을 비교집단으로 설정하고 연구 참여 학생들의 참여 양상을 분석했다. 이를 토대로 각 사례의 참여 과정과 결과를 다시 살펴보면 다음과 같다.

교실을 통한 환경의 재구조화: 한길

한길이는 사회적으로 의미 있는 의사소통 경험을 통한 자생적 학습이 매우 부족한 상태로 학교에 입학했다. 대화가 많지 않았고 표현 역시 일반적인 1학년 학생들과는 거리가 멀었다. 초등학교 입학이라는 낯선 환경에의 진입으로 위축된 것은 아닐까 생각했지만 그것 때문만은 아님을 확인하는 과정도 있었다. 직전 교육 이력을 살펴보면 꾸준히 어린이집을 다녔음에도 건강상의 이유로 결석하는 날이 잦았다고 한다. 그러나 건강상 특이점에 대한 조사(응급처치동의서, 식품 알레르기 조사 등 법적 조사 자료) 자료를 보면 건강에 별다른 문제는 없는 것으로 보고되었다. 한길이가 다녔던 어린이집 교사는 한길이가 3월 한 달 동안 한 번도 결석하지 않았다는 말에 놀라기도 했다.

수업 시간이나 쉬는 시간에 한길이는 "쉬 마려워요. 쉬쉬쉬"하며 손으로 오줌보를 감싸고 몸을 흔들며 앞으로 나왔다. 처음에는 다녀오라고 반응했지만 이런 유사한 상황들이 반복되면서는 의도적으로 사회적 소통 방식에 대해 가르쳐야 할 필요를 느꼈다. 사용하는 언어 표현이 전학령기에 머무르고 있다는 인상을 강하게 받았기 때문이다. "선생님, 화장실 다녀오겠습니다."라고 고쳐서 말을 한 다음 다녀오도록 하는 식으로 진행했다.

초기 문해와 관련된 소통이 상당히 부족한 환경에 처해 있음을 확인하는 과정을 통해 교실과 교사, 또래 학습자라는 새로운 환경이 그간의 결핍을 보충하고 보완하는 계기가 되어야 한다고 판단했다. 다른 학생들의 말에 비추어 그 또래에서 사회적으로 통용되는 말을 배우는 것이 무엇보다 중요한 과제이고, 이는 읽기 쓰기와 같은 글말학습을 통해 시간이 더 단축될 수도 있다고 예상했다. 한길이의 심리적 기능이 또래에 비해 크게 떨어지지 않는다는 것을 여러 사건을 겪으면서 확인하기도 했다.

3월 진단활동을 통해서 모음자와 자음자 모양을 익히고, 소리를 익히고, 그 소리가 들어 있는 낱말을 찾는 과정을 거치면서 한길이는 글자에 호기심을 느끼며 적극적으로 참여하려는 모습을 보여주었다. ㅌ 소리가 들어가는 말을 찾아보자고 했을 때 입을 움직이며 찾으려고 하거나 친구들이 발표하는 것에 귀 기울이는 모습을 보면서 근접학습영역에 진입했음을 확인하기도 했다. 그렇다고 다 해결되는 것은 아니었다. 4월이 되어 교과서 수업을 통해 자음과 모음의 소릿값과 모양 등을 다시 배우고, 글자의 짜임을 학습하기까지 기다림의 시간이 필요했다. 입말 의사소통 능력이나 초기 문해가 갖추어지지 않은 한길이는 소리와 글자 대응 관계를 교육과 정상 정해진 시기에 맞추어 학습하는 데 어려움을 겪을 수밖에 없었다. 그런데도 글자의 짜임을 학습하는 과정에 도입한 추측하기 게임이나 주말 이야기 활동이 한길이와 같은 일반적인 읽기 쓰기 부진 학생들에게 자신의 수준에 맞는 자연스러운 읽기 쓰기 활동 참여를 보장해준다는 것을 확인했다. 낱말에서 문장을 학습하는 시기인 5월 무렵, 한길이는 쉬는 시간에도 친구들과 함께 만든 '주말 이야기' 책을 살펴보고 있었다.

5월 말부터 6월까지 진행된 그림이나 사진 보고 문장 만들기 활동에서 한길이는 '미소 발생(아하 경험)' 과정을 겪은 것으로 보인다. 내 생각이나 말을 글로 쓰는 과정에서 이 소리가 이런 자모로 표시되고 이런 자모가 모여서 이런 글자와 소리가 된다는 것을 깨닫기 시작한 것이다. 읽기 숙달이 되지 않은 상황에서도 쓰기 학습을 하면서 읽기 쓰기가 동시에 숙달될 수 있음도 확인했다. 의미구성 능력이 문자구성 능력의 결핍으로 산해되지 않도록 낱말 수첩을 활용했던 부분이 크게 작용했다고 해석할 수 있다.

2학기가 되어 한길이는 아주 숙달한 것은 아니지만 글을 읽고 쓰는 것을 스스로 할 수 있었다. 낱말 수첩의 도움을 계속 받기는 했지만 내 생각과 말을 글로 쓴다는 것에 대한 두려움은 없는 것처럼 보였다. 11월 중순에 했던 '내가 좋아하는 시간'이라는 글쓰기에서 127자, 32낱말, 5문장을 구성했고, 문장당 글자 수는 25.4개로 최솟값(17)보다는 크고 평균(27.1)보다는 약간 못 미치는 성취를 보여주었다. 이런 양적 성취가 한길이의 모든 것을 다 설명해줄 수는 없지만 가장 간단하게 보여주는 방법이기도 하다.

한길이는 가정과의 연계 지도를 통한 학습과 발달을 기대하기 어려운 환경이었다. 초등학교 1학년 어린이 환경에서 절대적인 부분을 차지하는 가정의 의사소통 환경이 부족한 상황이라는 것을 여러 정황을 거치면서 감지했다. 한길이에게는 다른 누구에게보다 친절하게 말해주고, 눈을 마주 보며 대화를 나누는 법을 가르쳐주고, 아주 작은 성취에도 스스로 만족감을 느낄 수 있도록 칭찬을 해주는 과정이 필요했다. 그 결과 '어린이집과는 달리 학교에 다니면서는 가기 싫다는 말을 한 번도 하지 않았다'라고 한다. 보호자와의 2학기 전화 상담을 통해서 확인한 내용이다. 한길이는 하루도 결석하지 않았다.

한길이가 처한 개인적인 환경이나 조건은 바꾸기 어렵다. 그러나 교실이라는 상황은 바꿀 수 있다. 초기 문식성이 충분하지 않은 환경에서 입말과 글말 의사소통능력이 충분히 발달하지 못했지만 1학년 교실 환경을 어떻게 구성해주느냐에 따라 달라질 수 있다는 것을 확인한 셈이다. 발달의 최종 산물로 존재하는 교사와 더 높은 발달 수준에 도달한 또래 학습자들의 긍정적인 피드백과 상호작용이 존재하는 교실이 갖는 의미를 확인할 수 있었던 사례이다.

교실을 통한 객관적 환경의 확장이나 재구조화에 대한 논의는 단순히 교사의 기능과 역할을 넘어선 '교실 분위기(classroom climate)'에 대한 논의로 이어지고 있다. 아네르트 등(Ahnert et al, 2012)은 독일의 1학년 학생들의 코르티솔 분비를 통해 긍정적 상호작용 여부가 어떤 영향을 미치는지 연구하기도 했고, 모엔 등(Moen et al, 2019)은 불리한 조건에 있는 어린이에게 교실 분위기가 어떤 역할을 하는지에 대해 탐색하기도 했다. 불리한 조건의 어린이에 대한 교실에서의 정서적 지원이 매우 중요한 환경적 요인임을 밝혔다. 사라 등(Sara et al, 2019)은 영국의 1학년 학생들의 주의력과 관련하여 긍정적인 교실 분위기와 상호작용은 주의 자원을 학습에 집중하도록 하지만 부정적인 상호작용은 더 많은 주의를 요구하며 주의 자원을 분산시킨다고 보고하고 있다. 특히 한길이처럼 배움이 느린 학습자, 가정에서의 적절한 상호작용이 부족한 학습자에게는 무엇보다 긍정적인 상호작용과 소통 관계가 중요함을 시사해준다고 볼 수 있다.

구조적 위기 넘어서기: 우섭

우섭이는 이란성 쌍생아 중 남아였다. 이란성 이성 쌍생아(dizygotic opposite-sex twins)인 우희(여아)도 같은 반이었는데 우희의 학습이나 발달이 월등히 빨랐다. 처음에 우섭이와 우희는 다른 반으로 편성되었다. 입학식이 끝나고 눈물범벅이 된 우섭이와 함께 부모님이 찾아오셨다. 분리 불안이 너무 심한 상황이라며 우희와 같은 반으로 편성해 달라고 부탁하셨다.[42] 우섭이의 상황을 보니 경험상 어느 정도 짐작되는 것이 있어서 우희와 같은 학급으로 재편성했다. 우섭이는 발음이 정확하지 않았고 의사소통 능력이나 경험을 회상하는 능력, 가위질이나 풀칠, 종이접기, 형태 그리기 등 손과 눈의 협응이 필요한 조작 활동이 상당히 서툴렀다. 자모의 이름은 어느 정도 익힌 상태지만 소리와 문자를 연결하지 못하는 상태였다. 반면 우희는 발음도 정확했고 의사소통능력이나 조작활동 등에서 일반적인 1학년 아이들과 다르지 않았다. 우섭이는 우희에게 의존적이었고 우희는 우섭이의 대변인이 되기도 했다.

우섭이가 처한 구조적 요인을 고려할 때 상대적으로 발달이 빠른 우희의 영향이 우섭이의 환경적 조건을 제약하는 것은 아닌가 의심하게 되었다. 1학년 담임을 하면서 두 번 이란성 이성 쌍생아를 직접 가르쳤고,

동학년 다른 학급을 통해 간접적으로 경험했던 것에 따르면 이란성 이성의 경우 대부분 여아가 발달이 빠르고 일반적인 또래 집단과 비슷한 수준이라면, 남아는 대근육 발달을 제외한 전반적인 발달이 더디게 나타났다. 이런 발달적 차이는 구조적 불균등으로 그 차이가 더 심화되는 것처럼 보인다. 초기 언어 발달이 빠른 여아가 대부분의 가정이나 어린이집 등에서의 언어적 상호작용 등을 독점하는 현상을 만들어내고, 부모나 교사도 소통이 쉬운 여아를 통해 남아의 유치원, 학교생활 등에 대한 정보를 얻는 악순환을 형성하고 있는 것처럼 보였다. 그렇기에 여러 가지 이유로 이성 이란성의 경우 부모는 동일반 편성을 희망한다.[43] 우섭이만 우희에 의존적인 것이 아니라 부모 역시 우희를 통해 정보를 공유하고 있다는 것을 몇 차례의 상담 과정을 통해 확인할 수 있었다. 더불어 이란성 이성 쌍생아의 경우 여아는 남아에 대한 상대적 불평등을 경험하고 있는 것은 아닌가 하고 가정할 수 있다. 한국적 상황에서 남아 선호는 의존적 남아, 독립적 여아라는 부수 현상을 만들어내고 이런 가정과 사회의 관행은 여아의 독립적 발달을 가속하는 반면, 상대적으로 남아의 발달적 상호 작용을 저해하는 것처럼 보인다. 하지만 이에 대한 직접적 선행연구는 찾지 못했고 단정하기 어려운 가설이다.

　　우섭이 보호자와의 상담을 통해 우섭이와 우희에 대해 독립적으로

---

42) 보통은 쌍생아의 경우 예비소집일에 분반에 대한 의사를 표현한다. 쌍생아, 친인척, 유치원에서의 경험 등을 이유로 같은 반, 혹은 다른 반에 편성해줄 것을 요청한다.

43) 쌍생아의 경우 동일반 편성이 강점이 있는가에 대한 여러 연구는 유의미한 상관이 없다고 보고하고 있다. 대부분의 나라에서 다른 반 편성을 권장하고 있는 관행은 실증적 증거가 부족하며, 부모와 쌍생아, 교사의 의견에 따르도록 해야 한다는 것이다(White et al, 2018).

대해주시고, 우섭이와의 대화에 집중할 수 있는 별도의 독립된 시간을 정기적으로 갖는 것이 좋겠다는 의견을 드렸다. 그러나 현실은 쉽지 않았다. 몇 년간 익숙해진 가정의 문화적 환경을 바꾸는 것은 쉽지 않았고 우섭이는 11월까지도 주말 이야기 때 자신이 주말에 어떻게 지냈는지 능숙하게 소개하지 못하는 모습을 보여주었다. 그럼에도 이행적 쓰기 프로그램으로 구안된 일련의 의미구성 활동에 지속적으로 참여하고, 낱말 수첩을 통해 문자구성의 도움을 받으면서 느리지만 지속적인 향상을 보여주었다. 학년 말이 되었을 때 관심이 있는 주제에 대해 글을 쓰는 능력은 상당한 수준으로 향상되어 '내가 좋아하는 시간'을 주제로 한 글쓰기에서 169자, 43낱말, 7문장으로 구성된 글을 써서 중앙값을 상회하는 결과를 보여주었다.

개인의 경험을 회상하여 언어화(의미화)하는 체험의 공동일반화라는 정신 기능은 우섭이에게 여전히 근접발달영역으로 남아 있지만 경험을 글로 쓰는 글말학습에는 상당한 진전을 보여주었다. 지속적인 글말학습의 숙달을 통해 체험의 공동일반화 기능도 발달할 수 있을 것으로 기대한다.

기능적 위기 넘어서기: 행복

행복이는 자기 경험을 이야기하고, 그림으로 표현하고, 놀이에 참여하는 여러 활동에 어려움이 거의 없었다. 3월 진단활동을 통해서 '우리말 우리글' 학습활동과 그 결과를 살펴보면서 겉으로 드러나지는 않지만 기능적 어려움을 겪고 있는 것은 아닌가 짐작하게 되었다. 우섭이나 한길이처럼 두드러진 저발달은 보이지 않았지만 자모의 소리와 문자 인식이 더디다는 점은 확실하게 확인할 수 있었다. 3월 말 학부모 상담을 통해서 어린이집에 다닐 때도 한글 학습을 시키려고 했지만 행복이가 거부했고, 그림을 그리는 것만 좋아한다는 이야기를 들었다. 그림을 잘 그린다고 주변에서 칭찬을 많이 받게 되면서 그림으로 표현하는 것에 고착하게 되기도 하고, 생각을 그림으로 그리듯이 그 생각을 나타내는 말을 글자로 쓸 수 있다는 것에 대한 이해가 형성되지 않았거나 형성될 필요가 없었기 때문이기도 할 것 같다고 판단했다.

좀 더 지켜보기로 하면서 관찰한 결과, 소리를 문자로 연결하지 못하는 것에는 발음상의 오류가 존재한다는 것을 확인했다. 특히 자음자보다 모음자 발음 시 입 모양, 소리가 정확하지 않았다. 겹모음뿐 아니라 단모음에서도 오류가 발생했다. 예를 들어 '이모'를 '이므'라고 하는 식이다. 설소대 유착증인가 싶어 살펴봤지만 육안으로 보기에는 문제가 없어 보였다(김용덕 외, 2002). 청각적 입력의 문제인가 싶었지만 일상적인 의사소통에는 문제가 거의 없는 상황이었고 1학년 시기에 시행되는 건강 검진에서도 청각 관련 진단은 정상군이었다. 더구나 입 모양을 바르게 잡아주고 발음을 따라 하라고 하면 정확한 발음을 구사했다. 이런 과정을 거치면서 유아기 시절에 어떤 외적 자극이 있었는지 확인하기는 어렵지만 청각적 입력과 시각적 입력(입 모양)이 정확하지 않았던 어떤 계기로 인해 낱말의 소리 인식이 불분명하게 습관화된 것은 아닌가 하는 판단을 하게 되었다. 이런 문제를 확인하기까지는 방과 후에 일대일 개별학습을 진행했던 것이 도움이 되었다. 눈에 띄는 변화가 나타나지는 않았지만 대화를 나누면서 발음이 불분명한 낱말 등을 교정해주는 것을 꾸준히 실행했다.

행복이는 우섭이나 한길이처럼 1학기 국어과 교육과정에서 제시하는 문자구성 및 발음 중심 접근법에 따른 교과 수업을 모두 이수해도 자모음과 소릿값의 연결, 글자의 짜임에 대한 이해가 더뎠다. 그럼에도 낱말 수첩이나 체험의 공동 의미구성 활동 등 여러 교수적 지원을 통해 수업에 소외되지 않고 참여할 수 있는 길을 만들어주려고 했고 그 과정을 더디지만 꾸준하게 함께했다. 1학기 말이 되면서 읽기 쓰기 학습에 변화를 보여주었다. 발음이 부정확한 부분은 여전히 있었지만 낱말 수첩의 문장을 옮겨 쓰면서 소리 내어 읽는 연습을 꾸준히 했고 그런 과정을 통해 정확성에 오류는 있지만 낱말 수첩의 도움 없이 스스로 쓰려고 하는 독립적인 쓰기 경향을 보여주기 시작했다.

2학기가 되면서 행복이는 여전히 발음상의 오류가 나타나고 문자 쓰기에도 오류가 있었지만 독립적인 쓰기 경향은 더 강해졌고 쓰기의 양적 증가도 드러났다. 다만, 개인적으로 특별히 의미 있고 재미있는 주제로 제한되고 철자상 오류가 빈번하다는 점에서 완전한 숙달이라고 하기는 어려웠다. 11월 1일 가게 놀이를 한 다음 쓴 글은 240자, 59개의 낱말, 15문장으로 문장당 낱말의 수는 3.9개였다. 11월에 쓴 6회의 글쓰기의 평균은 글자 수 144.2, 34.7 낱말, 10.7문장, 문장당 낱말 수 3.2였다. 이를 2018년 연구 대상 학급의 평균값과 비교하면 모두 평균을 상회하는 수준이다. 그러나 글의 내용을 살펴보면 체험의 공동일반화에서 진전이 있었음에도 여전히 부족한 부분들이 보였다. 또한, 개인 내적 맥락에 제한되어 경험을 공유하지 못한 독자들이 읽으면 이해하기 어려운 내용이 다수 나타났다. 그러나 이런 한계는 행복이처럼 배움이 느린 학습자의 경우에만 해당되는 것은 아니고 1학년 어린이들이 일반적으로 보여주는 현상이기도 하다. 이는 오히려 행복이의 주관적 근접발달영역에 체험의 공동일반화라는 정신기능이 학습을 통해 발달하고 있음을 확인하는 과정이었다.

행복이의 쓰기 학습 과정을 보면서 조음기관이나 청음기관에 발달적 문제가 있는 것은 아닌가 의심했고, 독립적 쓰기가 가능해지는 2학기에는 예외적인 특수한 오류를 확인하면서 발음 자체를 잘못하는 언어 기능상의 문제가 어떻게 해서 발생하게 되었는지 궁금했다. 이경화·전제응(2007:279)은 초기 쓰기를 "의미의 음성화와 문자화"로 정의하면서 글을 읽고 쓰는 기초적인 능력의 한 부분으로 보았다.[44] 그러나 초등학교 1학년 학생들의 초기 쓰기 오류에 대한 연구는 받아쓰기를 통한 전사능력을 분석한 것이 대부분이다. '받아쓰기' 활동이 '의미의 음성화와 문자화'로 해석될 수 있는지는 의문이지만 철자의 정확성을 초기 쓰기의 중요한 변인으로 보는 관점이 지배적이다. 김애화(2009)는 초기 쓰기의 오류를 음운 처리, 표기 처리, 형태 처리 세 가지 유형으로 나누어 분석하고 표기 처리상의 오류가 초기에는 가장 높게 나타난다고 보고하고 있다. 권현옥·김길순·변찬석(2010)은 배움이 느린 학생의 음소인식 학습을 지원하고 사전, 사후 검사를 통해 음소 인식뿐 아니라 받아쓰기와 쓰기 유창성에도 유의미한 변화가 있음을 확인한 바 있다. 최윤정 등(2011)은 일반 학생이나 읽기 장애 학생에 대한 비교연구를 진행했다. 두 집단 모두 낱말 친숙도가 높으면 철자 정확률이 높지만, 언어 학습상 장애가 있는 어린이는 철자 쓰기에 어려움이 나타날 확률이 더 높으며 형태소 인식력과 형태소 수행력이 철자 쓰기 오류로 연결된다고 보았다.

---

44) 이는 이행적 쓰기 활동을 구안하면서 학습자의 경험에 토대한 쓰기를 꾸준히 진행해온 의미구성과 문자구성이라는 이중의 추상화와 상통하는 정의라 할 수 있다. 그러나 초등학생들의 쓰기, 혹은 전사에 대한 연구들을 살펴보면 대부분 받아쓰기를 통한 철자 오류를 분석한 것들이다. 받아쓰기를 할 때 학습자들이 의미를 먼저 생각하고 이를 문자화하는지, 들리는 소리를 그대로 문자화하는지 그 차이에 대한 설명이 부족한 상태이다.

2학기 주제가 있는 글쓰기 공책에서 행복이가 보여준 특이한 오류의 예는 조기(조금), 하났나면(화났나면), 해정(회장), 잘해야즈(잘 해야지), 송푸(소풍), 자준거(자전거), 모까?(뭘까?), 하고 쉬다(하고 싶다), 시었했다(시원했다), 논이(눈이), 아시었다(아쉬웠다), 게손(계속), 김장댔다(긴장됐다), 영슬하니까(연습하니까) 등이다. 자소-음소가 일치하는 경우의 오류가 높은데 이는 실제 소리를 그렇게 인식하고 그렇게 발음하고 있는 경우들이 대부분이었다. 오류 분석에서 형태소의 오류는 대부분 '체언+조사', '어간+어미'의 오류를 분석하는데 행복이의 사례는 체언 자체의 오류나 어간 자체의 오류가 나타나는 경우가 많고 이는 역시 자소-음소 일치에서 발음상의 오류가 반영된 경우가 대부분이었다. 어휘에 대한 친숙성의 측면에서 자신이 의미화한 것을 글로 쓰는 과정이었기 때문에 친숙한 어휘를 사용하고 있다고 보았다. 일상적으로 사용하는 말에서 쓰기 오류가 나타난 것이다. 오류를 확인하면서 발음을 교정해주고 소리 내며 따라 쓰기 연습을 하면 쓰기 오류도 개선되기도 하였다. 그러나 어떤 것은 바로 교정되었지만 어떤 것은 오류가 지속해서 나타나기도 하였다. 잘못된 발음이 오래되어 고착화된 것일수록 자연스러운 쓰기 상황에서 자동적으로 나타날 확률이 높고, 그만큼 교정이 어려운 것은 아닐까 추측했다. 정확한 발음으로 불러주는 받아쓰기에서도 오류가 나타나는지 확인하지 못한 것이 아쉬운 부분이다.

배움이 느린 어린이들의 음소 인식 능력이 부족하다는 의견은 다양한 연구를 통해 이미 확인된 바이다. 그러나 음소 인식 능력의 차이가 어떻게 발생하는지에 대해서는 논의가 부족한 것처럼 보인다. 어린이의 언어 발달에서 음소 인식은 낱말 인식과 음절 인식 이후에 나타난다(엄훈, 2012 등). 낱말의 소리에 대한 인식이 정확해야 음절 인식도 정확하게 진행되고 그 후 음소 인식 학습을 통해 낱말을 음소로 분해했다가 문자로 기록하는 과정이 가능해진다고 볼 수 있다. 행복이의 사례는 단순히 음소 인식이 불분명해서 오류가 나타나는 것이 아니라 낱말 인식이 불분명하게 진행되어야 했던 개인적, 환경적 요인도 있었던 것으로 보인다. 이런 문제는 대부분의 양적 연구에서 기타 오류로 처리하여 분석되지 않는 예외 상황이 아닐까 싶다. 받아쓰기를 하고 그 결과를 양적으로만 분석하는 연구의 한계를 보여주는 것이기도 할 것이다. 학생들의 실제 삶에서 나타나는 체험을 의미화하는 글쓰기 과정에서 자연스럽게 나타나는 문자구성 오류에 대한 추후 연구가 필요한 부분이다.

구조적·기능적·발생적 위기의 중첩: 사랑

사랑이는 부모가 모두 영어를 사용하는 외국인으로 한국에서 2년 반을 거주하며 어린이집과 유치원을 다니다가 초등학교에 입학했다. 가정에서의 의사소통은 영어로 하며, 부모 모두 한국어 의사소통이 안 되고 한글을 읽지 못하는 상태였지만, 사랑이는 어린이집과 유치원의 경험을 통해 입말 의사소통은 어느 정도 가능한 상황이었다. 입학 초기의 필수적인 서류 관련 소통이나 일상적인 가정과의 소통을 모두 영어로 진행해야 했지만 당시 이에 대한 별도의 지원은 전무했고 담임교사의 영어 능력에만 전적으로 의존해야 하는 상황이었다. 이런 이중의 부담을 덜기 위해 사랑이의 한국어 능력을 향상시켜서 사랑이를 통해 의사소통을 할 수 있도록 하겠다는 초기의 포부가 매우 헛된 것이라고 깨닫는 데는 두 달이 걸리지 않았다.

3월 진단활동 시기에는 사랑이의 참여 양상을 관찰하면서 교실에서 이루어지는 담화의 내용과 맥락을 이해하지 못하고 있다는 것을 바로 알 수 있었다. 질문과 전혀 다른 내용을 말하거나 앞의 친구가 했던 말을 그대로 반복하는 모습을 보여주었다. 한국어로 진행되는 수업에 참여하려는 욕구는 있지만 자모의 소릿값을 익히는 과정부터 난관에 부딪혔다. 4월, 소리와 글자의 대응 관계에 대한 교과학습을 시작하면서 정규 교육과정만으로는 불가능한 상황임을 확인했다.

먼저 서울시교육청의 지원을 받을 수 있는지 알아보았다. 다문화가족지원법 및 서울시교육청의 지원 조례에 따라 필수적으로 운영해야 하는 여러 교육 프로그램과 지원책이 있었지만 사랑이가 받을 수 있는 지원 프로그램은 없었다. 법령상 다문화가족이란 결혼이민자와 대한민국 국민으로 이루어진 가족이나 「국적법」에 따라 인지 또는 귀화로 대한민국 국적을 취득한 자와 대한민국 국민으로 이루어진 가족(「다문화가족지원법」제2조)을 의미하기 때문이라고 보인다.

지원받을 수 있는 프로그램이 없다는 것을 확인하고 보호자의 동의를 거쳐 4월 22일부터 주 2회 방과 후 보충학습을 시작했다. 음운 인식 중심으로 구성된 교재를 활용하면서 별도의 학습지도 병행했다. 한국어 사용 시간 및 노출 시간의 절대적 부족 문제를 해결하기 위해 부모 상담을 통해 가정에서 영어 방송이 아닌 EBS 어린이 프로그램을 시청할 수 있게 해달라고 부탁했다. 그런 이후 한 달 넘게 개별지도를 하면서 '난독'이 아닐까 의심을 했다. 어제 배운 '아'를 다음 날 읽어보라고 하면 읽지 못했다. 단모음, 자음+단모음 수준의 글자조차도 읽지 못하는 상황이 한 달 동안 지속되다 보니 다른 해결책이 필요하다는 생각을 했다. 특수교육 연구자

(모 교육대학교 교수)에게 문의한 결과 난독 판정은 초등학교 1학년에서 진행되기 어렵다는 답변을 받았다. 그 후 교원단체 활동을 함께하는 초등특수교사로부터 난독중 어린이를 위해 개발된 한글 학습 앱이 있으니 사용해 보면 좋을 것 같다는 조언을 들었다. 6월 말 보호자의 스마트폰에 '소중한 글'이라는 앱을 설치해주고 매일 30분씩 학습할 수 있게 해달라고 부탁했다. 그리고 학교에서도 점심시간에 스마트패드를 이용해서 10분씩 학습할 수 있게 했다.[45]

한글 학습 교재를 이용해서 지도할 때는 부모가 모두 한글을 읽지 못하기 때문에 과제 등을 수행하는 게 불가능했지만, 한글 학습용 앱은 학교에서 몇 번 사용해 보면 스스로 앱을 실행시켜서 자기 수준에 맞는 음소 인식, 음절 인식, 글자의 짜임 인식 학습을 진행할 수 있어서 무엇보다 도움이 되는 것 같았다. 그러나 7월 2주부터 8월 말까지 외국에 나가면서 한 학기 동안의 노력이 물거품이 되는 것 같았다. 여름방학보다 3주나 더 긴 여행을 마치고 돌아온 첫날 사랑이는 자기 이름을 한글로 쓰지 못하는 상태가 되어 있었다.

2학기의 국어 교육과정은 학생들이 글을 읽고 쓸 수 있다는 것을 전제로 구성되어 있다. 사랑이에게는 너무 먼 학습영역이었다. 어쩔 수 없이 2학기 국어 시간은 담임교사가 이중 수업을 하는 형태로 진행되었다. 사랑이는 한글 학습 앱을 이용해서 스스로 학습하게 하고 다른 학생들은 교육과정에 맞는 수업을 진행한다. 다른 학생들이 개별 활동을 하는 동안

---

45) 이런 조치를 취한 이유는 가정에서 한국어 방송을 보는지 확인하면 계속 영어 방송을 본다고 대답을 하고, 집에서 소중한글을 못 했다는 말을 했기 때문이다.

사랑이의 학습을 확인하고 개별지도 하는 방식이었다. 사랑이에게 낯선 외국의 문자를 익히는 것은 거의 불가능한 것처럼 보였다. 뿐만 아니라 한국 학생들이 다 알고 있는 낱말이지만 유치원이나 1학년 수준의 일상대화에서는 나타나지 않는 낱말들은 전혀 알지 못했고 영어와 연결하지도 못했다. 예를 들면 '요일', '등교', '하교', '교과서' 같은 낱말들이다.

'한국어의 지위가 모국어'가 되는 한국 출생 국제결혼 가정, 새터민, 귀국 가정의 자녀는 일상적 의사소통능력은 양호하지만 학습을 위한 한국어 능력이 부족한 상황이라면, '한국어 지위가 제2언어나 외국어'인 외국 출생 국제결혼 가정이나 중도입국 가정, 외국인 가정의 자녀는 일상적 의사소통 능력도 부족하고 학습을 위한 한국어 능력도 부족하다(이승왕, 2016:164). 이런 구조적인 문제를 극복하는 것은 간단하지 않았다. 학교에서 사용하는 언어와 가정에서 사용하는 언어가 달라서 생기는 문제는 문화적인 정체성 형성, 어휘 학습이나 문법 능력 혼란으로 이어질 수 있다. 이런 상황은 환경적 영향에 의해 읽기 쓰기의 문제가 발생한 경우로 엄밀한 의미에서 난독증이라 볼 수는 없지만 "환경적 불리함에서 기인한 난독 현상을 경험"하고 있는 것(양민화, 2019:140)으로 보였다.

난독 어린이를 위해 개발한 한글 학습 앱은 난관에 빠진 연구자에게 큰 도움을 주었다. 2학기가 되어 사랑이에게 스마트폰이 생기면서 앱을 설치해주고 매일 가정에서 얼마나 학습했는지를 학습 이력을 통해 확인할 수 있었다. 1학년 말이 되었을 때 사랑이가 보통의 1학년 어린이처럼 글을 읽고 쓸 수 있는 상태는 아니었지만 어느 정도의 음운 식별, 단자음+단모음 정도의 글자는 더듬더듬 읽을 수 있게 되었다. 이렇게 부모 모두 한국어가 외국어인 상황이고, 부모의 한국어 학습 및 사용 의지가 없는 상황에서 사랑이가 처한 어려움은 구조적, 기능적, 발생적 위기가 중첩되어 나타났다. 이런 상황은 다양한 중재 활동을 통해서도 쉽게 해결되지 않았다.

유치원과 초등 저학년 학생을 대상으로 한 문식성 및 언어능력 관련 연구를 살펴보면 다문화가정 학생을 대상으로 한 사례가 많이 나타난다. 외국인 가정의 학생뿐 아니라 다문화가정 학생들도 초기 문식성 부족으로 인한 기초 문식성 발달에 장애를 겪고 있다는 것이다. 외국어로 한국어를 익히는 외국인 학생의 한국어 쓰기 발달에 대한 직접적인 연구는 찾기 어려운 상황이고, 다문화 관련 연구에서 부모의 한국어 사용 능력을 변인으로 비교 분석한 연구도 찾기 어려운 상황이라 다문화가정의 난독 및 학습장애 위험군 학생에 대한 연구를 살펴보았다.

이애진·양민화·김보배(2016)는 초등 2~3학년 철자 쓰기 부진 학생을 대상으로 10주간 한글 파닉스 프로그램을 진행한 결과 다문화 학생이 기초선단계의 수행은 가장 낮았음에도 중재를 통해 빠른 향상과 유지기간 내의 높은 수행을 보여주었음을 보고했다. 반면, 정현승·이성숙(2017)은 만6세 난독증 위험군을 대상으로 3주간 음운인식 프로그램을 진행한 결과 모두 정상 수준의 성취를 보여주었으나 다문화가정의 어린이만 유의미하게 낮은 결과를 보여준다고 보고했다. 대상 학년, 사용한 프로그램, 학생별 변인 등이 통제되지 않은 상황이라 이런 상반된 결과를 직접 비교할 수는 없을 것이다. 다문화가정 어린이를 대상으로 한 읽기쓰기 중재 연구와 학습장애 어린이를 대상으로 한 읽기쓰기 중재 연구에 대한 메타 연구(정대영·조명숙, 2019)를 살펴보면 두 집단 모두 유의미한 효과를 보고하고 있으나 쓰기 중재에서는 학습장애 집단의 중재 효과가 유의미하게 더 큰 것으로 나타났다. 이를 통해 다문화가정 어린이의 읽기쓰기 학습이 학습장애 어린이보다 더 어렵고 힘든 과정임을 확인할 수 있다.

　사랑이와의 만남은 20년 넘는 교직 생활에서 외국인 학생을 처음으로 만나는 경험이었고, 교직이 절대 정주할 수 없는 직업이라는 것을 확인하는 과정이었다. 한글 읽기쓰기 수행이 원활하지 않은 상태로 1학년을 마치게 되었다는 것이 큰 부담으로 남았다. 또한 의미구성과 문자구성이라는 이중의 추상화 과정을 지원하기 위한 여러 프로그램을 구안하고 실행했던 것들이 구조적, 기능적, 발생적 모순이 중첩된 상황에서는 역부족이라는 것을 확인하는 과정이기도 했다. 물론 지금까지의 과정이 그러했듯 사랑이와의 경험이 밑거름되어 제2의 사랑이를 만났을 때는 다른 실행 결과를 만들어낼 수 있을 것이다.

이행적 쓰기 프로그램의 실천적 의미

7세의 위기에 있는 초등학교 1학년 어린이와 교사의 교수-학습 활동을 쓰기 발달에 중심을 두고 '이행적 쓰기 프로그램'으로 구안했다. 쓰기는 비고츠키가 어린이의 정신 기능이 재구조화되는 것을 보여주는 외적 활동 중 하나로 연구했던 것으로 초기 쓰기는 '이중의 추상화'라는 정신 기능을 통해 생각과 말, 행동에 인지적인 층을 새롭게 만들어내는 선도적인 학습활동이다(Vygotsky, 1987, 2011). 지난 2년간의 실행연구를 통해 이행적 쓰기 프로그램을 교실 현장에서 실천하고 보완했다.

비고츠키의 저작이 언제나 미완결로 우리 곁에 있듯이 이행적 쓰기 활동 모형 역시 완결된 것은 아니다. 프로그램의 완성은 교실에서 교사와 학생의 의미 있는 배움을 통한 발달과정 속에 잠재되어 있을 뿐이다. 그럼에도 불구하고 실행 연구 과정을 통해 확인할 수 있는 교육적 의미를 이론적 측면과 실천적 측면으로 나누어 정리하고자 한다.

쓰기 학습을 통한 발달

비고츠키는 삼각측정법(triangulation)적 접근을 즐겼다. 동일한 대상을 구조적, 기능적, 발생적 관점으로 나누어 살펴보는 것이다. 비고츠키에 따르면 어떤 구조가 현재 나타나는 것은 특정한 기능을 수행하기 위함이며, 이러한 기능이 나타나게 된 데에는 반드시 발생적 배경이 있다. 어떤 활동의 구조와 기능이 변화하는 것은 발생적 배경의 변화에 따른 것이며, 그 발생적 배경의 변화에는 어린이 정신 기능의 발달, 변화된 발달의 사회적 상황과 신형성이 자리 잡고 있다. 기능은 구조를 설명하고, 구조의 변화는 기능의 변화에 기인하며 이는 질적 변화와 도약을 설명해주는 동일한 대상에 대한 세 측면의 설명인 셈이다. 이런 맥락과 함께 비고츠키의 이론을 문화역사이론(Cultural-Historical Theory)이라 부른다(비고츠키연구회, 2016-a).

비고츠키의 논의에 비추어 구성된 이행적 쓰기 활동의 발달적 의미를 탐색하기 위해 이 삼각측정법을 차용하고자 한다. 먼저 구조적 접근으로 이행적 쓰기 활동을 구성하는 부분들 간의 관계를 살펴볼 것이다. 둘째, 이행적 쓰기 활동의 각 부분들이 어떻게 기능하는지, 어떻게 어린이의 쓰기능력 발달에 기여하는지 살펴볼 것이다. 셋째, 이행적 쓰기 활동이 발달을 이끄는 학습활동으로 어린이 정신 기능 발달, 어린이 인격 형성에 어떤 영향을 주는지 분석한다. 또 이런 구조적, 기능적, 발생적 분석은 이행적 쓰기 활동이 궁극적으로 어린이 자신의 인격 발달에서의 주체적 행위로 수렴되며 이는 곧 행위주체성 발달의 과정의 한 단면을 보여주는 것임을 밝혀보고자 한다.

구조적 접근으로서의 이행적 쓰기 프로그램

구조적 접근은 이행적 쓰기 활동을 구성하는 부분들 간의 관계를 살펴보는 것이다. 즉, 어린이와 교사, 학습 내용 간의 관계를 분석한다. 구조라는 말 자체가 부분들 사이의 관계를 뜻하므로, 부분들이 특정한 기능을 수행하기 위해 관계 맺는 양상에 따라 구조가 만들어진다.

이행적 쓰기 활동 모형(그림 2) 참조)은 7세의 위기를 겪는 어린이가 초등학교 1학년 교실의 교육활동 속에서 발달의 최종 산물인 교사와 또래 학습자와 상호작용하는 관계를 구조화한다. 초기 쓰기 학습은 의미구성과 문자구성이라는 이중의 추상화 과정을 의식적으로 학습해야 하는 과업을 부여한다. 문자구성을 지원하기 위한 자모 익히기, 같은 소리 낱말 찾기, 낱말 수첩, 글자·낱말·문장 만들기의 흐름은 의미구성을 지원하기 위한 〈주말 이야기 나누기〉, 〈겪은 일 소감 말하기〉, 〈사진 보고 문장 만들기〉, 〈그림일기 쓰기〉와 동시적으로 작용하면서 〈주제가 있는 글쓰기〉 활동으로 수렴된다. 이행적 쓰기 프로그램을 구성하는 각각의 활동은 분리된 별개의 활동이 아니라 상호 연결되어 있으며 상호 영향을 주고받는 유기적 관계이다.

일 년이라는 시간의 흐름과 함께 이런 활동을 진행하면서 교사인 연구자는 절충식 접근법에 따른 국어과 교육과정과 교과서의 구성이 비네가르트식, 기계적 절충에 머물러 있음을 비판적으로 인식하고(김도남, 2003, 2006; 이경화, 2006), 그 대안을 학습자가 자신의 체험에 대해 의미를 구성해가는 표현활동에서 찾는다. 이는 학습자에 따라 너무 먼 발달영역이나 이미 지나온 발달영역으로 구성된 획일적인 교육과정과 교과서의 교수-학습 내용을 학습자의 개별 체험과 발달에 맞는 내용으로 적극적으로 재구조화, 재맥락화하는 과정이다.

더불어 〈표 6〉을 통해 확인했던 것처럼 모든 활동은 시기에 따라 중심적 활동과 주변적 활동으로 구조화된다. 초기에 중심 활동이었던 것이 배경으로 물러나면서 주변 활동이 되고, 새로운 중심 활동이 전경에 등장하면서 구조적 변화를 만들어내는 형식이다. 배경 활동으로 물러난 것에 대한 지속적인 교사의 관심과 지원은 배움이 느린 학습자의 학습활동에서는 여전히 중심적 활동이 될 수 있다. 즉, 학습자의 상황과 맥락에 따라 중심 활동과 주변 활동이 변주될 수 있는 구조다.

　[그림 58]을 통해 이행적 쓰기 활동의 모든 프로그램이 어린이의 체험을 중심에 두고 자신의 체험을 의미화하는 과정으로 구안되었음을 살펴보았다. 이처럼 이행적 쓰기 프로그램에서 교사와 학생, 교육내용의 모든 관계는 교과서가 아닌 '자연적 온전체로서 어린이 자신의 체험'을 통해 매개되고 구조화된다. 교사와 학생은 학교에서 이루어지는 모든 교육활동을 통해 연결되어 있으며, 모든 교육활동에 대한 어린이 자신의 페리지바니에, 즉 의미화된 체험으로 표현된다. 의미화된 체험은 단순히 교실 활동이라는 외적 환경과 조건 속에서 그 영향을 일방적으로 받아들이는 수동적 학습자가 만들어내는 것이 아니다. 경험에 대한 어린이 자신의 해석과 의미 부여라는 인격이 투영된 정서적 체험이다(Rey, 2016). 그렇기 때문에 동일한 교실 활동을 하고 난 다음에 진행되는 의미화는 학생들마다 그 내용이 다를 수 있다. 교사는 학생 각자의 의미화된 체험을 〈문장 말하기〉, 〈주말 이야기 나누기〉, 〈사진 보고 문장 만들기〉, 〈그림일기 쓰기〉, 〈글쓰기〉라는 과정을 통해 학생과 공유한다. 이런 의미 공유의 과정은 학생 상호 간의 모방을 통해 근접발달영역을 확대하기도 하고 상호 이해와 존중이라는 공동체적 삶의 기본적인 규범을 학습하는 기회를 만들어준다. 교사는 학생 각자의 의미화 방식과 내용을 통해 개별 학습자의 근접발달영역을 진단할 수 있다.

　이행적 쓰기 프로그램의 각 활동은 상호작용하며 유기적으로 연결되어 있으며, 교사와 학생, 교육내용이 어린이의 체험을 중심으로 구조화되어 있다. 각 프로그램은 교실 현장의 상황, 즉 학생의 활동 정도에 따라 구체적인 시기나 내용, 빈도나 횟수가 달라진다. 김도남(2006)은 국어과 기초학력에 대한 교육 방향을 탐색하면서 국어과 기초학력의 내용이 국어 생활과의 서로 긴밀한 관계 속에서 복합적으로 작용하기 때문에 구분하여 접근하지만 종합적으로 지도해야 한다는 미분성과 종합성의 원리, 추상적인 교육 목표는 구체적인 내용으로 제시되어야 하며 이를 위해 적절한 상황과 연계하여 학습 내용을 제시해야 한다는 구체성과 상황성의 원리, 학생들의 직접 경험을 통해 학습해야 심성의 변화와 정체성 확립과 문식성 향상이 가능하다는 직접성과 경험성의 원리를 제시한 바 있다. 이행적 쓰기 활동 모형은 이 세 가지 원리를 잘 반영하고 있다고 본다. 분석적으로 접근하지만 학생들의 체험의 의미화를 통해 종합하고, 구체적인 상황 속에서 쓰기 활동을 진행하면서 학습과 발달을 지원하며, 직접적인 쓰기 경험을 통한 쓰기 교수-학습을 운영하는 구조를 갖고 있기 때문이다. 이런 실천 과정은 '미분성과 종합성, 구체성과 상황성, 직접성과 경험성'의 균형을 찾는 적극적인 교수 실천의 과정으로 볼 수 있다.

기능적 접근으로서의 이행적 쓰기 프로그램

기능적 접근은 이행적 쓰기 활동의 각 부분들이 어떻게 기능하는지, 어떻게 어린이의 쓰기능력 발달에 기여하는지 살펴보는 것이다. 이행적 쓰기 활동의 목표와 어린이 발달이라는 목적이 어떻게 작동하는지 분석한다. 여러 기능은 하나의 체계 속에서 함께 관계적으로 존재하므로 각 부분들은 서로가 서로를 구조화하게 된다.

비고츠키는 「역사와 발달」(2013, 2014)에서 쓰기의 발생적 기원은 입말이 아니라 몸짓, 놀이, 그리기라고 논증한다. 몸짓이 입말이 되고 입말이 글말이 된다는 기존의 논의를 부정하면서 글말 발달 노선의 숨겨진 기원을 실험 연구를 통해 탐색한다. 태초의 몸짓은 입말과 글말로 분화되어 입말 발달노선과 글말 발달노선으로 나뉜다. 몸짓이 글말로 발달하는 선역사는 몸짓이 놀이와 그리기로 분화되는 과정에 있다. 연필 등을 가지고 하던 몸짓이 의도를 갖는 그리기로 발달하듯이, 지시하던 몸짓이 찾기 놀이가 되고 사물을 의미화하는 상징 놀이로 발달하는 과정이 '글말의 선역사'라는 것이다. 비고츠키는 어린이의 상징적 놀이가 실제로는 일종의 이야기하기, 즉 낱말과 글자 대신 대상과 몸짓을 사용한 말 체계라고 말한다. 어린이는 놀이를 하면서 병뚜껑이 마차가 되고, 책이 숲이 되고, 막대기가 말이 되는 상징 기능, 기호 기능을 습득하게 된다는 것이다(Vygotsky, 2014).

사과를 그림으로 그리는 것과 막대기를 말이라고 지시하는 것은 시각적이거나 기능적 유사성을 기반으로 한다. 그러나 글말은 대상의 속성과 무관하기 때문에 그림 그리기나 상징 놀이보다 추상화된 기호적 표현이다. 독립적으로 발생한 생각과 말의 발달노선이 말의 획득으로 얽히고 짜이는 것처럼 여기에서 입말 발달노선과 글말 발달노선이 글말학습을 통해서 서로 얽히고 짜이게 된다. 글말을 배우는 시기에 의미구성은 생각 기능과 함께 입말의 속성을 공유하게 된다. 그리고 그 입말의 속성은 음소로 분해되어 다시 글말로 기록된다. 이 새로운 기능을 학습하는 과정은 처음에는 의식적인 노력과 함께 두 기능, 즉 의미구성과 문자구성이 시간적으로 분리되어 진행되지만 숙달이 된 이후에는 동시적으로 진행되면서 자동화(Alloway & Alloway, 2015)된다.

이행적 쓰기 활동은 이러한 글말의 선역사에 대한 이해를 기반으로 구안되었다. 몸짓, 놀이, 그리기는 표현하고자 하는 의미를 나타내는 기능으로 이미 학생들에게 친숙한 활동이다. 돌아가며 소감 말하기, 사진을 활용한 문장 만들기, 그림을 그리고 글쓰기, 주말 이야기를 듣고 그림으로 그리기 등의 활동은 의미구성 과정을 지원하면서 동시에 추상적인 생각과 말도 글말로 그릴 수 있다는 것을 학습할 수 있어야 한다는 점을 염두에 둔 것이다. 학생들은 초기에는 그림으로 그리는 것을 선호하지만 문자구성 과정을 숙달하면서 그리기보다 글로 쓰는 것이 더 쉽다는 것을 깨닫게 된다. 이런 필요에 대한 인식은 글말학습에 대한 자기 이해에 기반한 요구를 만들어내고 외적 동기가 아닌 내적 동기를 통해 학습을 추동하는 힘이 될 수 있다. 기능적으로 이행적 쓰기 활동은 의미구성 기능과 문자구성 기능으로 분화되어 있지만 활동 과정 속에서 통합적으로 실현되며 학습을 통한 숙달로 주제가 있는 글쓰기 시기에는 의미구성과 문자구성이 통합되어 자동화되는 기능적 변화의 과정을 담고 있다.

발생적 접근으로서의 이행적 쓰기 프로그램

발생적 접근은 이행적 쓰기 활동이 발달을 이끄는 학습활동으로 어린이 정신 기능 발달이나 어린이 인격 형성에 어떤 영향을 주는지 살펴본다. 즉 이행적 쓰기 활동의 전과 후에 일어나는 변화를 고찰하는 것이다. 발생적이라는 말은 발달적이라는 의미와 통한다. 구조의 변화는 기능의 변화이고, 기능의 변화는 변증법적 상호 재구조화를 통해 발달을 이끌게 되는 것이다.

비고츠키는 어린이 발달의 역사에서 구조의 개념을 두 번 만나게 된다고 미완성 원고인 '역사와 발달'에서 기술한 바 있다. 먼저 어린이의 문화적 발달에 맨 처음 나타나 전체 과정의 출발점이 되며, 그 후에 문화적 발달과정의 기본 구조의 변화, 부분들 간의 새로운 관계 구성을 통해 새로운 구조가 출현한다는 것이다. 첫 번째 구조가 이행적인 심리적 전체라면 두 번째 구조는 문화적 발달과정에서 나타나며 "발생적으로 더 복잡하고 고등한 행동 형태이기 때문에 고등 구조"라고 한다(Vygotsky, 2013:376). 어린이의 쓰기 발달에서 몸짓과 그리기는 이행적인 심리적 전체로서 첫 번째 나타나는 구조라면, 문자를 사용하는 쓰기는 더 복잡하고 고등한 행동 형태로 두 번째 구조이다. 몸짓과 그리기에서 쓰기로의 전환은 이중의 추상화를 숙달하면서 새로운 정신 기능의 출현을 선도한다.

먼저, 이행적 쓰기 활동의 8개의 프로그램을 살펴보면 1차적 구조에서 2차적 구조로의 이행을 확인할 수 있다. 이행적 쓰기 활동에서 의식적인 이중의 추상화가 필요한 의미구성과 문자구성에 대한 분리적 접근은 첫 번째 단계의 원시적인(1차적인) 구조라면 의미구성과 문자구성이 통합되어 자동화되는 방식으로의 숙달은 두 번째 단계의 더 복잡하고 고등한(2차적인) 구조가 된다([그림 2] 참조). "한글은 의식적으로 익혀야 하지만 그 사용은 자동화되어야 한다(김도남, 2003:30)"라는 논의는 비고츠키의 이론을 바탕으로 한 이행적 쓰기 활동 모형으로 구현될 수 있다. 기존의 이론적 논의를 방법적으로 구체화해서 실행할 수 있는 가능성을 열어준다. 저학년 문식성 교육은 "학생들이 문식력을 습득하여 문자사용을 통한 의미구성과 의미소통을 하도록 하는 것"(김도남, 2010:102)이며, 표면적으로는 문자사용 능력을 갖추는 것이지만, 심층적으로는 음성의 한계를 극복한 의미소통의 세계를 얻는 것이라는 논의와 연결된다.

이경화(2006)는 기초문식성은 해독(decoding)과 의미(meaning)를 토대로 한 개념으로, 초기 쓰기는 '의미의 음성화와 문자화' 즉, 자신과 다른 사람의 말이나 생각을 글로 쓸 수 있는 수준을 의미한다고 밝힌 바 있다. 초기 읽기와 쓰기 과정에는 음성화 과정 즉 글자와 소리의 전환 과정이 포함된다는 점에서 능숙한 독자와 필자의 읽기 쓰기 과정과는 차이가 있는데, 초기 쓰기 단계의 필자는 자신의 생각을 청각적 자극으로 바꾸고 그것을 다시 음성 언어로 사용하면서 문자(기호)화 하는 반면 능숙한 필자는 생각을 바로 문자화한다는 것이다(이경화·전제응, 2007:279). 이행적 쓰기 활동에 드러나는 구조는 초기 쓰기 교수학습 방법을 구체적으로 제시하면서 쓰기의 다음 발달영역을 선도하는 구조를 예비한다.

이행적 쓰기 활동을 구성하는 8개의 활동별 실행과정을 보면 다시 심리간(사회적, 상호적) 활동에서 교사의 활동을 매개로 심리내적(개인적) 활동으로 이행하는 발생적 도식을 보여준다. 이는 〈표 6〉에서 밝힌 바와 같이 사회적 활동에서 개인적 활동으로 이행하는 구조를 통해서도 확인할 수 있다. 공동의 의미구성 활동을 통해 교실 속 상호작용을 촉진하면서 이를 교사의 지원 활동으로 매개하고, 개인 내적 활동으로 내면화하는 기제로 구성되어 있다. 무수한 미소발생의 과정을 통해 개체발생을 구성해가는 과정인 셈이다. 발생적으로 이행적 쓰기활동은 쓰기능력의 발달일 뿐 아니라 의미구성과 문자구성이라는 이중의 추상화를 숙달함으로써 정신 기능과 구조의 재구조화가 일어남과 동시에 말하고 행동하는 것 사이에 인지적 층(의미화)이 삽입되는 신형성을 발생시키는 과정이다. 따라서 이행적 쓰기 활동은 궁극적으로 어린이 자신의 인격 발달에서의 주체적 행위로 수렴되며 이는 곧 행위주체성 발달의 한 단면을 보여주는 사례이기도 하다(Daniels, 2007; Daniels & Tse, 2021).

초등학교 1학년 쓰기 교육적 의미

이행적 쓰기 프로그램은 비고츠키의 아동학이라는 이론적 배경을 토대로 구안된 것으로, 단순히 쓰기 기능의 학습뿐 아니라 어린이 인격의 발달과 통합된 교육활동을 지향한다. 학습자의 주체적 체험을 중심에 두며 도구로서의 문자의 기능과 문화적 생산으로서의 쓰기 활동을 통해 수용하는 학습자이면서 생산하는 학습자로서의 행위주체성을 강조한다. 이를 지원하는 교사는 어린이의 행위주체성을 통해 교사로서의 주체성을 실현하는 존재로, 수업 소외 현상을 최소화하기 위해 최선을 다하는 존재이다. 논의의 장을 좁혀 이행적 쓰기 프로그램이 갖는 초등학교 1학년 쓰기 교육을 위한 현장 연구로서의 의미를 살펴보고자 한다.

첫째, 이행적 쓰기 프로그램은 듣기, 말하기, 읽기, 쓰기와 같은 국어 학습의 각 기능을 통합적으로 학습할 수 있도록 구안된 프로그램이다. '듣기·말하기, 읽기, 쓰기' 교과서로 분책하여 기능별로 접근하던 국어교육은 총체적 언어 교육 접근법 등의 영향으로 '국어, 국어활동'으로 통합적으로 접근하는 방식으로의 전환이 있었다. 그럼에도 불구하고 선행연구를 통해 살펴보았듯이 네 기능의 통합적 접근을 중심에 둔 교수학습 모형이나 프로그램, 교육과정 재구성 등에 대한 담론은 미미한 상황이다. 이행적 쓰기 프로그램은 모든 활동에서 듣고 말하고 읽고 쓰는 활동들이 자연스럽게 유기적으로 엮일 수 있도록 구안된 프로그램이다.

예를 들어, 〈주말 이야기〉 활동은 친구들에게 주말을 지낸 이야기를 말하거나 친구들의 주말 이야기를 듣는 활동이 기본이 된다. 교사는 학생의 말하기를 문장으로 기록해주고 학생들은 그 문장을 읽는다. 즉 하나의 활동에 듣기, 말하기, 읽기 활동이 통합된 것이다. 인쇄된 주말 이야기를 읽고 뒷이야기를 상상해 쓴다거나 그림이나 만화로 표현하는 과정은 초기 쓰기 활동과도 연결된다. 〈겪은 일 소감 말하기〉 활동은 모든 학생들이 한 문장씩 소감을 말하고 듣는 활동을 함께하며, 그 내용을 교사가 문장으로 입력하고 함께 소리 내어 읽는 활동으로 통합된다. 〈사진 보고 문장 만들기〉 활동에서는 공동 의미구성 과정으로 느낀 점이나 소감을 말하고 듣는 과정을 공유하게 되고, 이를 교사가 문장으로 표현해주는 것을 함께 읽는 과정이 포함되며, 개인화된 느낌이나 체험을 문장으로 기록하면서 쓰기 활동으로 연결된다. 이때, 문자구성에 어려움이 있는 경우 낱말 수첩을 통해 교사에게 문장 쓰기 도움을 받을 수 있으며 이 과정에는 문장 말하기, 써 준 문장 읽기, 읽으면서 써 보기 활동이 통합적으로 담기게 된다. 〈그림일기〉나 〈주제가 있는 글쓰기〉 활동에서는 공동 의미구성 과정으로 느낀 점이나 소감을 말하고 듣는 과정을 공유하게 되고, 공유했던 내용을 토대로 그림을 그리고 쓰는 활동으로 연결된다. 이행적 쓰기 프로그램 각각의 활동에 어떤 기능들이 통합되어 있는지를 그림으로 나타내면 [그림 60]과 같다.

둘째, 이행적 쓰기 프로그램은 문자 교육에서 발음 중심 접근법과 의미 중심 접근법을 통합적으로 실행할 수 있는 통합적 프로그램이다. 그동안 국어과 교육과정은 기초 문식성 지도의 원리로 절충식 접근법을 표방하고 있지만, 실제 학습내용의 구현 방식에서는 병렬식 절충에 그치고 있다는 비판이 있었다(강동훈, 2015; 이천희, 2008). '절충'과 '균형'의 의미를 구현하

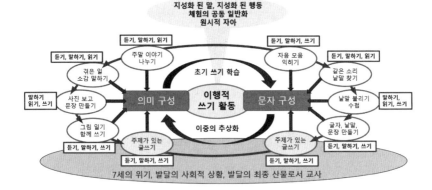

[그림 60] 듣기, 말하기, 읽기, 쓰기의 통합 활동으로서의 이행적 쓰기

지 못하고 있는 현실은 2015개정 국어과 교육과정 역시 마찬가지다. 〈표 5〉에서 확인한 바와 같이 기초 문식성 교육을 강화하면서 '발음 중심 접근법'에 치중된 것으로 나타난다. 이런 현실적인 문제들을 해결하기 위해서 이행적 쓰기 프로그램은 의미 중심(하향식)과 발음 중심(상향식)의 통합된 접근을 목표로 한다.

먼저, 초등학교 1학년 어린이에게 쓰기 학습은 의미구성과 문자구성이라는 이중의 추상화 과정을 의식적으로 진행되어야 하는 새로운 정신 활동으로 정의했다. 이를 토대로 배움이 느린 학습자들은 의미구성과 문자구성 과정에서 이중의 어려움을 겪게 된다는 것을 경험적으로 확인했다. 이런 어려움을 지원하기 위해 이행적 쓰기 프로그램을 의미구성 활동과 문자구성 활동으로 이원화하여 구조화하되 실제 활동에서는 유기적으로 통합할 수 있게 구안하였다. 실제로 활동을 실행하는 과정에서 의미구성과 문자구성의 통합은 시기에 따라 3단계로 구분할 수 있다. 이를 도식화하면 [그림 61]과 같다.

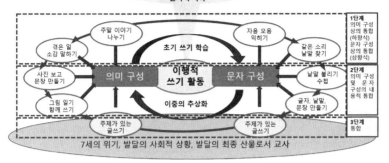

[그림 61] 의미구성과 문자구성의 3단계 통합 과정

1단계 의미구성 과정은 자신의 경험을 떠올려서 먼저 말로 표현하는 활동이다. 〈주말 이야기〉나 〈겪은 일 소감 말하기〉가 진행될 때 교사는 학생들의 발표를 문장으로 정리해서 화면을 통해 보여주는 매개 활동을 통해 말이 글로 구성되는 과정을 간접적으로 교수한다. 1단계 문자구성 과정은 자음과 모음을 익히고 같은 소리가 나는 낱말 찾기 놀이 등을 통해 소리와 문자(자음/모음), 소리 혹은 문자로 표현된 낱말과 의미 간의 상관관계를 익히는 과정이다. 1단계 의미구성 과정과 문자구성 과정이 분리되어 운영되는 것처럼 보인다. 그러나 각 활동 속에서는 통합적으로 진행된다. 의미에서 시작한 문자구성(하향식)과 소리에서 시작한 의미구성(상향식)이 함께 진행되는 과정이다.

2단계 의미구성 과정은 그림이나 사진을 보고 문장을 만들거나 함께 경험했던 내용을 그림으로 표현하고 글로 쓰는 활동이다. 〈사진 보고 문장 만들기〉나 〈그림일기 쓰기〉는 2단계 문자구성 과정으로 도입되는 '낱말 수첩'의 도움을 받는다. 즉 내가 떠올린 문장을 문자로 구성해서 쓰기 어려울 때 언제든지 낱말 수첩을 가지고 나와서 교사의 도움을 받을 수 있도록 진입 장벽을 낮추는 활동이다. 2단계 의미구성과 문자구성 과정은 내용적 통합으로 1단계보다 더 높은 수준의 통합적 활동이다.

3단계는 〈주제가 있는 글쓰기〉로 학교에서 학습하고 경험했던 내용을 주제로 글을 쓰는 단계이다. 이 시기에는 의미구성과 문자구성이 거의 동시에 진행된다. 즉, 하고 싶은 말을 떠올린 즉시 문자로 쓸 수 있게 된다는 것이다. 맞춤법이나 띄어쓰기 등에 어려움이 있어서 도움을 받는 경우도 있지만 문자구성에 어려움을 느껴서 낱말 수첩을 지속적으로 사용해야만 하는 경우도 있다. 이 시기는 의미구성과 문자구성에서의 이중의 추상화라는 어려움이 거의 자동화되어 해소된다. 문자표기나 문법적 오류에 대한 피드백은 이중의 추상화에 대한 어려움이 해결되어 의미구성과 문자구성이 거의 동시적으로 일어나도록 숙달된 학생들을 중심으로 제공할 필요가 있다.

교육부(2017)는 1학년 1학기 교사용 지도서에서 학생에게 익숙한 어휘와 문장을 사용할 것, 발음 중심 접근법과 의미 중심 방법의 적절한 균형을 고려할 것, 입말을 기반으로 한 문자 언어 사용을 강조하고, 정확한 언어 규칙이나 어휘 사용보다는 글말 사용에 관심을 유도할 것, 학생들에게 유의한 언어 자료를 활용해 접근할 것 등을 권고하고 있다. 그러나 이런 권고는 교과서 수준이 아니라 교수-학습 활동 수준에서 작동해야 하며 이행적 쓰기 프로그램은 좋은 사례가 될 수 있을 것이다.

셋째, 이행적 쓰기 프로그램은 교과서를 넘어 학생들의 삶을 텍스트로 하는 쓰기 교육이 가능하도록 지원하는 프로그램이다. 초등학교 1학년 국어과 교육과정에 관한 연구는 주로 교과서의 구문이나 활동 내용을 분석하는 연구가 두드러지며 이는 교육과정 개정 시기에 집중되었다. 쓰기 교육 관련한 쓰기 발달과 쓰기 교수법, 학생들의 쓰기 양태에 관한 선행연구들은 발생적 문식성으로서의 초기 쓰기에 대한 다양한 연구가 진행되었다. 하지만, 쓰기 교수-학습이 교실에서 어떻게 이루어지고 있는지에 대한 분석보다 쓰기 활동의 결과물로서의 텍스트 분석에 치우쳐 있다는 것을 확인할 수 있었다.

이 연구는 이행적 쓰기 프로그램을 개발하고 적용한 실행 연구로, 교과서에 제시된 활동이나 텍스트 중심의 연구를 벗어나 학생들의 삶과 체험을 국어과 학습활동에 전면적으로 도입하고, 쓰기 활동의 결과물을 비교하고 분석하는 것이 아닌 쓰기 교수-학습 과정에서 드러나는 특성을 확인하고 이를 지원하는 방법을 모색하고자 했다. 교과서 없이도 국어과 교육과정에서 제시하고 있는 성취기준을 교수-학습 활동에 자연스럽게 반영하며 학습과 발달을 지원하는 교육 프로그램으로서의 의미가 있다. 이를 정리하면 [그림62]와 같다.

입학적응기 진단활동에서 진행하는 '우리말 우리글' 기초학습은 학습자의 경험에서 나오는 낱말을 토대로 진행되는 학습활동이다. 〈낱말 수첩〉은 학습자 자신의 체험에 기반한 의미구성 활동을 존중하고 그 의미를 기록할 수 있도록 문자구성을 지원하기 위해 개발된 활동이다. 〈겪은 일 소감 말하기〉가 공동의 체험을 의미화하고 이를 문자로 기록하는 과정을 교사의 매개 활동을 통해 간접 교수하기 위한 것이라면, 〈주말 이야기〉는 개인의 체험을 의미화하고 이를 친구들 앞에서 말로 이야기함으로써 공동일반화하는 과정을 지원하는 활동이다. 〈사진 보고 문장 만들기〉가 사진을 매개로 체험을 회상하고 의미화하는 활동이라면 〈함께 쓰는 그림일기〉는

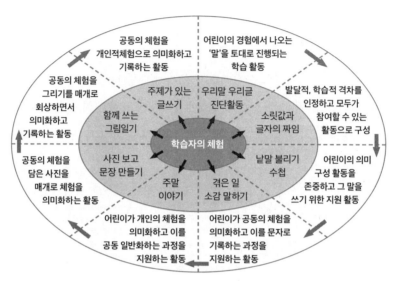

[그림 62] 학습자의 체험에서 시작하는 이행적 쓰기 프로그램

그리기라는 매개 활동을 통해 체험을 회상하고 의미화하여 기록하는 활동이다. 〈주제가 있는 글쓰기〉는 공동이나 개인의 체험을 교사의 매개 활동 없이 의미화하고 기록하는 활동이며, 모든 선행 활동이 이 활동으로 수렴된다.

　넷째, 이행적 쓰기 프로그램은 초기 문식성에서 기초 문식성으로의 이행을 지원하는 것을 목적으로 하며, 문자구성과 의미구성에 대한 동료 학습자와 교사의 매개 및 상호작용을 통해 배움이 느린 학습자도 자신의 속도에 맞게 기초 문식성을 학습할 수 있도록 구안된 프로그램이다. 이 프로그램을 구안하고 2회기에 걸친 실행과정을 분석한 질적 연구다. 초기 문식성이 음운 인식, 해독, 낱말 이해 등 낱말을 소리 내어 읽고 쓰는 능력이라면 기초 문식성은 낱말과 문장을 유창하게 읽고 문장과 짧은 글을 읽

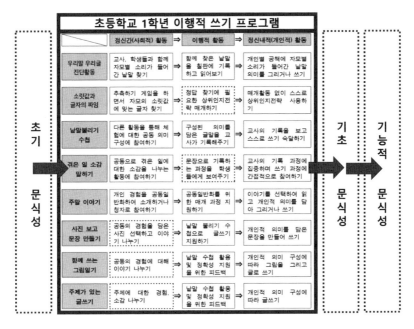

[그림 63] 초기 문식성에서 기초 문식성으로의 이행을 위한 쓰기 활동

고 이해하며, 자신의 생각을 문장으로 쓸 수 있는 정도의 기초적 수준의 읽고 쓰기 능력이다. 기능적 문식성은 일상생활 및 학습, 직업 생활에 필요한 사실적 독해, 추론적 독해, 비판적 독해 등 고등 사고력을 필요로 하는 읽기와 쓰기 능력이다(교육부, 2017; Wagner et al, 2011). 초기 문식성, 기초 문식성과 기능 문식성은 언어 발달의 연속선상에 있는 것으로 분절된 것이 아니다. 이행적 쓰기 프로그램은 초기 문식성을 토대로 기초 문식성 습득을 위한 이행과정을 위한 실천적 활동으로 구안된 것으로 초등학교 1학년 국어과 교육과정이 제시하는 주요 성취기준의 도달을 목적으로 한다.

　[그림 63]은 문식성 발달 단계에서 이행적 쓰기 프로그램의 위치를 보여준다. 초기 문식성에서 기초 문식성의 중간 과정으로 존재하면서 동시

에 프로그램을 구성하는 각각의 활동 역시 정신간(사회적) 활동에서 정신내적(개인적) 활동으로의 이행을 매개하는 교사와 동료 학습자의 상호작용 과정으로 구성되어 있다.

이행적 쓰기 프로그램이 주목한 것은 문자구성과 의미구성에 어려움을 겪는 느린 학습자도 충분한 상호작용과 교사의 직·간접적인 지원을 통해 기초 문식성을 숙달할 수 있도록 프로그램을 설계하는 것이었다. 이는 각각의 활동에서 공동 의미구성 활동을 강조하고, 동료 학습자와의 상호작용, 교사의 매개적 활동의 중요성을 강조하는 것으로 드러난다. 또한 정신내적(개인적) 활동에서 교사의 개별적인 지원을 일반화하였다. 그 결과는 연구 참여 학생들의 쓰기 활동 결과물로 드러났다. 2학기 말이 되어도 세 문장 이상을 쓰지 못하는 학생이 11.1%나 된다는 유승아(2019)의 연구와 달리 모든 학생들이 최소 4문장 이상을 썼고, 평균적으로 5.8 문장을 썼으며, 문장 수의 편차 역시 1.7로 높지 않았다(〈표 10〉 참조). 행복이 역시 11월에 쓴 6번의 글쓰기는 평균 10.7개의 문장, 평균 글자 수 144.2, 평균 낱말 수 34.7로 향상되었다. 물론 이성영(2000)의 연구처럼 단순 연상적 글쓰기로 텍스트 구성 능력의 전환 등은 드러나지 않았고, 박태호 등(2005)의 연구 결과처럼 띄어쓰기나 문장부호, 맞춤법의 오류가 나타나고 형용사와 조사의 사용이 미숙하며 문단 구성은 나타나지 않았다. 그러나 초기 쓰기 관련 국내외 연구 동향 분석 결과 국외의 초기 쓰기 관련 연구는 상대적으로 풍부하며 질적 연구가 많은 반면 국내 연구는 초기 쓰기에 대한 연구가 부족하고 양적 연구에 치우쳐 있다(한경숙, 2012)는 비판에 비추어 볼 때 초등학교 1학년 교실에서의 다양한 쓰기 활동 과정을 질적 연구로 접근했다는 측면에서도 그 의미를 찾을 수 있을 것이다.

배움이 느린 학습자를 위한 실천적 의미

이행적 쓰기 프로그램에 따른 교수적 실천이 지닌 의미는 소외를 최소화하는 교실 문화의 구축에서 찾을 수 있을 것이다. 교사들은 해마다 새로운 학생들을 만나게 되고 그 만남의 무게는 가볍지 않다. 학생들은 모두 저마다 다른 삶을 살고 있지만, 지금의 모습이 각자의 삶에서 발달의 최전선이라는 점은 동일하다. 초등학교 1학년 교실에서 만나게 되는 어린이들은 7세의 위기를 이미 겪었거나 겪고 있거나 아직 그 위기에 도달하지 못한 어린이지만 초등학교 입학이라는 사회적 삶의 주요한 과업은 동일하게 부여된다. 현재 학교의 여러 시스템은 7세의 위기를 이미 겪은 어린이들에게 친화적이지만 그 위기를 겪고 있거나 앞으로 겪을 예정인 어린이에게는 과도한 부담이 되기도 한다. 이 연구에 참여한 한길, 우섭, 행복, 사랑이의 경우가 그렇다.

초기유년기와 전학령기를 거치며 충분한 의사소통을 경험하지 못하여 언어 발달과 인지 발달이 더딘 경우, 어떤 원인인지 알 수 없지만 조음의 문제로 발음이 정확하지 않는 경우, 갑작스러운 이주와 이중적 언어환경으로 인해 학교에서의 배움이 외계어처럼 들리는 경우처럼 교사들은 참 다양한 사례를 해마다 만나면서 고군분투하고 있다. 이상의 실행연구를 통해 탐색한 이행적 쓰기 프로그램이 갖는 배움이 느린 학습자를 만나는 교사들에게 주는 실천적 의미는 다음과 같다.

다양성을 인정하는 교실 문화 만들기

비고츠키는 어린이는 어른의 축소판도, 빈 서판도 아니고 주어진 환경의 작용을 받기도 하지만 환경을 스스로 바꾸기도 하면서 인격을 형성해가는 주체적 존재라고 보았다. 어린이가 환경과 만나는 방식은 어린이의 발달에 따라 달라지는데 이를 안정적 연령기와 위기적 연령기의 교차로 설명한다. 위기적 연령기는 6개월에서 12개월 정도의 짧은 시기에 급격한 변화가 진행되는 시기라면, 안정적 연령기는 1년에서 3년이 넘는 긴 시간 동안 점진적이고 안정적인 변화를 보여준다.

초등학교 1학년 어린이들은 대체로 7세의 위기적 시기를 겪으며 지성화된 말, 지성화된 행동, 체험의 공동일반화라는 새로운 정신 기능을 숙달하고 이를 통해 원시적 자아라는 신형성을 구축한다. 내가 무슨 말을 하는지, 무슨 행동을 하는지 먼저 생각하지 않던 어린이들이 나의 말과 행동이 지닌 맥락적 의미를 파악하기 시작하는 것이 '의식적 파악(상위 인지)'의 시작인 것이다. 나의 맥락 속에서만 언어화(의미화, 생각)된 경험을 다른 맥락 속에 있던 타자에게도 설명할 수 있게 되는 것이 공동일반화다. 1학년 어린이들의 말을 교사가 이해하지 못하는 것은 이런 체험의 공동일반화라는 심리기능이 발달하지 못했기 때문이다. 교사는 '언제, 어디서, 누구와, 무엇을, 어떻게'라는 질문을 활용하여 맥락화하는 것을 돕는다. 타자를 자신의 맥락 안으로 들여오고, 자신도 타자의 맥락으로 들어가는 연습을 부단히 해야 하는 셈이다.

똑같은 설명을 친절하게 100번 할 수 있으면 1학년 담임교사를 할 자격이 있다는 시쳇말이 있다. 이는 1학년 어린이의 이해 능력이 부족한 탓도 있고, 교사의 설명이 1학년 어린이의 생활 언어적 맥락으로 내려가지 못한 탓도 있지만 어린이 각자 자기 맥락 속의 자기세계에 들어가 있기 때문이기도 하다. 자기 맥락 속에서 자기 일을 하던 아이들은 교실이라는 공동의 맥락에서 진행되는 의사소통에 언제나 주의를 기울이며 참여할 것이라고 가정을 해서는 안 된다. 이렇게 7세 위기를 겪는 어린이의 발달적 특성을 이해하면 교사는 조급해지지 않을 수 있다. 이 답답함과 곤란함을 엄태동(2003)은 '쉬운 것은 누구나 가르칠 수 있다는 통념을 깨고, 아는 것이라고 다 잘 가르칠 수 있는 게 아님을 인정하고, 끊임없이 교사는 학습자의 수준으로 하강하며, 이미 열정의 대상이 아니게 된 것을 열정적으로 대하며, 설명할 필요도 없이 당연한 것을 가르쳐야 하는 낭패를 겪으며, 탐구할 필요조차 없어진 것으로 직접 시범을 보여주며, 쉬운 것을 가르치는 것이 결코 쉽지 않음을 겪어가는 보람과 애로'라고 재개념화한 바 있다.

　어린이가 앞으로 발달을 통해 만들어가야 할 발달의 최종 산물로 존재하는 교사는 무엇보다 어린이에게 꼭 필요한 사회적 환경임을 인식해야 한다. 교사의 말과 행동이, 다른 어린이, 특히 사회적 약자와 상호작용하는 모습이 1학년 교실에서는 모두 자연스러운 모방의 대상이 되며 이는 사회적(심리간) 수준에서 자기 자신의 향하는 개인적(심리내적) 수준으로 전이된다. 이런 발달과 상호작용의 의미를 이해한다면 어린이 각자의 다양성을 인정하는 교실문화는 자연스럽게 만들어질 것이다.

　이행적 쓰기 프로그램과 실행연구 과정 역시 어린이 발달에 대한 이해를 토대로 구안되고 실천했던 것이다. 한길이와 우섭이의 사례를 통해 확인할 수 있듯이 언어 발달이나 인지 발달이 느린 어린이도 자신의 속도에 맞게 수업에 참여하면서 일정한 성취를 이루어낼 수 있다. 원하지 않으면 말하지 않을 권리와 동시에 누구나 자기의 경험과 생각을 말할 수 있는 기회를 제공하고, 하루에 한 번 이상은 자기 목소리를 낼 수 있는 상황을 만들어가는 과정에서 어린이는 또래를 모방하며 진보한다. 그 성취를 이루는 과정은 별도의 중재 반응 학습이 아닌 일상적인 교실 수업과 개별적인 피드백을 통해 가능했다. 이렇게 발달과 학습에서의 상호 간의 주체성을 인정하며 어린이의 체험과 그 체험에 대한 말(의미화)을 중심에 둔 교수적 실천은 다양성을 인정하며 민주적인 교실문화를 만들어가는 데 기여한다. 민주적인 교실문화는 쓰기 수업뿐 아니라 학교에서의 학습활동 전반에 스며들며 작용하고 의미 있는 배움의 토대가 될 수 있을 것이다.

변화에 주목하며 구조적·기능적 위기 넘어서기

한길이와 우섭이는 구조적으로 충분한 의사소통 경험이 부족한 환경에 처해 있었고 이는 초기 문식성 발달에 영향을 주고 입말 의사소통이나 정서 발달에도 어려움을 초래했다. 한길이는 사회적 맥락 속에서 통용되는 일반적인 소통 방식을 학습하지 못한 측면이 두드러졌다면, 우섭이는 분리불안으로 인한 심리적 위축과 자신의 경험을 의미화해서 기억하고 이를 회상하는 기능의 저발달이 두드러졌다. 이를 통해 구조적 요인으로 인한 발달적 지체의 원인과 양상은 어린이마다 다를 수 있다는 점을 확인할 수 있었다. 그렇기 때문에 이 두 어린이가 지닌 어려움을 지원하기 위한 방식이나 접근은 달라야 한다. 그럼에도 불구하고 현행 배움이 느린 학습자에 대한 지원은 일상적인 수업 상황에서 어린이에 적합한 교수적 지원을 강화하는 방식보다 방과 후에 교실 상황에서의 학습이나 개별학습자에 대한 이해와 무관하게 별도의 문제풀이 위주의 학습을 강제하는 것이 일반적이라는 한계가 존재한다.

한길이에게는 사회적 맥락에서 소통되는 언어 관습을 지속적으로 연습시키고 소통하는 방식을 학습할 수 있게 지원하는 것이 필요했다면, 우섭이는 교실에 적응하는 데 필요한 심리적 부담을 덜어주고 가정에서의 의미 있는 의사소통의 기회를 마련해주는 것이 필요했다. 한글을 읽고 쓰는 것은 그다음 문제다. 학교생활에 관심과 애정을 갖고 참여할 때 한길이는 학교에서의 언어 규칙이나 규범을 자발적으로 학습하고자 할 것이고, 우섭이는 학교에서의 즐거웠던 경험을 의미화하여 기억하고 회상할 수 있게 될 것이다. 5월 말이 되었을 때 단자음과 단모음으로 구성된 글자를 읽지 못하는 모습을 보면서 막막하기도 했지만, 하루도 결석하지 않고 학교에 나오는 한길이, 학기 초 매일 아침 울면서 교실에 들어왔는데 이제는 웃으며 교실에 들어오는 우섭이의 변화를 보면서 감사하기도 했다. 앞서가는 어린이와 일 년이 넘는 발달상의 격차가 몇 개월 만에 해소되기는 어렵겠지만 자신의 속도에 맞게 배우며 익히는 과정 자체가 의미 있는 배움이 과정이 되어야 함을 확인할 수 있었다.

1학년 교실뿐 아니라 모든 교실에는 다양한 구조적·기능적·발생적 위기에 있는 학생들이 있다. 어쩌면 발달의 역사가 가장 짧았기 때문에 초등학교 1학년 교실에서의 변화가 극적이며, 다른 어느 학년보다 가소성이 클 수도 있다. 앞서가는 어린이와의 격차보다 한 아이에 주목하고 그 변화를 감지하는 민감성은 이 지난한 과정을 추동하는 강력한 힘이 된다는 것을 실행 연구를 진행하면서 여러 번 확인하였다. 이를 위해서는 교사들의 교수적 실천 행위를 지속적으로 기록하고 성찰하는 과정이 필수적이다. 성찰하는 과정에서 제기되는 질문은 탐구 행위로 이어질 수 있고 이는 실천에 대한 이론적 기반을 만들어가는 데 토대가 된다(성열관, 2006). 이렇게 철저한 현장 연구로, 실천에 대한 실천으로 교사의 행위주체성을 실현하는 일상적 삶을 구축하는 과정을 본 연구는 보여주고 있다. 교육과정과 수업, 평가가 통합적으로 전개되어야 한다는 인식은 이제 초등학교 현장에서는 보편화되었다. 여전히 한계는 존재하지만 그 과정을 기록하고 정리하는 행위는 '평가'만을 위한 것이 아니라 학습자의 변화에 주목하고 지원하기 위한 디딤돌이 될 수 있다.

어린이의 발달과 학습에 구조적·기능적 위기가 존재하듯이 교사의 교수적 실천의 삶에도 구조적·기능적 위기가 공존한다. 어린이의 변화에 주목함으로써 그 위기를 넘어설 추동력을 얻듯 교사의 교수적 발달에도 변화를 인식하고 의미화하는 것이 필수적이다. 연구자는 이 연구를 통해 '실천가로서의 교사 연구자'라는 정체성을 넘어 '연구자로서의 교사'(이동성, 2010)라는 정체성을 만들어가고 있다. 이 연구는 어린이의 성장과 발달을 지원하는 교수적 실천이 교사 자신의 성장을 추동하는 과정이 될 수 있음을 보여주는 예시가 될 수 있을 것이다. 또한 학습자의 행위주체성은 교사의 행위주체성과 양립불가한 것이 아니라 서로가 서로를 지향하는 상보적 관계임을 보여주는 사례이기도 하다.

중첩된 위기 앞에서 무력감에 빠지지 않기

사랑이는 20년 넘는 교직생활에서 처음 만난 외국인 학생이었다. 다문화가정을 배경으로 하는 학생들은 여럿 만나봤지만 부모가 한국어 소통이 전혀 안 되는 경우는 없었다. 그리고 그런 구조적 요인이 강력하게 기능 발달을 저해하며 중첩된 위기를 양산할 것이라고는 미처 생각하지 못했다. 3월에는 한글을 가르쳐서 부모에 대한 통역자 역할을 할 수 있도록 해야겠다는 의지를 다졌지만 입말 소통에서도 교실 담화의 맥락을 따라오지 못한다는 것을 확인하며 난관에 부딪혔고, 방과 후 개별 수업을 진행하면서 밑 빠진 독에 물 붓기는 아닐까 의심했으며, 그 의심은 혹시 난독은 아닌지에 대한 확인으로 이어졌다. 이런 경우가 엄밀한 의미의 난독은 아니지만 환경적 제약으로 인한 난독 현상을 겪고 있다는 연구(양민화, 2019)를 보면서 해결되기 어려운 이유를 어느 정도 확인할 수 있었다.

어떻게 든 글을 읽고 쓰는 기본은 할 수 있게 해야 한다는 중압감은 주위의 전문가를 찾아볼 결심을 했고 그에 따라 난독 학생을 위해 개발된 한글 학습 앱을 소개받아 도움을 받았다. 길이 보이는 듯했기 때문에 체험학습에 여름방학까지 긴 휴가를 해외에서 보내고 오겠다는 얘기를 들을 때도 그 시간이 무엇을 의미하는지 전혀 짐작조차 하지 못했다. 한글로 이름을 쓰는 것도 못 하는 상태가 되어 돌아왔을 때 다시 깊은 절망과 무력감에 빠졌다. 지금 돌아보면 그 시간이 사랑이에게는 단일 언어로 말하고 생각할 수 있는, 이중적 정체성에서 해방되는, 어쩌면 행복했던 시간이었을 거라고 짐작할 수 있지만, 당시에는 한글을 깨치게 해야 한다는 중압감이 앞서 그런 짐작을 할 여유가 없었다. 더 집중적으로 가르쳐야 한다는, 겨울방학에도 휴가를 가면 꼭 한글 노출 시간을 확보하게 해야 한다는 책무감이 앞섰다.

교사의 중압감이나 책무감과 무관하게 사랑이의 중첩된 위기를 해결하는 과정은 얽히고 얽힌 실타래처럼 지난했고, 결과적으로는 실패했다. 단자음과 단모음으로 구성된 문자만 겨우 읽을 수 있는 수준으로 1학년을 마친 것이다. 나름 효과를 검증하면서 만들어왔다는 '이행적 쓰기 프로그램'이 사랑이처럼 여러 위기가 중첩된 경우에는 효과적이지 못하며, 1학기 활동까지는 어느 정도 함께 참여하며 활동할 수 있지만 2학기에는 어렵다는 것도 확인하였다. 그럼에도 불구하고 무력감에 빠지지 않는 것이 중요하다는 깨달음을 얻었다. 쉽게 극복하기 어려운 문제 앞에 서 있는 학생들은 어느 교실에나 존재할 수 있다. 똑같은 속도로 발달하고 학습할 수 없는 현실 앞에서 교사가 무력감에 빠지지 않아야 그 학생을 위한 다음 걸음을 준비할 수 있을 것이다. 모든 학생들이 같은 속도로 걸을 수 없다면 느린 학생들이 자기 속도에 맞게 배움을 이어갈 수 있는 지원이 가능한 학습 환경을 만드는 것이 필요하다. 담임교사 개인의 책임이 아니라 좀 더 구조적으로 접근해야 할 당위를 확인할 수 있다.

배움이 느린 학습자의 쓰기 학습 참여 양상에 관한 연구는 앞서 언급한 학습장애 및 쓰기장애 위험군에 대한 연구와 다문화가정 어린이에 대한 연구로, 수업 참여 양상에 대한 연구보다는 진단 도구나 중재 반응, 오류 분석 등에 관한 연구가 대부분이었다. 김소희(2008)에 따르면 중재 연구가 82.7%에 이를 정도로 압도적인 비중을 차지하고 있으나 중재 효과 검증으로만 그치고 이를 어떻게 교수-학습에 반영할 것인가에 대한 연구는 부족하다고 지적한 바 있다. 이행적 쓰기 프로그램은 별도의 중재 반응 프로그램을 집중적으로 지원하지 않고 교실에서의 정규 교수-학습 활동을 통해 배움이 느린 학습자가 어떻게 초기 문식성에서 기초 문식성으로 이행하고 숙달하는 과정을 담은 프로그램이다. 이를 교실현장에 적용하는 실행연구를 통해 이들이 어떻게 학습하는지, 어떤 오류를 보여주며 어떤 어려움을 겪으며 어떻게 변화해가는지를 보여주는 질적 연구로서의 의미가 있다고 본다.

5장

에필로그

모두가 참여하는 교실을 위하여

비고츠키는 아동학을 어린이에 대한 과학이라고 정의하고, 아동학의 연구 대상은 어린이의 발달이라고 했다. 어린이의 발달을 질적 변화에 따라 연령과 위기로 구분하고, 초등학교 '1학년'을 전(前)학령기에서 학령기로 이행하는 위기적 국면으로 보았다. '7세의 위기'를 통해 어린이의 외적 인격과 내적 자아가 분화되고 이를 계기로 '원시적 자아'라는 신형성이 출현한다. 원시적 자아의 출현은 지성화된 말, 지성화된 행동, 체험의 공동일반화를 토대로 하며, 글말학습은 학령기로의 이행에 필수적인 이런 신형성을 구성하는 선도적인 교수-학습 활동이다.

어린이 발달에서 글말학습은 입말 형성 과정에서 존재했던 모든 심리적 기능들이 재구조화한다. 이는 '쓰기'가 '이중의 추상화'를 요구하는 활동이기 때문이다. 따라서 쓰기 학습은 글말의 도구적 기능을 숙달하는 것을 넘어 정신 기능 발달과 통합된 학습활동으로 구안되어야 한다고 강조한다. 초등학교 1학년 교실에서 글말학습은 매우 중요한 과업이지만 학습자 간 학습격차가 크게 드러나는 영역이다. 1학년 교실에서 글말학습이 느린 학습자는 수업 소외를 겪게 되고, 이는 학습동기 저하, 관계 형성의 어려움으로 이어지는 문제를 파생한다.

이런 현실적인 문제를 해결하는 방법으로, 비고츠키 아동학 이론에 근거하여 '이중의 추상화'라는 쓰기의 본질을 어린이 자신의 체험에 근거한 의미구성과 문자구성 과정으로 구조화하고, 교사와 동료학습자의 매개활동으로 지원하는 기능적 방법들을 쓰기 교수-학습 활동으로 구안하여, 배움이 느린 학습자도 소외되지 않는 교실문화를 탐색해 보는 과정을 기술하고자 했다.

지난 2년간의 실행연구를 통해 정리한 이행적 쓰기 프로그램을 박사논문으로, 단행본으로 내놓으려니 부족한 점이 먼저 눈에 들어온다. 비고츠키의 저작이 언제나 미완결로 우리 곁에 있듯이 이행적 쓰기 프로그램 역시 완결된 것은 아니다. 이행적 쓰기 활동의 완성은 교실에서 교사와 학생의 의미 있는 배움을 통한 발달과정 속에 잠재되어 있을 뿐이다. 그럼에도 불구하고 실행연구를 통해 얻는 시사점을 몇 가지로 정리해서 제언하면 다음과 같다.

먼저, '이행적 쓰기 프로그램'은 7세의 위기와 체험이 지닌 아동학적 의미를 쓰기 학습으로 구현하면서 의미중심 접근법을 교실현장에서 실천할 수 있는 교수 모형이다. 공식적인 교육과정 문서에 따르면 기초 문식성 교육은 발음 중심과 의미 중심을 통합한 절충식 접근을 취하고 있다고 하지만 완전한 통합이 아니라 발음 중심 접근법에 경도된 기계적 절충에 머물러 있는 것이 현실이다. 이행적 쓰기 활동은 어린이의 체험을 중심으로 글말학습을 지원하는 활동으로 기존에 제시된 절충식 접근법의 한계를 보완할 수 있는 모형으로 교수적 실천의 현장에서 다양하게 활용할 수 있는 방법이다.

둘째, '이행적 쓰기 프로그램'의 모든 구조는 사회적 기능에서 개인적 기능으로의 이행이라는 문화적 발달의 일반법칙을 구현한 모형이다. 심리 간 기능이 어떻게 심리 내적 기능으로 내면화되는지를 설명해주는 법칙으로 교수적 실천 현장에서 언제나 염두에 두어야 할 중요한 법칙이다. 교사와 학생, 학생과 학생 간의 의미 있는 상호작용이 자신과의 상호작용으로 이행하는 과정으로 교수적 실천을 구조화하면 배움이 느린 학습자도 사회적 구성 과정에서 모방을 통해 학습하며 근접학습영역을 확장해갈 수 있다. 이런 이행 구조는 다양한 교수-학습 활동에 적용하고 실행할 가치가 있다.

셋째, '이행적 쓰기 프로그램'은 스캐폴딩이라는 은유로 왜곡된 근접발달영역을 교실 현장에 새롭게 도입하여 어린이 발달을 구조, 기능, 발생의 입체적 시각으로 접근할 수 있는 길을 열어준다. 어린이는 자연적 온전체로 발달한다. 파편화된 지식이나 기능을 학습해야 하는 대상이 아닌 의미 있는 학습을 통해 주체적으로 대응하며 발달하는 존재다. 어린이의 어떤 말과 행동에는 그런 말을 하게 된 구조와 기능, 맥락이 숨겨져 있다. 그 사이에서 교육은 어린이가 지적·정서적으로 통합된 존재라는 인식하에 개별 어린이의 주관적 근접발달영역을 진단하고 발달의 다음 영역을 예비할 수 있도록 지원하는 길을 찾아야 할 것이다.

넷째, '이행적 쓰기 프로그램'은 단순히 쓰기 기능의 발달이 아닌 구조적·기능적·발생적 접근을 통한 인격의 발달을 지원하는 프로그램이다. 쓰기 기능에 대한 학습 이전에 온전체로 존재하는 어린이에 주목하고 통합적인 접근을 취해야 함을 강조할 수밖에 없다. 특히 배움이 느린 학습자가 쓰기 기능을 학습하면서 정서적·심리적으로 위축되어 학교는 나를 위해 존재하는 의미 있는 배움의 공간이라는 메시지가 아닌 내가 아닌 다른 학생들을 위해 존재하는 배제의 공간이라는 메시지를 받게 된다면 배움으로부터 도주할 수밖에 없다. 학령기의 첫 만남이 주는 무게는 가볍지 않다. 학교에서의 모든 활동은 어린이의 인격 발달을 지원하는 과정이라는 명제는 초등학교 1학년 교실이 갖는 엄중함에 비추어 더 적극적으로 일반화될 필요가 있다.

다섯째, '이행적 쓰기 프로그램'은 교사와 학생의 상호 행위주체성을 전제로 실행되었고 이를 통해 배움이 느린 학습자도 쓰기 학습에서 소외되지 않고 참여할 수 있는 방안을 마련하고자 하였다. 기존의 연구는 초등학교 4학년부터 수업 소외 현상이 드러난다고 밝히고 있지만, 초등학교 1학년 교실에서도 수업 소외나 학습 무기력 현상이 나타나고 있다. 이에 대한 교육적 대응은 수업 소외 현상을 최소화할 수 있는 방안을 마련하는 것이다. 이를 위해 초등학교 1학년 담임교사의 어린이 발달에 대한 전문성을 확보하고 현장적 실천을 통해 본 연구의 내용을 확장하고 재해석하는 정책적 지원이 뒷받침되어야 할 것이다.

마지막으로 이 프로그램이 지닌 교육 실천적 의미는 교실에서 학습자의 학습 소외를 최소화하는 교실문화의 구축이 무엇보다 중요함을 보여준다는 점이다. 어린이의 발달에 대한 이해를 토대로 다양성을 인정하는 교실문화를 만들어가는 것이 무엇보다 중요하며, 배움의 느린 학습자의 경우 변화에 주목하며 구조적·기능적 위기를 넘어서는 기제를 만들어가는 과정이 필요하다는 것, 중첩된 위기 앞에서 교사가 먼저 무력감에 빠지지 않는 실천이 중요하다.

참고문헌

강동훈(2013). 입문기 문자 지도의 변천 과정 고찰. 학습자중심교과교육연구, 13(6).
487-505.

강옥려(2015). 국내 학습장애 학생 쓰기능력 평가에 대한 동향. 한국초등교육, 26(1).
341-361.

고은·김진화·목흥숙(2015). 발달적 개념의 쓰기 연구의 동향 분석: 국내 학술지를 중심으
로. 발도르프교육연구, 7(1). 79-95.

곽병선 외(2009). 미래형 교육과정 방향 및 실행체제 개발 조사연구. 교육과학기술부 정
책연구보고서. 14-15.

교육부(2015). 초등학교 교육과정. 교육부 고시 제2015-74호 [별책 2]. 일러두기.

교육부(2017). 초등학교 1학년 1학기 교사용지도서. 교육부.

구영산(2012). 2009 개정 교육과정에 따른 국어과 교육과정 학년군 도입 정책에 대한 비
판적 고찰. 국어교육연구, 30(30). 39-74.

권현옥·김길순·변찬석(2010). 음소인식 훈련이 초등학교 학습부진아의 받아쓰기 및 쓰
기유창성에 미치는 효과. 특수교육저널 이론과 실천, 11(1), 337-358.

김경애(2015). 초등교사의 전문성 습득과정에 관한 질적 연구. 교육과정연구, 33(3).
151-178.

김도남(2003). 한글 해득 교육 원리 탐색. 한국초등국어교육, 23. 1-36.

김도남(2006). 초등국어과 기초학력 교육 방향 탐색. 한국초등국어교육, 30. 205-240.

김도남(2010). 초등학교 저학년 문식성 평가 방법 연구. 한국초등국어교육, 42. 99-127.

김소희(2008). 국내 쓰기 학습장애아 교육 관련 연구 동향 분석. 특수교육학연구, 42(4).
169-191.

김애화(2009). 초등학교 학생의 철자 특성 연구: 철자 발달 패턴 및 오류 유형 분석. 초등교육연구, 22(4). 85-113.

김용덕·박성희·정인교·손우성·김욱규·신상훈(2002). 설소대 절제술이 설운동과 발음에 미치는 영향. 대한국강악안면학회지, 28(4). 310-317.

김인희(2010). 교육소외와 격차 해소를 위한 교육복지정책의 과제. 한국사회정책, 17(1). 129-175.

김창복·김혜원(2016). 초등학교 1학년 입학 초기의 쓰기 관련 활동과 초등교사의 인식에 관한 질적 연구. 유아교육학논집, 20(4). 97-118.

박치범(2015). 개화기 독본의 한글 깨치기 학습 자료에 관한 연구. 독서연구, 37, 123-159.

박태호·강병륜·임천택·이영숙 (2005). 국어 표현에 대한 초등학생의 쓰기 특성 및 발달 고찰. 국어교육학연구, 23, 273-299.

비고츠키연구회(2015). 성장과 분화 과정으로서의 발달: 성장의 다음 영역을 위한 전제 조건으로서의 분화. 진보교육 56호. 서울:진보교육연구소.

비고츠키연구회(2016-a). 수업과 수업 사이. 서울: 살림터.

비고츠키연구회(2016-b). 비고츠키의 교육심리학은 무엇인가? 진보교육 62호. 서울:진보교육연구소.

성열관(2006). 교육과정 실행연구의 성장과 주요 특징에 대한 이론적 고찰. 교육과정연구, 24(2). 87-109.

성열관(2012). 교수적 실천의 유형학 탐색: Basil Bernstein의 교육과정 사회학 관점. 교육과정연구, 30(3). 71-96.

성열관(2018). 수업 시간에 자는 아이들: 교실 사회학 관점. 서울: 학이시습.

양민화(2019). CAI 기반 원격 한글파닉스 교수에 대한 일반 난독증 아동과 다문화가정 난독증 아동의 학습반응 비교. 초등교육연구, 33(1). 139-167.

엄태동(2003). 초등교육의 재개념화. 서울: 학지사.

엄 훈(2012). 학교 속의 문맹자들. 서울: 우리교육.

엄 훈(2017). 초기 문해력 교육의 현황과 과제. 한국초등국어교육, 63, 83-109.

유승아(2019). 초등학교 1학년 학생의 쓰기능력 발달에 관한 단기 종단연구. 고려대학교 박사학위논문.

유안진(1990). 한국전통사회의 유아교육. 서울:서울대학교출판부.

이경화(2006). 균형적 기초문식성 교육 내용 연구. 국어교육, 120. 139-168.

이경화(2007). 기초문식성 지도 내용 및 지도 프로그램 개발 연구. 한국초등국어교육, 35. 157-178.

이경화(2020). 기초 문식성 반영을 위한 국어교육과정 개발 방향. 학습자중심교과교육연구, 20(16). 809-839.

이경화·전제응(2007). 국어교과서 개발을 위한 기초문식성 지도 실태와 인식조사. 학습자중심교과교육연구, 7(1). 277-308.

이미경 외(2016). 2015개정교육과정에 따른 초 중학교 교과 평가기준개발연구(총론). 연구보고 CRC 2016-2-1. 한국교육과정평가원. p.24.

이성영(2000), 글쓰기 능력 발달 단계 연구 : 초등 학생의 텍스트 구성 능력을 중심으로. 국어국문학, 126. 27-50.

이승왕(2016). 스마트 교육 환경에서의 한글 자모 교육. 한국초등국어교육, 60. 159-194.

이애진·양민화·김보배(2016). 철자쓰기부진 아동을 위한 Tier 2 한글파닉스 교수 프로그램의 효과성 탐색. 학습장애연구, 32. 117-141.

이천희(2008). 교과서 분석을 통한 한글 글깨치기 교과서 구성의 문제와 개선 방향 탐구. 문법교육, 8. 1-36.

이향균(2019). 서울지역 초등학교의 한글 해득 교육 실천 양상 분석:교육복지우선지원사업 참여 학교를 중심으로. 독서연구, 50. 41-70.

정대영·조명숙(2019). 국내출생 다문화아동 및 학습장애아동의 언어능력(읽기, 쓰기) 중재 효과 크기 비골르 통한 학습장애 진단의 배제요인 타당성 연구. 특수아동교육연구, 21(3). 87-110.

정현승·이성숙(2017). 낱자-소리 대응관계를 결합한 조기 음운인식 프로그램이 난독증 위험군 아동의 읽기 능력에 미치는 효과. 특수교육논총, 32(2). 49-70.

최윤정, 김영태, 윤혜련, 성지은 (2011). 낱말 친숙도 및 음운규칙 적용 유무에 따른 학령기 읽기장애 아동의 받침철자 인식 및 쓰기 특성. 언어청각장애연구, 16. 154-170.

한경숙(2012). 초기 쓰기에 대한 최근 연구 동향과 과제-국내·외 2000년부터 2011년 연구를 중심으로. 학습자중심교과교육연구, 12(2). 389-408.

한희정(2019). 초등학교 1학년 열두 달 이야기. 서울: 이후.

한희정·김병찬(2019). 초등학교 1학년 동학년 교사 조직에 대한 질적 사례 연구: 교사학습공동체의 가능성을 중심으로. 한국교육학연구, 25(1). 127-158.

홍인재(2017). 읽고 쓰지 못하는 아이들. 서울: 에듀니티.

Alloway, T. P. & Alloway, R. G.(2015). *Understanding Working Momery(2eds)*. London: SAGE Publications. 이찬승·이나경(역). 학습 어려움의 이해와 극복, 작업기억에 달렸다. 서울: 교육을 바꾸는 책

Andrushchenko, T., & Shashlova, G.(2019). Diagnostic Conversation Aimed at Identifying the Psychological Conditions of a Child's Safe Living of the Crisis of Seven Years. *Psihologo-pedagogi eskie Issledovaniâ*, 11(2), 1-10.

Bernstein, B. (1975). Class, codes and control(volume 3): *Towards a theory of educational transmissions. Second edition*. London: Routledge & Kegan Paul.

Bernstein, B.(2000). *Pedagogy, symbolic control and identity*. Oxford, England: Rowman & Littlefield Publishers. Inc.

Bruner, J.(1986). *Actual Minds, Possible Worlds*. Cambridge, MA: Harvard.

Chaiklin, S.(2003). The Zone of Proximal Development in Vygotsky's Analysis of Learning and Instruction. In Kozulin, A., Gindis, B., Ageyev, V. S. and Miller, S. M.(Ed.), *Vygotsky's Educational Theory in Cultural Context*. Cambridge University Press, 39-64.

Daniels, H.(2007), Discourse and identity in Cultural-Historical Activity Theory: A response. *International Journal of Educational Research*, 46(1). 94-99.

Daniels, H. & Tse, H. M.(2021). Bernstein and Vygotsky: how the outside comes in and the inside goes out. *British Journal of Sociology of Education*, 42(1).

1-14

Fleer, M., Rey, F. G., Veresov, N.(2017). *Perezhivanie, Emotions and Subjectivity: Advancing Vygotsky's Legacy*. Singapore: Springer Nature.

Goodman, K.(1989), *What's Whole in Whole Language*. 이화자 편역(1993). 전체 언어에서 전체란 무엇인가? 서울: 한국문화사.

Han & Kellogg(2019). A story without SELF: Vygotsky's pedology, Bruner's constructivism and Halliday's construalism in understanding narratives by Korean children. *Language and Education*, 33(6), 506-520.

Jones, D. A., & Christensen, C. A. (1999). Relationship between automaticity in handwriting and students' ability to generate written text. *Journal of Educational Psychology*, 91. 1-6

Kellogg, D.(2019). The Storyteller's Tale: Vygotsky's 'Vrashchivaniya', the Zone of Proximal Development, and 'Ingrowing' in the Weekend Stories of Korean Children. *British Journal of Educational Studies*, 67(4). 493–512.

Lave, J. and Wenger, E.(1991). *Situated Learning: Legitimate Peripheral Participation*. Cambridge: Cambridge University Press.

Mescheryakov, B. G. (2007) Terminology in Vygotsky's writings. In H. Daniels, M. Cole and J. V. Wertsch (Eds). *The Cambridge Companion to Vygotsky*. Cambridge: Cambridge University Press. 155-177.

Moen, A. L., Sheridan, S. M., Schumacher, R. E. & Cheng, K. C.(2019). Early Childhood Student-Teacher Relationships: What is the Role of Classroom Climate for Children Who are Disadvantaged?. *Early Childhood Education Journal*, 47(3). 331-341.

Moll, L. C.(1990). Introduction. L. C. Moll(ed.). *Vygotsky and education. Institutional Implications and Applications of Sociohistorical Psychology*. Cambridge University Press. 1-27.

Rey, F. G.(2016). Vygotsky's Concept of Perezhivanie in The Psychology of Art and at the Final Moment of His Work: Advancing His Legacy. *Mind, Culture and Activity*, 23(4), 305-314.

Stetsenko, A(2019). Radical-Transformative Agency: Continuities and Contrasts With Relational Agency and Implications for Education. *Frontiers in Education*. 148(4). 1-13.

Van de Veer, R.(2020). *Vygotsky's Pedology of the School Age*. Charlotte, NC: Information Age Publishing.

Vygotsky, L. S. (1978). Mind in Society:The Development of Higher Psychological Processes. Cole, M(eds). Cambridge, MA: Harvard University Press. 정회욱 역. 서울:학이시습.

Vygotsky, L. S.(1987), Thinking and speech(N. Minick, trans.), In R. W. Reiber and A. S. Carton(Eds.), The collected works of L. S. Vygotsky: Vol. 1. Problems of general psychology(pp. 39-285), New York: Plenum Press(original work published 1934).

Vygotsky, L. S.(1994). The problem of the environment. In R. van der Veer and J. Valsiner(Eds). The Vygotsky Reader. Oxford and Cambridge, MA: Blackwell.

Vygotsky, L. S.(1997), The collected works of L. S. Vygotsky: Vol. 4: The history of the development of higher mental functions(M. Hall, trans.; R. W. Reiber,ed.), New York: Plenum Press(original work published 1931).

Vygotsky, L. S.(2011). 생각과 말. 비고츠키연구회(편역). 서울: 살림터.

Vygotsky, L. S.(2012). 도구와 기호. 서울: 살림터.

Vygotsky, L. S.(2013). 어린이 자기행동숙달의 역사와 발달 I. 비고츠키연구회(편역). 서울: 살림터.

Vygotsky, L. S.(2014). 어린이 자기행동숙달의 역사와 발달 II. 비고츠키연구회(편역). 서울: 살림터.

Vygotsky, L. S.(2015). 성장과 분화. 비고츠키연구회(편역). 서울: 살림터.

Vygotsky, L. S.(2016). 연령과 위기. 비고츠키연구회(편역). 서울: 살림터

Vygotsky, L. S.(2017). 의식과 숙달. 비고츠키연구회(편역). 서울: 살림터.

표 차례

그림 차례

삶의 행복을 꿈꾸는 교육은 어디에서 오는가?

미래 100년을 향한 새로운 교육

혁신교육을 실천하는 교사들의 **필독서**

● **교육혁명을 앞당기는 배움책 이야기** 혁신교육의 철학과 잉걸진 미래를 만나다!

한국교육연구네트워크 총서

 01 핀란드 교육혁명
한국교육연구네트워크 엮음 | 320쪽 | 값 15,000원

 02 일제고사를 넘어서
한국교육연구네트워크 엮음 | 284쪽 | 값 13,000원

 03 새로운 사회를 여는 교육혁명
한국교육연구네트워크 엮음 | 380쪽 | 값 17,000원

 04 교장제도 혁명
한국교육연구네트워크 엮음 | 268쪽 | 값 14,000원

 05 새로운 사회를 여는 교육자치 혁명
한국교육연구네트워크 엮음 | 312쪽 | 값 15,000원

 06 혁신학교에 대한 교육학적 성찰
한국교육연구네트워크 엮음 | 308쪽 | 값 15,000원

 07 진보주의 교육의 세계적 동향
한국교육연구네트워크 엮음 | 324쪽 | 값 17,000원
2018 세종도서 학술부문

 08 더 나은 세상을 위한 학교혁명
한국교육연구네트워크 엮음 | 404쪽 | 값 21,000원
2018 세종도서 교양부문

 09 비판적 실천을 위한 교육학
이윤미 외 지음 | 448쪽 | 값 23,000원
2019 세종도서 학술부문

 10 마을교육공동체운동:
  세계적 동향과 전망
심성보 외 지음 | 376쪽 | 값 18,000원

 11 학교 민주시민교육의
  세계적 동향과 과제
심성보 외 지음 | 308쪽 | 값 16,000원

 12 학교를 민주주의의 정원으로
  가꿀 수 있을까?
성열관 외 지음 | 272쪽 | 값 16,000원

한국교육연구네트워크 번역 총서

 01 프레이리와 교육
존 엘리아스 지음 | 한국교육연구네트워크 옮김
276쪽 | 값 14,000원

 02 교육은 사회를 바꿀 수 있을까?
마이클 애플 지음 | 강희룡·김선우·박원순·이형빈 옮김
356쪽 | 값 16,000원

 03 비판적 페다고지는
  세상을 변화시킬 수 있는가?
Seewha Cho 지음 | 심성보·조시화 옮김 | 280쪽 | 값 14,000원

 04 마이클 애플의 민주학교
마이클 애플·제임스 빈 엮음 | 강희룡 옮김 | 276쪽 | 값 14,000원

 05 21세기 교육과 민주주의
넬 나딩스 지음 | 심성보 옮김 | 392쪽 | 값 18,000원

 06 세계교육개혁
  민영화 우선인가 공적 투자 강화인가?
린다 달링-해먼드 외 지음 | 심성보 외 옮김 | 408쪽 | 21,000원

 07 콩도르세, 공교육에 관한 다섯 논문
니콜라 드 콩도르세 지음 | 이주환 옮김 | 300쪽 | 값 16,000원
2019 세종도서 학술부문

 08 학교를 변론하다
얀 마스켈라인·마틴 시몬스 지음 | 윤선인 옮김
252쪽 | 값 15,000원

 09 존 듀이와 교육
짐 개리슨 외 지음 | 심성보 외 옮김 | 376쪽 | 값 19,000원

 10 진보주의 교육운동사
윌리엄 헤이스 지음 | 심성보 외 옮김 | 324쪽 | 값 18,000원

 11 사랑의 교육학
안토니아 다더 지음 | 심성보 외 옮김 | 412쪽 | 값 22,000원

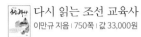다시 읽는 조선 교육사
이만규 지음 | 750쪽 | 값 33,000원

독일 교육, 왜 강한가?
박성희 지음 | 324쪽 | 값 15,000원

대한민국 교육혁명
교육혁명공동행동 연구위원회 지음 | 224쪽 | 값 12,000원

핀란드 교육의 기적
한넬레 니에미 외 엮음 | 장수명 외 옮김 | 456쪽 | 값 23,000원

경쟁을 넘어 발달 교육으로
현광일 지음 | 288쪽 | 값 14,000원

한국 교육의 현실과 전망
심성보 지음 | 724쪽 | 값 35,000원

● **경쟁과 차별을 넘어 평등과 협력으로 미래를 열어가는 교육 대전환!** 혁신교육 현장 필독서

교실 속으로 간 이해중심 교육과정
온정덕 외 지음 | 224쪽 | 값 13,000원

학습격차 해소를 위한 새로운 도전
보편적 학습설계 수업
조윤정 외 지음 | 240쪽 | 값 15,000원

포스트 코로나 시대의 교육
성열관 외 지음 | 224쪽 | 값 15,000원

마을교육공동체란 무엇인가?
서용선 외 지음 | 360쪽 | 값 17,000원

내일 수업 어떻게 하지?
아이함께 지음 | 300쪽 | 값 15,000원

강화도의 기억을 걷다
최보길 지음 | 276쪽 | 값 14,000원

학교의 미래,
전문적 학습공동체로 열다
새로운학교네트워크·오윤주 외 지음 | 276쪽 | 값 16,000원

체육 교사, 수업을 말하다
전용진 지음 | 304쪽 | 값 15,000원

마을교육공동체
생태적 의미와 실천
김용련 지음 | 256쪽 | 값 15,000원

평화의 교육과정 섬김의 리더십
이준원·이형빈 지음 | 292쪽 | 값 16,000원

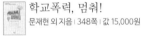학교폭력, 멈춰!
문재현 외 지음 | 348쪽 | 값 15,000원

마을교육과정을 그리다
백윤애 외 지음 | 336쪽 | 값 16,000원

학교를 살리는 회복적 생활교육
김민자·이순영·정선영 지음 | 256쪽 | 값 15,000원

혁신교육지구와 마을교육공동체는
어떻게 만들어지는가?
김태정 지음 | 376쪽 | 값 18,000원

삶의 시간을 잇는 문화예술교육
고영직 지음 | 292쪽 | 값 16,000원

코로나 시대,
마을교육공동체운동과 생태적 교육학
심성보 지음 | 280쪽 | 값 17,000원

미래교육을 디자인하는
학교교육과정
박승열 외 지음 | 348쪽 | 값 18,000원

혐오, 교실에 들어오다
이혜정 외 지음 | 232쪽 | 값 15,000원

교실 속으로 간 이해중심 통합교육과정
온정덕 외 지음 | 224쪽 | 값 15,000원

수업, 슬로리딩과 함께
박경숙 외 지음 | 268쪽 | 값 15,000원

초등 백워드 교육과정
설계와 실천 이야기
김병일 외 지음 | 352쪽 | 값 19,000원

물질과의 새로운 만남
베로니카 파치니-케처바우 외 지음 | 240쪽 | 값 15,000원

그림책으로 만나는 인권교육
강진미 외 지음 | 272쪽 | 값 18,000원

선생님, 통일이 뭐예요?
정경호 지음 | 252쪽 | 값 13,000원

수업 고수들
수업·교육과정·평가를 말하다
박현숙 외 지음 | 368쪽 | 값 17,000원

함께 배움
학생 주도 배움 중심 수업 이렇게 한다
니시카와 준 지음 | 백경석 옮김 | 280쪽 | 값 15,000원

아이들의 배움은 어떻게 깊어지는가
이시이 쥰지 지음 | 방지현·이창희 옮김
200쪽 | 값 11,000원

다정한 교실에서 20,000시간
강정희 지음 | 296쪽 | 값 16,000원

미래, 공생교육
김환희 지음 | 244쪽 | 값 15,000원

즐거운 세계사 수업
김은석 지음 | 328쪽 | 값 13,000원

들뢰즈와 가타리를 통해 유아교육 읽기
리세롯 마리엣 올슨 지음 | 이연선 외 옮김
328쪽 | 값 17,000원

밥상혁명
강양구·강이현 지음 | 298쪽 | 값 13,800원

혁신고등학교, 무엇이 다른가?
김현자 외 지음 | 344쪽 | 값 18,000원

학교를 개선하는 교장
지속가능한 학교 혁신을 위한 실천 전략
마이클 풀란 지음 | 서동연·정효준 옮김 | 216쪽 | 값 13,000원

시민이 만드는 교육 대전환
심성보·김태정 지음 | 248쪽 | 값 15,000원

선생님, 민주시민교육이 뭐예요?
염경미 지음 | 244쪽 | 값 15,000원

평화교육
과거, 현재 그리고 미래를 그리다
모니샤 바자즈 외 지음 | 권순정 외 옮김 | 268쪽 | 값 18,000원

교육혁신의 시대
배움의 공간을 상상하다
함영기 외 지음 | 264쪽 | 값 17,000원

대전환 시대 변혁의 교육학
진보교육연구소 교육과정연구모임 지음
400쪽 | 값 23,000원

도덕 수업, 책으로 묻고 윤리로 답하다
울산도덕교사모임 지음 | 320쪽 | 값 15,000원

서울대 10개 만들기
김종영 지음 | 348쪽 | 값 18,000원

교육과 민주주의
필라르 오카디즈 외 지음 | 유성상 옮김
420쪽 | 값 25,000원

교육의 미래와 학교혁신
마크 터커 지음 | 전국교원양성대학교 총장협의회 옮김
336쪽 | 값 18,000원

교육회복과 적극적 시민교육
강순원 지음 | 228쪽 | 값 15,000원

백워드로 설계하고 피드백으로 완성하는
성장중심평가
이형빈·김성수 지음 | 356쪽 | 값 19,000원

비판적 미디어 리터러시 가이드
더글러스 켈너·제프 셰어 지음 | 여은호·원숙경 옮김
252쪽 | 값 18,000원

남도 임진의병의 기억을 걷다
김남철 지음 | 288쪽 | 값 18,000원

지속가능한
마을, 교육, 공동체를 위하여
강영택 지음 | 328쪽 | 값 18,000원

프레이리에게 변혁의 길을 묻다
심성보 지음 | 672쪽 | 값 33,000원

우리 교육, 거장에게 묻다
표혜빈 외 지음 | 272쪽 | 값 17,000원

다시, 혁신학교!
성기신 외 지음 | 300쪽 | 값 18,000원

교사에게 강요된 침묵
설진성 지음 | 296쪽 | 값 18,000원